Mein Mac-Handbuch kompakt

D1669991

Michael Krimmer

# Mein Mac-Handbuch kompakt

**Das verständliche Handbuch zu OS X 10.11 El Capitan**

SMARTBOOKS
Mac und mehr.

**Mein Mac-Handbuch kompakt**
Das verständliche Handbuch zu OS X 10.11 El Capitan

Sie haben Anregungen und oder Fragen zum Buch? Wir freuen uns über Ihre Nachricht.
Bei inhaltlichen Fragen und Hinweisen zum Buch: Gabriel Neumann, Lektorat (neumann@smartbooks.de)
Bestellungen richten Sie bitte an: bestellung@dpunkt.de
Oder besuchen Sie unsere Verlags-Homepage **www.SmartBooks.de**

| | |
|---|---|
| Projektleitung und Lektorat | Gabriel Neumann |
| Korrektorat | Sandra Gottmann |
| Layout und Satz | Susanne Streicher |
| Herstellung | Susanne Bröckelmann |
| Umschlaggestaltung | Friederike Diefenbacher-Keita |
| Druck und Bindung | M. P. Media-Print Informationstechnologie GmbH, 33100 Paderborn |
| Bildnachweis: | iCloud-Illustration (Seite 244): Anna Göttler (anna.goettler@hotmail.de) Seite 15, 339: Apple Inc. |

Bibliografische Information der Deutschen Nationalbibliothek
Die Deutsche Nationalbibliothek verzeichnet diese Publikation in der Deutschen Nationalbibliografie;
detaillierte bibliografische Daten sind im Internet über http://dnb.d-nb.de abrufbar.

ISBN: 978-3-86490-323-6

1. Auflage 2016
SmartBooks • Eine Edition der dpunkt.verlag GmbH
Copyright © 2016 dpunkt.verlag GmbH
Wieblinger Weg 17
69123 Heidelberg

Zu diesem Buch – sowie zu vielen weiteren dpunkt.büchern –
können Sie auch das entsprechende E-Book im PDF-Format
herunterladen. Werden Sie dazu einfach Mitglied bei dpunkt.plus[+]:

**www.dpunkt.de/plus**

# Übersicht

# Inhaltsverzeichnis

## Kapitel 6   iCloud      243

Bestseller und
neue Bücher

# Mac & Co.

2015/16

**S** **SmartBooks**

Mac und mehr.

Michael Krimmer

## Mein Mac-Handbuch kompakt

Das verständliche Handbuch zu OS X 10.11 El Capitan

Ohne Fachchinesisch bietet dieses Buch eine kompakte Anleitung zum effektiven Umgang mit OS X El Capitan. Es führt den Leser in das Betriebssystem ein und hält auch für den fortgeschrittenen Gebrauch Tipps bereit, wie zur Zusammenarbeit von iPhone oder iPad mit dem Mac. Der Autor stellt zudem die neuen Funktionen von El Capitan vor.

*2015, 346 Seiten*
*Broschur, € 19,95 (D)*
*ISBN 978-3-86490-323-6*

Mehr unter:

# www.smartbooks.de

*2014, 542 Seiten*
*Broschur, € 39,90 (D)*
*ISBN 978-3-944165-11-0*

*2015, 288 Seiten*
*Broschur, € 19,95 (D)*
*ISBN 978-3-944165-14-1*

*2015, 328 Seiten*
*Broschur, € 24,90 (D)*
*ISBN 978-3-86490-246-8*

*2014, 222 Seiten*
*Broschur, € 24,90 (D)*
*ISBN 978-3-944165-03-5*

*2015, 160 Seiten*
*Broschur, € 22,90 (D)*
*ISBN 978-3-86490-284-0*

*2014, 316 Seiten*
*Broschur, € 14,95 (D)*
*ISBN 978-3-944165-09-7*

*2012, 746 Seiten*
*Broschur, € 39,90 (D)*
*ISBN 978-3-908498-08-7*

*2009, 844 Seiten*
*Broschur, € 39,95 (D)*
*ISBN 978-3-908497-78-3*

Horst-Dieter Radke

## Office 2016 für Mac – Das Profibuch
Mehr machen mit Word, Excel, Powerpoint, OneNote und Outlook

Praxisbewährte Anleitungen zeigen Ihnen das Potenzial Ihrer Office-Suite. Erstellen Sie anspruchsvolle Dokumente, komplexe Kalkulationen und ansprechende Präsentationen. Richten Sie mit Outlook eine Kommunikationszentrale auf Ihrem Mac ein. Organisieren Sie mit OneNote Ihre Notizen und Alltagsaufgaben.

*4. Quartal 2015, ca. 400 Seiten, Broschur*
*ca. € 27,90 (D) / ISBN 978-3-86490-293-2*

Stephan Lamprecht

## OmniGraffle 6
Überzeugende Grafiken auf Mac und iPad zeichnen

Dieses Buch macht den Leser zum OmniGraffle-Spezialisten auf dem Mac und dem iPad. Ein Schnellstart führt in die Standardfunktionen von OmniGraffle ein. Danach erläutert der Autor in zahlreichen Workshops Funktionen von Omni-Graffle Pro, z.B. für die Raumplanung oder die Entwicklung von Apps.

*2015, 206 Seiten, Broschur*
*€ 24,90 (D) / ISBN 978-3-86490-244-4*

Gabi Brede, Horst-Dieter Radke

## Pages, Keynote und Numbers
Die iWork-Apps im Büro und unterwegs nutzen

Dieses Buch zeigt, wie die Office-Anwendungen von Apple produktiv eingesetzt werden. An iWork '09 gewöhnte Anwender finden Hilfestellung beim Wechsel auf die neue Version. Die Autoren zeigen außerdem das nahtlose Zusammenspiel mit den iOS-Varianten für iPhone und iPad und den Versionen für iCloud.

*2014, 326 Seiten, Klappenbroschur*
*€ 26,90 (D) / ISBN 978-3-944165-10-3*

Christian Fleischhauer

## Scrivener
Romane, Sach- und Drehbücher professionell schreiben

Mit diesem Buch lernen Autoren, die vielfältigen Möglichkeiten von Scrivener an ihre Arbeitsabläufe anzupassen. Lernen Sie, mit Scrivener Ihre Texte nicht nur linear zu bearbeiten, sondern in einer Software Outline, Rechercheergebnisse und Notizen zu vereinen. Das Buch geht auf die Mac- und die Windows-Version ein.

*2015, 312 Seiten, Broschur*
*€ 26,90 (D) / ISBN 978-3-944165-02-8*

Heiko Bichel

**Apple Watch im Einsatz**

Design – Funktionen – Apps

Das Buch zur Apple Watch beschreibt ausführlich Einrichtung, Bedienung und Einsatzmöglichkeiten der Smartwatch. Den Neuerungen von watchOS 2 ist ein eigenes Kapitel gewidmet. Die Erfahrungen des Autors mit der Apple Watch vermitteln, welche Vorteile und welches Optimierungspotenzial die Uhr bietet.

*2015, 192 Seiten, Klappenbroschur*
*€ 19,95 (D) / ISBN 978-3-86490-298-7*

Philip Kiefer

**Das Mac-Buch für Senioren**

Apple-Computer gekonnt benutzen

Dieses Buch konzentriert sich auf die wesentlichen Funktionen von Mac-Computern. Es erklärt Anwendern der Generation 55plus alle wichtigen Begriffe und führt schrittweise in die Bedienung der Programme ein. Verständliche Sprache macht das Buch zur angenehmen Lektüre, die den Leser weiterbringt.

*2015, 384 Seiten, Broschur*
*€ 23,90 (D) / ISBN 978-3-86490-242-0*

# plus⁺

Als **plus**-Mitglied erhalten Sie zu vielen dpunkt.büchern, die Sie als gedruckte Ausgabe erworben haben oder noch kaufen werden, das entsprechende E-Book im PDF-Format. Dabei spielt es keine Rolle, wo Sie die Bücher gekauft haben. Sie können als Mitglied bis zu zehn E-Books als Ergänzung zu Ihren gedruckten dpunkt.büchern herunterladen. Eine Jahres-Mitgliedschaft kostet Sie lediglich 9,90 €, weitere Kosten entstehen nicht.

Melden Sie sich gleich an:
**www.dpunkt.de/plus**

Alle Publikationen bieten wir als gedruckte Ausgabe und als E-Book an.

**SmartBooks**
Eine Edition der
dpunkt.verlag GmbH

Wieblinger Weg 17
69123 Heidelberg

Kontakt:
fon: 0 62 21/14 83-0
fax: 0 62 21/14 83-99

info@smartbooks.de
www.smartbooks.de

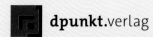

# Ihre Anleitung für El Capitan

Seit Anfang der 2000er-Jahre bis 2012 hat Apple bei der Namensgebung seines Betriebssystems für Macs Tiere als Namenspatron genutzt. Nach OS X 10.8 Mountain Lion war mit dieser Tradition Schluss. Bis auf Weiteres benennt Apple nun sein System nach wichtigen Orten in Kalifornien.

Den Anfang machte »Mavericks« (OS X 10.9), ein Surfspot südlich von San Francisco, gefolgt vom »Yosemite« (OS X 10.10) Nationalpark. Dass Apple nun in diesem Jahr mit El Capitan einen Monolithen in genau diesem Nationalpark als Namen für OS X 10.11 gewählt hat, zeigt zwei Dinge: Zum einen ist Apple der Yosemite Nationalpark offensichtlich so wichtig, dass zwei Jahre lang OS X einen mehr oder weniger direkten Namen davon bekommt. Und zum anderen hat sich seit 2014 nicht so viel getan, dass Apple dafür einen neuen wichtigen Ort in Kalifornien »verbrauchen« möchte.

Dass El Capitan aber nur ein Facelift von Yosemite ist, das kann man nicht sagen. Es hat sich viel getan und wir möchten Ihnen in den folgenden Kapiteln die Neuerungen von OS X 10.11 näherbringen:

So gibt es mit »Split View« eine elegante Möglichkeit, mit zwei Apps nebeneinander zu arbeiten. »Mail« hat einige Verbesserungen erfahren, die hauptsächlich die Arbeit im Vollbildmodus betreffen. Die »Notizen« sind deutlich umfangreicher und auch beim Surfen mit »Safari« hat sich einiges getan. In Kapitel 1 finden Sie die wichtigsten Neuerungen zusammengefasst.

Aber es sind nicht nur die neuen Aspekte an OS X El Capitan, die Sie in diesem Buch vorfinden. Der Autor hat sich zum Ziel gesetzt, alle relevanten Inhalte in das Buch zu packen, damit Sie sofort mit Ihrem Mac durchstarten können. Dabei ist es egal, ob Sie schon Erfahrungen mit Apples Computern haben oder gerade die ersten Schritte damit unternehmen. Wir erklären Ihnen alles, was zu einem erfolgreichen Start nötig ist: von der Einrichtung und Bedienung über die wichtigsten Programme, die iCloud bis hin zu den wichtigsten Einstellungen. Dabei werden nicht jede Funktion und jeder Knopf besprochen. Aber Sie erfahren alles, was wichtig ist.

Apples Produkte sind so gestaltet, dass man – ein wenig Grundwissen vorausgesetzt – auch alles auf eigene Faust erkunden und ausprobieren kann. Und dieses Grundwissen halten Sie gerade in Händen. Danach können Sie die verbliebenen Dinge in El Capitan auf eigene Faust erkunden und verstehen und damit jedes Türchen öffnen, das Ihnen Apple bietet.

Wir laden Sie daher ein, eine Reise durch Apples neuestes Betriebssystem zu unternehmen und das System so kennenzulernen, dass Sie (noch) produktiver damit arbeiten können und noch mehr Freude daran haben.

Ihr

Michael Krimmer

# Die neuen Funktionen von El Capitan im Überblick

Auch wenn Apple mit OS X El Capitan nicht das Rad neu erfinden wollte (und es auch nicht getan hat), so gibt es doch einige Neuerungen, die nennenswert sind. Wir möchten an dieser Stelle einen kurzen Überblick darüber geben, was tatsächlich neu ist und wo Sie die Informationen dazu im Buch finden.

# Split View

Sie arbeiten gerne mit zwei Apps gleichzeitig? Dann wird Sie die *Split View* genannte neue Funktion von OS X freuen. Dabei teilen Sie den Bildschirm in zwei Teile. Und jede Hälfte wird dann mit je einer App gefüllt. So können Sie beispielsweise links in *Mail* eine E-Mail an einen Freund schicken und rechts das passende Bildmaterial aus Fotos dafür aussuchen. Wie Split View funktioniert, erfahren Sie in Kapitel 4.

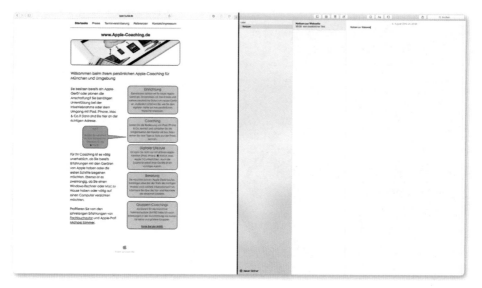

*Per Split Screen lassen sich zwei Programme bequem und flexibel nebeneinander anordnen.*

# Mission Control

*Mission Control* ist nicht neu, ist aber verbessert worden. So werden beispielsweise nach dem Start von Mission Control alle Fenster auf einer Ebene angezeigt. Das verhindert, dass gewisse Inhalte verdeckt und so versteckt werden. Außerdem ordnet Mission Control alle Fenster in dem Muster an, in dem sie sich auf dem Schreibtisch befinden. Und auch die anderen Funktionen dieses äußerst hilfreichen Features werden Ihnen die Arbeit mit Ihrem Mac vereinfachen. Mission Control lernen Sie zusammen mit Split View in Kapitel 4 kennen.

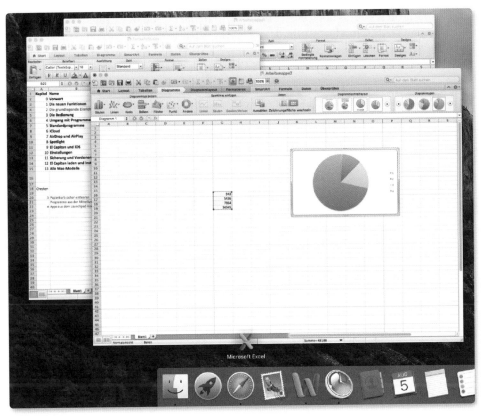

*Mission Control ist noch besser geworden und sorgt nun unter anderem für mehr Übersicht.*

## Spotlight

Die systemweite Suche *Spotlight* wurde bereits vor einigen Jahren eingeführt. Und jedes Jahr wurde diese Funktion besser. Da macht auch El Capitan keine Ausnahme. Neben den bekannten Treffern liefert Spotlight nun auch Suchergebnisse zu Wetter, Sport, Aktion, Videos im Web und den Verkehrsmitteln des öffentlichen Nahverkehrs. Durch das Anpassen des Ergebnisfensters geben Sie den Treffern mehr Raum. Spotlight erklären wir Ihnen in Kapitel 8.

## Mail

*Mail* ist aus OS X nicht wegzudenken. Schließlich läuft darüber ein Großteil der digitalen Kommunikation. Umso besser, wenn es von Zeit zu Zeit neue Funktionen gibt, die die

Handhabung dieses Tools noch besser machen. Mail in El Capitan verfügt nun über einen verbesserten Vollbildmodus. Außerdem sind Streichgesten wie beim iPhone oder iPad möglich. Was auch geht: die Organisation Ihres Kalenders oder Adressbuchs direkt aus Mail heraus. Um Mail kümmern wir uns ausführlich in Kapitel 5.

*Mails hat einige Verbesserungen erfahren. So lassen sich nun beispielsweise mehrere neue Mails in Tabs anordnen, wie Sie das vom Finder oder Safari her kennen.*

## Notizen

*Notizen* können heute mehr, als nur Gedanken auf das digitale Papier zu bringen. Machen Sie beispielsweise aus normalen Listen ganz schnell Checklisten, die Sie abhaken können. Oder fügen Sie in Ihre Notizen Ihren aktuellen Standort, Fotos, Videos oder eine Webadresse ein. Die iCloud sorgt dafür, dass Sie an allen Geräten immer denselben Stand haben. So geht nichts verloren und das Arbeiten an mehreren Geräten läuft nahtlos. Sie möchten die Notizen in El Capitan kennenlernen? In Kapitel 5 geht es los.

*Notizen bietet in El Capitan eine Vielzahl an neuen Funktionen. Ein Beispiel: Webseitenverweise können nun als grafische Links eingebaut werden.*

## Fotos

Wer bisher mit *iPhoto* seine Bilder organisiert und bearbeitet hat, wird dieses Programm in El Capitan vergeblich suchen. Die schlechte Nachricht: Apple hat die Entwicklung von iPhoto eingestellt. Die gute Nachricht: Mit *Fotos* gibt es einen Nachfolger, der Ihnen die Trauer über das verlorene Werkzeug verkürzen wird. Zum einen werden Sie sich sehr schnell zurechtfinden und zum anderen sieht *Fotos* optisch mehr so aus, wie Sie es unter iOS an iPhone und iPad gewohnt sind.

*iPhoto ist tot, es lebe Fotos. Aber auch mit der neuen Anwendung zur Bildverwaltung können Sie Ihre Schnappschüsse verbessern und vieles mehr.*

## Safari

Website-Pins, AirPlay-Unterstützung für Videos und die Stummschaltung von Tabs. Das alles sind Funktionen, die neu in *Safari* dazugekommen sind. Neugierig geworden? Wir zeigen Ihnen das alles und vieles mehr im Abschnitt zu Safari in Kapitel 5.

# Karten

Die *Karten*-App am Mac hat sich zu einem beliebten Werkzeug zur Kartenansicht und Routenplanung gemausert. Und jetzt kommt auch noch der öffentliche Nahverkehr dazu. Mit Karten, Richtungsangabe und Fahrplänen. Das macht Karten noch besser als zuvor und wir zeigen es Ihnen in Kapitel 5.

*Die Karten-App liefert nun auch Daten zum öffentlichen Personennahverkehr.*

# Mehr Leistung

Und worauf man sich jedes Jahr freuen darf: El Capitan ist trotz weiterer Funktionen schneller geworden. Oft sind es nur kleine Verbesserungen, die unterm Strich aber ein gutes – weil schnelleres – Gefühl geben.

# Die grundlegende Einrichtung von El Capitan

In diesem Kapitel erfahren Sie, wie Sie Ihren Mac in ein WLAN bringen, was es mit der Apple-ID auf sich hat und wie Sie die ersten wichtigen Einstellungen an Ihrem Mac mit OS X El Capitan vornehmen.

# Den Mac mit Ihrem WLAN verbinden

Wir werden Ihnen in Kapitel 3 noch die elementaren Bedienelemente Desktop, Dock und Finder im Detail vorstellen. An dieser Stelle aber werfen wir schon mal einen Blick darauf, was Ihnen Ihr frisch installierter Mac nach dem ersten Start anbietet. Ein neues System sieht so aus:

*So sieht die Oberfläche von OS X El Capitan nach dem ersten Start aus.*

Besonders wichtig sind unter OS X an dieser Stelle die Bereiche ganz oben und ganz unten im Bild. Versprochen, das alles werden wir Ihnen im nächsten Kapitel noch nahebringen. An dieser Stelle interessieren wir uns zunächst für die Menüleiste am oberen Rand des Bildschirms und im Besonderen für den Bereich ganz rechts. Wenn wir uns den genauer ansehen, dann sieht er in etwa so aus:

*Im rechten Bereich der Menüleiste erreichen Sie sehr schnell sinnvolle Funktionen, unter anderem das WLAN.*

Von links nach rechts sehen Sie hier die Symbole für Bluetooth, WLAN, Wochentag und Uhrzeit, Benutzernamen, die Spotlight-Suche sowie ganz rechts die Mitteilungszentrale.

**Aufgepasst**

Sollten Sie an dieser Stelle Unterschiede zu Ihrer Menüleiste feststellen, so kann das an einigen der vielen Einstellungsmöglichkeiten liegen, die Ihnen OS X El Capitan bietet. Darauf gehen wir noch detailliert in Kapitel 10 ein. In diesem Fall wäre es denkbar, dass bei Ihnen der Benutzername nicht zu sehen ist.

Nun aber zurück zum WLAN. In diesem Fall ist die WLAN-Funktion aus. Das erkennen Sie am leeren Funksymbol. Es gibt aber noch zwei weitere Anzeigen, die Sie hier vorfinden können:

*In diesem Fall ist die WLAN-Funktion zwar aktiviert, es besteht aber noch keine Verbindung zu einem drahtlosen Netzwerk. Das WLAN-Symbol ist zwar gefüllt, aber ausgegraut.*

Abhängig davon, welchen Status Sie gerade haben, gibt es nun zwei Vorgehensweisen. Die erste – wenn WLAN deaktiviert ist – besteht darin, dass Sie auf das leere WLAN-Symbol klicken und dann WLAN aktivieren auswählen. Ausschalten können Sie es danach wieder mit WLAN deaktivieren. Ist das WLAN aktiv und ist Ihr Rechner nur noch nicht mit dem Netzwerk verbunden, klicken Sie mit der Maus auf das WLAN-Symbol und wählen Sie dann das gewünschte drahtlose Netzwerk aus.

*Sofern Sie das gewünschte WLAN in der Liste finden, können Sie einfach darauf klicken und so die Verbindung herstellen. Das Häkchen zeigt eine aktive Verbindung.*

In der Liste der verfügbaren (und sichtbaren) WLANs sehen Sie links den Namen des Netzwerks. Das Schloss-Symbol bedeutet: Hier ist zur Verbindung ein Passwort nötig. Und ganz rechts erkennen Sie auf den ersten Blick, wie gut die Signalstärke ist. Je weiter der WLAN-Router vom Mac entfernt ist und/oder je mehr Wände dazwischen liegen, desto schwächer wird in der Regel das Signal.

> **Tipp**
>
> Sofern Sie ein iPhone haben und das auch entsprechend konfiguriert ist, kann an dieser Stelle auch noch ein anderer Eintrag zu finden sein. Über die „Persönlicher Hotspot" genannte Funktion lässt sich die Datenverbindung eines iPhone auch am Mac nutzen. Wie das geht, das erfahren Sie in Kapitel 9.

*WLANs, die mit einem Passwort gesichert sind, erkennen Sie am Schloss-Symbol. Im Zuge der Verbindung werden Sie aufgefordert, das Passwort einzugeben.*

An dieser Stelle gibt es zwei Optionen: Aktivieren Sie *Passwort einblenden*, um anstelle der Punkte die tatsächlichen Zeichen anzeigen zu lassen. Das ist einerseits hilfreich, wenn man sich bei langen und komplizierten Passwörtern gerne mal vertippt. Andererseits ist es dann aber auch anderen Personen in Ihrer Nähe möglich, mit einem Blick auf Ihren Monitor Ihr WLAN-Passwort auszuspähen. Wenn das zum Problem werden könnte, sollten Sie das Passwort nicht einblenden lassen. *Dieses Netzwerk merken* klicken Sie an, wenn Sie möchten, dass sich Ihr Mac künftig automatisch mit diesem WLAN verbindet. Dann müssen Sie es nicht mehr auswählen und auch das Kennwort nicht mehr eingeben.

*Und jetzt ist die Verbindung hergestellt. Sie erkennen das an den dunklen kreisförmigen Linien, die Ihnen gleichzeitig auch die Signalstärke anzeigen.*

Handelt es sich bei Ihrem WLAN um ein unsichtbares Netzwerk, so erscheint es wunschgemäß nicht in der Liste. Sie können sich aber selbstverständlich trotzdem damit verbinden. Klicken Sie dazu auf *Mit anderem Netzwerk verbinden …* und geben Sie im nächsten
Schritt den Namen des WLAN (*Netzwerkname*), den Verschlüsselungstyp (*Sicherheit*)
und das Passwort ein. Mit *Verbinden* stellen Sie die Verbindung her.

*Auch unsichtbare Netzwerke stehen zur Verbindung bereit. Sie benötigen dazu allerdings mehr
Informationen als zur Auswahl aus der Liste.*

*Netzwerke anzeigen* bringt Sie wieder zu einer Liste aller verfügbaren und sichtbaren
Netzwerke.

# Die Apple-ID

Auf einen Begriff werden Sie im Umgang mit Apple-Geräten immer wieder stoßen: die
Apple-ID. Wenn Sie bereits eine haben und/oder Sie wissen, was eine Apple-ID macht,
dann können Sie diese Passage gerne überspringen und im nächsten Abschnitt weiter-
lesen. Dort geht es dann darum, wie Sie OS X El Capitan an Ihre Bedürfnisse anpassen.
Für alle anderen, die das Thema Apple-ID interessiert, geht es hier weiter:

## Die Vorteile der Apple-ID

Die Apple-ID ist quasi die universelle Kennung in der Apple-Welt. Wenn Sie mehrere
Apple-Geräte (Mac, iPhone, iPad, iPod touch, Apple TV, Apple Watch) haben, melden
Sie sich an allen mit Ihrer Apple-ID an und identifizieren sich sozusagen dadurch. Sie
sagen damit: »Das alles sind meine Geräte«, und Sie können dann auch von allen Gerä-
ten auf Ihre Daten zugreifen. So können Sie überall Ihre Apps nutzen, Ihre Musik oder
Podcasts abspielen, Bilder ansehen oder persönliche Daten wie Kontakte, Termine oder
Notizen überall automatisch synchron halten. Auch die automatische Datensicherung

von iOS-Geräten läuft über die Apple-ID. Der Zugang zu Ihrer iCloud (Kapitel 6) läuft nämlich auch über Ihre Apple-ID und darüber funktioniert der Abgleich sehr einfach und zuverlässig.

## Grundlagen

OS X und iOS, wo liegt da der Unterschied? Ganz einfach: OS X ist das Betriebssystem für die Computer von Apple. Dazu gehören stationäre Modellreihen wie der iMac oder der Mac Pro, aber auch mobile Computer wie das MacBook Pro oder das MacBook. Unter iOS laufen all die mobilen Geräte von Apple: iPhone, iPad und iPod touch. Und auch Apple TV basiert auf iOS. Und es gibt noch ein drittes Betriebssystem, das aber sehr nah an iOS liegt: das watchOS der Apple Watch.

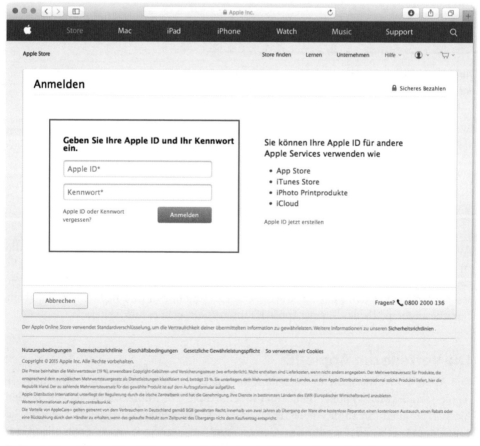

*Im Apple Store können Sie sich bequem mit Ihrer Apple-ID anmelden und Geräte wie iPhones, iPads oder Macs mit dem dazu passenden Zubehör einkaufen.*

Außerdem ermöglicht es Ihnen die Apple-ID, in allen Online-Shops von Apple einzukaufen. Sie laden darüber Apps (aus dem App Store), Musik und Video (iTunes Store) und Bücher (iBooks Store). Sollten Sie neben den kostenfreien Inhalten auch etwas kaufen, dann bezahlen Sie direkt über die hinterlegte Zahlungsart. Selbst wenn Sie ein neues iPhone, iPad oder einen Mac online bei Apple im Apple Store (http://store.apple.com/de) kaufen, können Sie das alles über Ihre Apple-ID erledigen. Der Vorteil: Auch hier sind dann Ihre Rechnungs- und Versanddaten ebenso bereits erfasst wie die Zahlungsart. Sobald Sie sich mit Ihrer Apple-ID angemeldet haben, erkennt Sie der jeweilige Shop und es kann direkt losgehen.

## Mit einer Apple-ID anmelden

Haben Sie schon eine Apple-ID, dann melden Sie sich damit einfach an, sofern Sie am Mac, im Web oder an einem mobilen Gerät danach gefragt werden. Wenn Sie sich unter El Capitan beispielsweise in Ihrer iCloud anmelden möchten, werden Sie so nach der Apple-ID gefragt:

*Geben Sie an geeigneter Stelle wie hier in den Systemeinstellungen | iCloud Ihre Apple-ID an oder erstellen Sie eine neue.*

## Apple-ID erstellen

Sofern Sie noch keine Apple-ID haben, können Sie diese an unterschiedlichen Stellen anlegen. Im Beispiel der iCloud (zu finden unter *Systemeinstellungen | iCloud*) haben Sie vielleicht schon gesehen, dass es außer dem Eingabefeld für Apple-ID und Passwort noch die Option *Apple-ID erstellen ...* gibt. Klicken Sie darauf und folgen Sie den wenigen Schritten, die daraufhin angezeigt werden, und schon haben Sie Ihre persönliche Apple-ID, mit der Sie sich dann künftig überall anmelden können. Sollten Sie einmal Ihre Apple-ID oder das Kennwort vergessen haben, geht es auch an dieser Stelle weiter. Den entsprechenden Link finden Sie unter dem Passwort-Feld.

Auch im Web besteht die Möglichkeit, eine Apple-ID zu erstellen. Rufen Sie dazu die Seite https://appleid.apple.com/de_DE/ auf und klicken Sie auf Apple-ID erstellen. Und schon geht es dort weiter.

*Die Apple-ID kann außer am Mac auch noch auf der entsprechenden Webseite erstellt werden.*

Da Ihnen die Apple-ID eine Vielzahl an Vorteilen bringt, sollten Sie sich am besten gleich eine eigene ID anlegen. Die Apple-ID selbst kostet nichts, ist die Eintrittskarte in die vielen Shops von Apple (in denen es auch viele kostenfreie Inhalte gibt), und unter uns: Es gibt keine Alternative. Auch wenn Sie Ihren Rechner in einem Ladengeschäft ohne Apple-ID kaufen können, brauchen Sie für Apps, Musik, Filme und Bücher zwingend eine Apple-ID.

**Tipp**

Als kleine Zugabe erhalten Sie bei der Erstellung Ihrer Apple-ID auch eine kostenlose E-Mail-Adresse mit dazu.

### Apple Pay erfordert auch eine Apple-ID

Apple hat im September 2014 mit Apple Pay eine neue Art des bargeldlosen Bezahlens vorgestellt. Sofern Sie ein iPhone 6, iPhone 6 Plus oder eine Apple Watch haben, können Sie mit diesen Geräten auch bezahlen, ganz ohne Vorlage der Kreditkarte oder eines Ausweisdokuments. Sie identifizieren sich an Ihrem Gerät mit Ihrem Fingerabdruck.

Das funktionierte zunächst nur in den USA mit ein paar ausgewählten Partnern. Aber seit Juli 2015 ist Apple Pay auch im Vereinten Königreich verfügbar und hat so den Sprung nach Europa geschafft. Gut möglich, dass es auch in absehbarer Zeit in Deutschland losgeht. Und die Bezahlung Ihrer Einkäufe läuft dann ebenfalls über die Zahlungsart, die Sie mit Ihrer Apple-ID verknüpft haben.

*Besitzer eines iPhone 6 oder einer Apple Watch können mit diesen Geräten seit Ende Oktober 2014 bargeldlos bezahlen. Foto: Apple*

Jetzt aber genug zu IDs und dem Einkaufen damit. Es wird höchste Zeit, dass wir uns weiter mit Ihrem neuen Mac-Betriebssystem befassen. Und da es sich dabei ja vermutlich um Ihren eigenen Mac handelt, möchten Sie den auch an Ihre Bedürfnisse anpassen.

## OS X El Capitan an Ihre Bedürfnisse anpassen

Auch wenn wir in Kapitel 10 noch detailliert auf die Einstellungsmöglichkeiten von El Capitan eingehen, gibt es dennoch ein paar Dinge, die wir Ihnen gerne schon jetzt zeigen möchten. Dabei handelt es sich um Verhaltensweisen des Systems, die so störend sein können, dass wir Sie dazu nicht bis in Kapitel 10 auf die Folter spannen möchten. Diese paar Einstellungen besprechen wir gleich zu Beginn.

## Grundlagen

Wenn Sie das Buch von Anfang an bis zu dieser Stelle gelesen haben, dann wurden Sie bisher schon mit mehreren Begriffen für dasselbe konfrontiert. Immer dann, wenn Sie OS X El Capitan oder nur El Capitan lesen, ist die aktuelle Version des Betriebssystems für mobile und Desktop-Macs gemeint. OS X ist der Name des Betriebssystems, El Capitan ist die elfte Version davon. Also selbst wenn wir OS X 10.11 El Capitan schreiben würden (was wir aufgrund der Sperrigkeit des Begriffs vermutlich nicht tun werden), wäre damit auch nur dasselbe gemeint. Der Einfachheit halber nennen wir das System künftig El Capitan, wenn es um diese spezielle Version geht. Geht es um Eigenschaften, die OS X allgemein (also auch frühere Versionen davon) betreffen, benennen wir das auch entsprechend mit OS X.

So gut wie alle systemrelevanten Einstellungen nehmen Sie in den *Systemeinstellungen* vor. Dazu klicken Sie in der Leiste am unteren Bildschirmrand auf das Symbol für die Systemeinstellungen. Das sieht so aus:

*Über dieses Symbol gelangen Sie in die Systemeinstellungen von El Capitan.*

Im nächsten Fenster sehen Sie dann alle Einstellungen, die Ihnen El Capitan zur Verfügung stellt. Das sind relativ viele, die aber nach Themen sortiert sind.

*El Capitan bietet eine Vielzahl an Anpassungsmöglichkeiten.*

## Zeigerbewegung: schneller oder langsamer

Was oft als Erstes auffällt: Der Mauszeiger bewegt sich nicht so schnell, wie man das gewohnt war. Man muss die Maus gefühlte zehn Mal komplett über das Mauspad bewegen, um den Zeiger beispielsweise von links unten nach rechts oben zu bekommen. Dass er sich bei einem frisch installierten System zu schnell bewegt, ist eher die Ausnahme, könnte aber an dieser Stelle auch gleich korrigiert werden. Klicken Sie dazu in den Systemeinstellungen auf Maus. Schieben Sie nun den Regler unter Zeigerbewegung nach rechts, um eine schnellere Bewegung zu bekommen. Nach links geschoben, wird die Bewegung Schritt für Schritt langsamer.

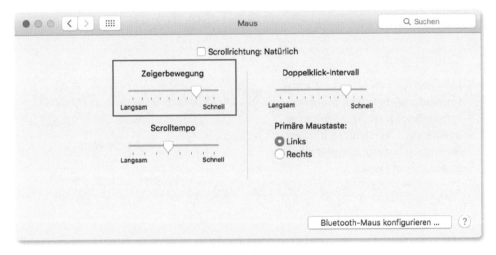

*Über diesen Regler passen Sie die Zeigergeschwindigkeit an.*

## Scrollrichtung: Natürlich oder nicht

Auch wenn es hier gleich noch weitere Dinge gibt, die Sie vielleicht zu Beginn ändern möchten, legen wir Ihnen die Scrollrichtung: Natürlich ans Herz. Apple ist nämlich der Meinung, dass es natürlich ist, dass man das Mausrad nach unten scrollt, um die Bildschirminhalte nach unten wegzuschieben, und umgekehrt. Das kommt daher, dass man an iPhone, iPad und iPod touch in der Tat so scrollt. Wenn es für Sie aber auch an einem Touch-Bildschirm anders angenehm ist als mit einer Maus, dann können Sie die Scrollrichtung an dieser Stelle an Ihre Gewohnheiten anpassen.

*Wenn Ihnen die laut Apple natürliche Scrollrichtung allzu unnatürlich vorkommt, dann entfernen Sie das Häkchen vor diesem Punkt und das Scrollen per Mausrad geht wieder in die andere Richtung.*

## Grundlagen

Möchten Sie von einer bestimmten Rubrik der Systemeinstellungen (wie hier der Maus) wieder zurück zur Übersicht, so klicken Sie einfach auf das Rastersymbol in der oberen Leiste.

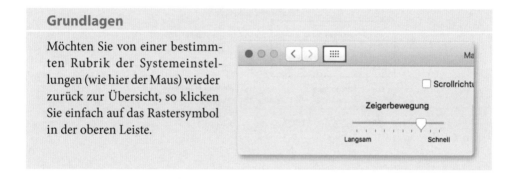

## Auflösung und Helligkeit

Sollte Ihnen die Auflösung der Anzeige missfallen, können Sie sie im Bereich *Monitore* der *Systemeinstellungen* verändern. Hier gibt es den Punkt *Auflösung* und auch die *Helligkeit* lässt sich hier anpassen.

Auflösung: In diesem Bereich werden Ihnen alle Auflösungen angezeigt, die die Grafikkarte des Mac in Verbindung mit dem angeschlossenen Monitor liefern kann. Wählen Sie den gewünschten Wert aus, um zu sehen, wie sich das auf die Anzeige auswirkt.

## Tipp

Haben Sie einen iMac, sind Computer und Monitor eine Einheit. In diesem Fall bietet El Capitan eine Auflösung an, die am besten geeignet ist (*Standard für Monitor*). Sollten Sie dennoch einen anderen Wert ausprobieren wollen, so aktivieren Sie *Skaliert*. Daraufhin erhalten Sie ebenfalls eine kleine Auswahl an verfügbaren Auflösungen.

*Die Bildschirmauflösung lässt sich anpassen – selbst bei einem iMac mit integriertem Monitor.*

Helligkeit: Und wenn Sie gerade dabei sind: Gleich unter der Auflösung finden Sie den Schieberegler für die Helligkeit. Regler nach rechts bedeutet: heller! Regler nach links stellt den Monitor entsprechend dunkler ein.

## Tipp

Zum selben Ergebnis kommen Sie, indem Sie auf einer Apple-Tastatur die Tasten F1 und F2 drücken. F1 macht den Bildschirm dunkler, F2 heller.

*Über diese beiden Tasten regeln Sie die Helligkeit des Monitors auch direkt von der Tastatur aus.*

Haben Sie einen iMac oder ein MacBook Pro/Air, dann kann das Display über die integrierte iSight-Kamera die Umgebungshelligkeit ermitteln. Aktivieren Sie *Helligkeit automatisch anpassen*, dann schaltet El Capitan bei dunklerer Umgebung die Helligkeit nach unten. Wird es heller, stellt das System auch automatisch den Bildschirm heller.

Übrigens: AirPlay (zu sehen im unteren Bereich der Monitor-Einstellungen) ist eine sehr interessante Funktion von OS X. Darum geht es in Kapitel 7.

## Schreibtisch & Bildschirmschoner

Ging es bisher um wirklich wichtige Einstellungen, die das Arbeiten am Mac betreffen, schließen wir die erste Einrichtung von El Capitan mit zwei Aspekten ab, die eher kosmetischer Natur sind. In den *Systemeinstellungen | Schreibtisch & Bildschirmschoner* haben Sie gleich die Möglichkeit, einen anderen Bildschirmhintergrund zu wählen.

> **Tipp**
>
> Zu dieser Einstellung kommen Sie auch, indem Sie rechts auf Ihren Schreibtisch klicken und *Schreibtischhintergrund ändern …* auswählen.

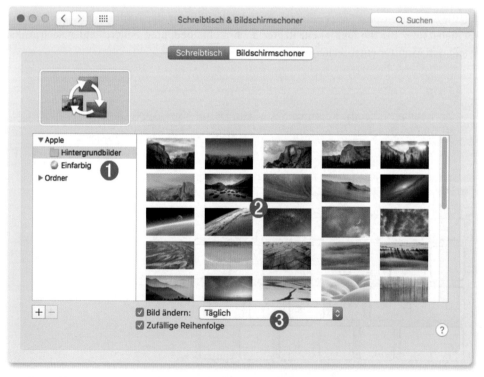

*Bei der Wahl eines passenden Hintergrunds haben Sie viele Möglichkeiten.*

Zunächst geben Sie die Quelle der Bilder an ➊. Im Bereich *Apple* finden Sie die bereits mitgelieferten Bilder, die in der Regel ausgesprochen schön sind (weniger die einfarbigen als vielmehr die Fotos). Darunter können Sie *Ordner* angeben, Ihr Bilder-Ordner ist bereits eingefügt. Über + fügen Sie einen neuen Ordner zur Liste hinzu, mit – löschen Sie bestehende Ordner. Rechts daneben erhalten Sie dann die Auswahl der verfügbaren Bilder ➋.

> ## Tipp
>
> Organisieren Sie Ihre Fotos mit der in OS X integrierten Bildverwaltung Fotos, dann gibt es neben Apple und Ordner noch einen weiteren Eintrag mit dem Namen *Fotos*. Dort haben Sie dann auch Zugriff auf diese Fotos.

Wenn Sie Abwechslung haben möchten, das ständige manuelle Auswählen eines anderen Hintergrunds aber nicht gerade zu Ihrer Lieblingsbeschäftigung gehört, dann lassen Sie das automatisch erledigen ➌. Setzen Sie das Häkchen vor *Bild ändern:* und wählen Sie eine der angebotenen Optionen. Sie haben die Wahl zwischen mehreren Intervallen von *Alle 5 Sekunden* bis hin zu *Täglich*. Dabei ist von den ersten drei Möglichkeiten der Liste eher abzuraten, weil insbesondere ein neues Hintergrundbild alle fünf Sekunden leicht hektisch anmutet. Was auch geht: sich ein neues Bild *Beim Anmelden* oder *Beim Beenden des Ruhezustands* anzeigen lassen.

*Geben Sie hier an, wie oft ein neues Bild automatisch ausgewählt und als Hintergrund verwendet werden soll.*

*Zufällige Reihenfolge* tut das, was man erwartet: Es löst die feste Reihenfolge der Bilder auf und nimmt zufällig eines der Bilder als nächstes.

## Bildschirmschoner

Auch wenn es bei modernen Flachbildschirmen nicht mehr die Gefahr des »Einbrennens« von zu lange angezeigten statischen Inhalten gibt, sind Bildschirmschoner dennoch nach wie vor beliebt. Zu Recht: Zum einen verwehrt es neugierigen Mitmenschen den allzu freien Blick auf E-Mails oder andere persönliche Inhalte, wenn Sie sich mal einen Kaffee holen. Zum anderen können Sie damit auch in gewissem Rahmen Ihrer Individualität Ausdruck verleihen. Das ist einmal durch die Wahl des Schoners möglich, alternativ durch die Anzeige von Familienfotos.

Wählen Sie im linken Bereich einen der Bildschirmschoner aus und legen Sie darunter fest, nach welchem Zeitraum der Inaktivität der Schoner anspringen soll (*Starten nach:*). Mit *Nie* schalten Sie ihn übrigens wieder aus. Rechts sehen Sie dann auch schon die Vorschau. Unter der Vorschau haben Sie dann je nach gewähltem Bildschirmschoner mehr oder weniger viele weitere Konfigurationsmöglichkeiten. Außerdem gibt es die Möglichkeit, dass zusätzlich die Uhrzeit angezeigt wird (*Mit Uhr anzeigen*).

> **Tipp**
>
> Die eingangs angesprochene Möglichkeit, Familienfotos einzublenden, erhalten Sie übrigens bei jedem Bildschirmschoner, der Ihnen in der Auswahl links einen Marienkäfer anzeigt.

*Bildschirmschoner sind technisch nicht mehr relevant, werden aber dennoch gerne genutzt.*

Nachdem Sie nun gesehen haben, wie Sie die ersten Einstellungen an El Capitan vornehmen können, befassen wir uns im folgenden Kapitel mit der Bedienung des Systems. Zur Erinnerung: Es gibt noch viel mehr, was Sie einstellen können. Das besprechen wir aber dann in Kapitel 10.

# Die Bedienung von El Capitan

In diesem Kapitel zeigen wir Ihnen, wie El Capitan aussieht und wie Sie mit Schreibtisch, Dock und Finder produktiv arbeiten können. Außerdem lernen Sie die Menüleiste und die Mitteilungszentrale kennen und nutzen.

# Die Benutzeroberfläche von El Capitan

In Kapitel 2 beim Thema WLAN haben Sie bereits einen Blick auf die Oberfläche von El Capitan geworfen. Im Vergleich zu den Vorversionen von OS X hat sich da nichts geändert.

*Die Benutzeroberfläche von OS X besteht aus drei Elementen: der Menüleiste oben, dem Schreibtisch in der Mitte und dem Dock ganz unten.*

## Tipp

Wenn wir gerade bei der Oberfläche von El Capitan sind, hier ein kleiner Tipp: Es gibt größere Dramen, als nicht auf Anhieb zu wissen, wo sich der Mauszeiger gerade befindet. Jagt man ein paar Mal (oder auch ein paar Mal öfter) hektisch die Maus über das Mauspad, dann findet man den Pfeil schon irgendwo. Das geht aber auch einfacher:

Wenn Sie bei El Capitan die Maus ein paar wenige Male kurz nach links und rechts »wedeln«, so erkennen Sie ihn ganz genau. Dann wir Ihnen Ihr Mauszeiger für kurze Zeit so groß angezeigt, dass man ihn fast nicht mehr übersehen kann.

## Die Menüleiste

Die Menüleiste ❶ erstreckt sich an der Oberseite des Bildschirms über die komplette Breite. Den rechten Bereich nutzen die Systemfunktionen. Die haben Sie bereits kennengelernt und wir werden im weiteren Verlauf wieder darauf zurückkommen. Die linke Seite der Menüleiste nutzen die gerade aktiven Programme. Wenn Sie später also beispielsweise einmal Microsoft Word starten, dann werden dort die Menüs für Datei, Bearbeiten, Ansicht usw. erscheinen.

## Grundlagen

Den linken Bereich der Menüleiste kann übrigens immer nur das gerade aktive (also im Vordergrund befindliche) Programm nutzen. Wechseln Sie von Word zu einem anderen Programm, dann werden die genannten Menüpunkte durch die des neuen Programms im Vordergrund ersetzt.

*Je nachdem, welches Programm gerade genutzt wird, verändert sich die Menüleiste mehr oder weniger deutlich. In diesen beiden Beispielen sehen Sie die Menüs von Microsoft Word und Mail.*

## Der Schreibtisch von OS X

Der Schreibtisch ❷ ist Ihr Arbeitsplatz. In erster Linie ist der Schreibtisch dazu da, die Fenster eines Programms anzuzeigen. Sie können auf dem Schreibtisch zwar auch Dateien und Ordner unterbringen oder Verknüpfungen zu Ihren Laufwerken anzeigen lassen. Aber in erster Linie werden Sie dort die Fenster Ihrer Programme vorfinden.

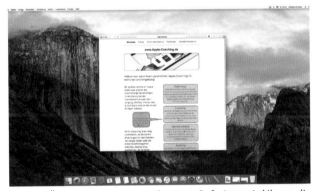

*Öffnen Sie den Internetbrowser Safari, so wird Ihnen die Webseite auf dem Schreibtisch angezeigt.*

## Dock: Wichtige Apps schnell erreichen

Das Dock ❸ ist eines der wichtigsten Elemente von OS X, schließlich erreichen Sie darüber unschlagbar schnell Ihre wichtigsten Programme, Ordner und Dateien. Außerdem ist das Dock standardmäßig immer eingeblendet und mit nur einem Klick ist ein Programm geöffnet.

*Das Standarddock von El Capitan verfügt bereits über viele wichtige Programme, kann aber an Ihre persönlichen Bedürfnisse angepasst werden.*

## Das Dock anpassen

Der Ausgangszustand des Docks kann sehr einfach verändert werden. So gut wie alles am Dock ist einzustellen und die verfügbaren Optionen finden Sie wie immer in den *Systemeinstellungen*.

## Die Position des Docks

Zu Beginn finden Sie das Dock am unteren Bildschirmrand. Es kann aber auch links oder rechts »angedockt« werden. Statten Sie dazu den *Systemeinstellungen* wieder einen Besuch ab. Dort im Bereich *Dock* gibt es die *Bildschirmposition*. Ändern Sie diese Einstellung von *Unten* auf *Links* oder *Rechts*, um die Änderung herbeizuführen.

### Aufgepasst

Wir gehen im weiteren Verlauf davon aus, dass das Dock unten bleibt. Angenommen wir schreiben künftig »Schieben Sie das Icon nach oben aus dem Dock heraus«, dann wäre das bei einem Dock am linken Bildschirmrand entsprechend »nach rechts aus dem Dock heraus«.

## Die Größe verändern

Bei *Größe* legen Sie fest, wie groß das Dock dargestellt werden soll. Je weiter nach links Sie den Regler schieben, desto kleiner wird das Dock. Verschieben Sie den Regler nach rechts, wird es größer.

*Von einem geradezu winzigen Dock (oben) bis hin zum großen Dock (unten) ist alles möglich.*

### Tipp

Einen pfiffigen Zwischenweg bietet die Funktion Vergrößerung. Dann bekommt das Dock zwar immer noch die in Größe festgelegten Ausmaße. Wenn Sie den Mauscursor aber über Icons bewegen, werden sie auf die festgelegte Größe anwachsen. So kann man auch bei sehr kleinem Dock immer noch die gewünschten Programme gut erkennen. Die Positionen auf beiden Reglern bedeuten übrigens identische Größen. Das hat zur Folge, dass Sie nur dann eine Vergrößerung erhalten, wenn der untere Regler weiter rechts eingestellt ist als der obere.

*Lassen Sie sich das Dock vergrößern, können Sie die Vorteile von kleinem Dock und großen Icons kombinieren.*

## Grundlagen

An dieser Stelle sehen Sie bereits, dass Ihnen der Name des Programms eingeblendet wird, wenn Sie den Mauszeiger darauf bewegen. Meist erkennt man das Programm schon am Icon, manchmal möchte man aber dann doch auch den Namen sehen.

Möchten Sie das Dock nur dann sehen, wenn Sie es benötigen, dann aktivieren Sie *Dock automatisch ein- und ausblenden*. Dann erscheint es nur, wenn sich der Mauszeiger am Bildschirmrand befindet.

### Anwendungen innerhalb des Docks verschieben

Die Symbole (»Icons«) für die einzelnen Anwendungen von El Capitan sind in einer bestimmten Reihenfolge angebracht. Sollte Ihnen die nicht sinnvoll erscheinen, so können Sie ohne Probleme einzelne Programme weiter links oder rechts anbringen. Greifen Sie dazu ein Programmsymbol, indem Sie darauf klicken und die Maustaste gedrückt halten. Schon können Sie das Symbol an die gewünschte Stelle schieben. Sie fügen das Symbol ein, indem Sie die Maustaste loslassen.

*Möchten Sie beispielsweise das Icon der Fotos-App zwischen Erinnerungen und Karten verschieben, dann lassen Sie das Symbol an dieser Stelle fallen.*

Achten Sie dabei aber darauf, dass Sie das Icon nicht nach oben aus dem Dock herausschieben. Ansonsten entdecken Sie ungewollt eine weitere Möglichkeit, die das Dock bietet:

## Programmsymbole aus dem Dock entfernen

Wie das Verschieben nach links oder rechts funktioniert auch das Entfernen von Icons aus dem Dock. Greifen Sie dazu das Symbol und schieben Sie es nach oben aus dem Dock heraus. Sie haben dann weit genug geschoben, wenn das Symbol leicht transparent wird und der Hinweis »Entfernen« erscheint. Lassen Sie das Programmsymbol dann los und schon verschwindet es aus dem Dock.

*Wenn Sie die Maustaste jetzt loslassen, wird das Programmsymbol (hier als Beispiel »Karten«) aus dem Dock entfernt.*

## Programmsymbole fest im Dock verankern

Bei OS X ist es so, dass jedes aktive Programm direkt nach dem Start im Dock untergebracht wird. Aber nicht jedes Programmsymbol bleibt dort auch dauerhaft. Schließen Sie das Programm wieder und ist das Icon nicht fester Bestandteil des Docks, so wird es entfernt, bis Sie das Programm erneut starten. Wir starten exemplarisch drei Programme, die nach dem Start ganz rechts im Dock angezeigt werden.

*Diese drei Programme befinden sich nur deshalb im Dock, weil sie gerade gestartet sind. Ein aktives Programm erkennen Sie am schwarzen Punkt unter dem Icon.*

Werden diese Programme beendet, so verschwinden sie wieder aus dem Dock. Schließlich waren sie vor dem Öffnen auch noch nicht dort.

*Jetzt sind die drei Icons verschwunden. Erst nach einem erneuten Start der Programme würden sie wieder im Dock auftauchen.*

Dieser Umstand ist einerseits sinnvoll, schließlich hält das Ihr Dock schlank und es verbleiben nicht unzählige Icons von Programmen, die man nur einmal alle paar Wochen (oder noch seltener) öffnet. Andererseits ist es bei den Programmen ungünstig, die man tagtäglich braucht und die man jedes Mal wieder umständlich suchen und öffnen muss.

> **Tipp**
>
> Welche Wege Ihnen zum Öffnen von Programmen offenstehen, das erfahren Sie in Kapitel 4. Dort zeigen wir Ihnen ausführlich den Umgang mit Programmen.

Wenn Sie sich also dabei ertappen, wie Sie zum 25. Mal innerhalb kurzer Zeit ein Programm suchen und starten, dann halten Sie vor dem nächsten Beenden der Software kurz inne und befolgen Sie diesen Tipp:

Klicken Sie mit der rechten Maustaste auf das Programmsymbol im Dock und wählen Sie Optionen | Im Dock behalten. Sehen Sie dann erneut in diesem Menü nach, so werden Sie links neben dem Punkt Im Dock behalten ein Häkchen sehen. Möchten Sie das wieder deaktivieren, klicken Sie noch einmal darauf und das Häkchen ist wieder weg.

*»Im Dock behalten« bedeutet: Das Programmsymbol bleibt künftig auch dann im Dock, wenn das Programm selbst nicht geöffnet ist.*

Wenn Sie das Programm nun beenden, wird es wunschgemäß geschlossen, das Icon verbleibt aber im Dock. So können Sie das Programm künftig deutlich schneller öffnen. Und wenn Ihnen die Position im Dock nicht gefällt, dann verschieben Sie es doch gleich an eine Stelle, die besser passt.

## Programme automatisch starten

Wenn Ihnen ein Programm so wichtig ist, dass es nicht nur im Dock verbleiben, sondern bei jedem Start des Rechners automatisch gestartet werden soll, dann aktivieren Sie im selben Menü den Punkt *Bei der Anmeldung öffnen*. Dann müssen Sie nicht selbst draufklicken. El Capitan wird dann selbstständig dafür sorgen, dass das Programm immer automatisch gestartet wird. Und zwar so lange, bis Sie diese Option wieder deaktivieren, indem Sie es erneut anklicken und das Häkchen wieder entfernen.

## Der rechte Bereich des Docks

Wir haben uns thematisch bisher immer im linken Bereich des Docks aufgehalten. Dort geht es um die Programme selbst. Sie wissen nun, warum einige Programme immer dort sind und andere nur dann, wenn sie geöffnet sind. Außerdem können Sie diesen Umstand nun auch beliebig verändern. Sie können Icons verschieben, entfernen und hinzufügen. Auch wissen Sie, welche Anpassungen am Dock selbst möglich sind. Aber was hat es nun mit dem rechten Bereich des Docks auf sich und was ist in diesem Fall eigentlich rechts und links? Ganz einfach!

*Dieser Strich trennt den linken Teil des Docks vom rechten.*

Damit wir uns nicht missverstehen: Das Dock ist ein gesamtes Element und genau genommen ist es nicht getrennt. Daher können Sie auch nicht den linken Teil ein- und den rechten ausblenden oder links und rechts unterschiedlich vergrößern oder verkleinern. Aber dieser Trennstrich sorgt dafür, dass man zwei Bereiche unabhängig voneinander nutzen kann. Links sind die Programme, rechts die Ordner, eventuell gerade aktive aber ins Dock gepackte Anwendungen sowie der Papierkorb.

## Ordner und Papierkorb

Der Papierkorb ganz rechts ist gut zu erkennen, in diesem Fall ist er noch leer. Rechts neben dem Trennstrich befindet sich der einzige Standardordner im Dock: »Downloads«. Dort landen später einmal alle Dateien, die Sie mit Safari (dem Internetbrowser von OS X) herunterladen. Ordner und Papierkorb verhalten sich gleich. Möchten Sie sehen, was drin ist, dann klicken Sie darauf.

*Der Downloads-Ordner ist zu Beginn leer. Daher ist die Liste zu Beginn der Arbeit mit OS X auch überschaubar. In diesem Beispiel wurden lediglich zwei Daten geladen.*

Möchten Sie eine Datei im Ordner öffnen, so klicken Sie darauf. Den Inhalt des Ordners schließen Sie wieder, indem Sie auf das Pfeilsymbol klicken. Wir könnten jetzt auch auf den Punkt »Im Finder öffnen« eingehen. Bei einem Ordner mit einem derart überschaubaren Inhalt ist das aber wenig sinnvoll. Daher sorgen wir zunächst für mehr Inhalte.

### Ordner im Dock unterbringen

Sie können neben dem Downloads-Ordner auch noch weitere Ordner in das Dock einbinden. Das funktioniert ganz einfach per Drag & Drop. Greifen Sie einen Ordner und ziehen Sie ihn mit der Maus an die gewünschte Stelle. Lassen Sie ihn dann los, um ihn ins Dock einzubinden.

*Wenn Sie nun die Maustaste loslassen, wird der Ordner »Fotos Autostadt« in das Dock eingefügt.*

Wie schon bei den Downloads erhalten Sie einen ersten Einblick in den Inhalt, indem Sie den Ordner selbst ansehen.

*Im Ordner links (»Downloads«) liegt ein Produktfoto, das iPhone und Apple Watch zeigt, im Ordner daneben befinden sich mehrere Fotos. Die Vorschau zeigt es an.*

**Grundlagen**

Übrigens: Das Vorschaubildchen ist die Datei, die im Ordner ganz oben liegt. Wenn Sie sich die Inhalte des Ordners nach Datum sortieren lassen, so sehen Sie auch immer die aktuellste Datei in der Vorschau.

Natürlich lassen sich solche Ordner auch im Dock verschieben, allerdings nur im rechten Bereich. Der Bereich links ist den Apps vorbehalten.

## Ordnerinhalte anzeigen lassen

Der Bilder-Ordner ist deutlich voller als die Downloads. Das ist bereits an der Vorschau zu erkennen, da sich bei den Bildern im Hintergrund noch weitere Fotos zeigen. Klicken wir nun darauf, sehen wir den Inhalt.

Wenn Sie rechts auf einen Ordner klicken, erhalten Sie Zugriff auf dessen Optionen.

*Diese Möglichkeiten der Anzeige haben Sie bei Ordnern im Dock.*

*Bei diesem Ordner hat El Capitan aufgrund der vielen Dateien eine andere Ansicht gewählt als noch bei den Downloads.*

*Sortiert nach:* Geben Sie hier an, nach welchen Kriterien Sie den Inhalt des Ordners sortiert haben möchten.

*Anzeigen als:* Hier legen Sie fest, ob im Dock die bereits bekannte Vorschau genutzt werden soll (Stapel) oder ob Sie schlicht ein neutrales Ordnersymbol haben möchten (Ordner).

*Inhalt anzeigen als:* Hier geht es darum, wie Sie die Inhalte sehen, wenn Sie auf den Ordner klicken. Bei wenigen Dateien ist der Fächer ganz sinnvoll. Unsere Bilder wurden aufgrund der hohen Anzahl an Dateien als Gitter angezeigt. Die Liste listet die Dateinamen mit einer sehr kleinen Vorschau untereinander auf. Sie können das Betriebssystem aber auch automatisch entscheiden lassen, welche Ansicht sinnvoll ist.

*Die Fächeransicht ist für gut gefüllte Ordner ebenso wenig geeignet wie die Liste. In beiden Fällen können nur sehr wenige Dateien angezeigt werden.*

## Ordner aus dem Dock entfernen

Möglichkeiten, etwas hinzuzufügen, sind erst dann richtig schön, wenn man es auch wieder entfernen kann. Und mit einem Ordner verhält es sich wie mit Programm-Icons. Ziehen Sie den Ordner so weit nach oben aus dem Dock, bis »Entfernen« erscheint, und lassen Sie dann die Maustaste los.

*Ein Ordner lässt sich ebenso leicht aus dem Dock entfernen wie ein Programm-Icon.*

# Der Finder: das Dateisystem von OS X

Der Finder ist die Dateiverwaltung von OS X. Wann immer Sie eine Datei anlegen, abspeichern, kopieren, löschen oder verschieben, geschieht das im Finder. Den Finder erreichen Sie, indem Sie auf das Finder-Icon klicken, das sich ganz links im Dock befindet. Wir können das übrigens deshalb so sicher sagen, weil das Finder-Icon das einzige Programmsymbol ist, das sich im Dock nicht verschieben lässt.

*So sieht das Symbol für den Finder aus. Es ist immer ganz links im Dock, lässt sich nicht verschieben und ist auch immer geöffnet, was Sie am Punkt darunter erkennen.*

### Grundlagen

Sie werden auf den folgenden Seiten vermutlich einige Begriffe kennenlernen, die Ihnen zunächst nichts sagen. Aber keine Bange. Wir werden Ihnen nach und nach alles Wichtige erklären. Dabei kann es aber vorkommen, dass wir Dinge zunächst erst einmal nur aufzählen und später dann auflösen. Bitte haben Sie ein wenig Geduld!

## Ein Finder-Fenster öffnen

Beim Finder handelt es sich technisch gesehen um ein Programm wie jedes andere. Somit können Sie ihn dadurch in den Vordergrund holen, indem Sie auf das Symbol im Dock klicken. Gibt es bereits ein offenes Finder-Fenster, wird es Ihnen angezeigt. Ansonsten öffnet El Capitan einfach ein neues.

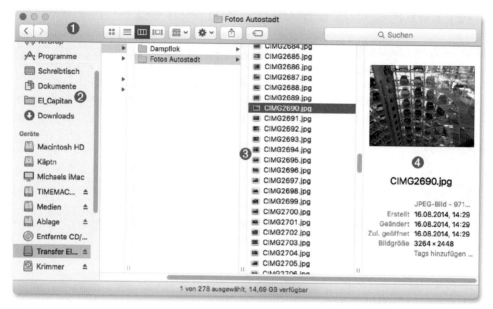

*So sieht ein Finder-Fenster in El Capitan aus.*

❶ Der Finder hat eine eigene Symbolleiste, mit der sich eine ganze Menge an Optionen einstellen lässt.

❷ In der Spalte links erhalten Sie Zugriff auf wichtige Speicherorte des Systems, Laufwerke für DVDs und freigegebene Laufwerke im Netzwerk. Darunter können Sie auch noch Tags vergeben.

❸ In der Mitte wählen Sie Ordner und Dateien aus. Dort finden dann auch die weiteren Aktionen statt.

❹ Ganz rechts sehen Sie einige Infos zur gerade ausgewählten Datei wie den Dateityp, die Dateigröße, das Datum und bei Fotos und Videos die Auflösung. Wenn Sie mehr als eine Datei auswählen, dann verschwindet die Info wieder.

## Die Symbolleiste des Finders

Sehen wir uns die Symbolleiste des Finders einmal genauer an.

*Bereits in der Symbolleiste des Finders können Sie viele Funktionen ausführen.*

In unserem Beispiel haben wir einen Ordner geöffnet, der »Fotos Autostadt« heißt. Der Name des Ordners wird oben angezeigt, so wissen Sie immer, wo Sie sich gerade befinden. Darüber hinaus gibt es viele Symbole, die alle mit bestimmten Funktionen verknüpft sind:

❶ Über die Pfeile nach links und rechts navigieren Sie in der entsprechenden Richtung durch alle Speicherorte, die Sie kürzlich aufgesucht haben. Ist ein Pfeil ausgegraut (wie hier der nach rechts), so gibt es in dieser Richtung kein Vor oder Zurück.

❷ Sie haben insgesamt vier Ansichten im Finder zur Verfügung. Das sind von links nach rechts die Symbol-, Listen-, Spalten- oder die Cover-Flow-Ansicht.

*Diese vier Ansichten bietet Ihnen der Finder an: Ⓐ Symbole, Ⓑ Liste, Ⓒ Spalten und Ⓓ Cover Flow.*

Bei der Spaltenansicht kann es bei sehr langen Dateinamen passieren, dass nicht der komplette Name angezeigt wird. Dann lässt sich jede der Spalten dadurch breiter oder schmaler machen, indem Sie die Greifer an der Unterseite der Spalte nach rechts verschieben.

*Schieben Sie diese doppelten Linien nach rechts oder links, um die Spalte zu vergrößern oder zu verkleinern.*

> **Tipp**
>
> Die Symbol- und Cover-Flow-Ansicht bieten sich insbesondere bei grafischen Elementen an. Die Spaltenansicht ist sinnvoll, wenn man viel durch verschiedene Ordner navigieren möchte. Zudem bietet die Liste einen guten Blick auf die Dateinamen an.

❸ Objektausrichtung ändern: Hier bestimmen Sie, nach welchen Kriterien der Inhalt eines Ordners angezeigt werden soll. Das können unter anderem der Name, ein Datum oder der Dateityp sein.

❹ Über das Zahnrad führen Sie Aktionen mit den ausgewählten Dateien aus. Viele dieser Aktionen erhalten Sie auch an anderer Stelle, etwa per Rechtsklick auf eine Datei. Aber hier finden Sie sie zentral an einem Ort.

❺ Möchten Sie die ausgewählten Dateien freigeben, so klicken Sie auf diese Schaltfläche. Mögliche Optionen sind dann Mail, Nachrichten, AirDrop, Twitter, Facebook, Flickr, die Bildbearbeitungstools Fotos und Aperture sowie Notizen. Klicken Sie auf *Mehr ...*, um weitere Optionen in den Systemeinstellungen zu aktivieren. Hier lassen sich auch bereits aktive Punkte ausschalten.

*Aktivieren und deaktivieren Sie Einträge, indem Sie Häkchen setzen und entfernen. Mit der Maus lässt sich auch die Reihenfolge verschieben.*

❻ Über diese Taste vergeben Sie Tags. Wählen Sie entweder ein vorhandenes Tag aus der Liste aus oder geben Sie ein neues in das leere Feld darüber ein.

❼ Suchen Sie nach bestimmten Dateien, so geben Sie den Suchbegriff in das Feld rechts ein.

## Die schnelle Dateivorschau im Finder

Der Finder von El Capitan ist in der Lage, viele Dateien direkt und ohne Zuhilfenahme eines weiteren Programms anzuzeigen. Dazu gehören beispielsweise Bilder, PDF-Dateien oder Videos. Wenn Sie im rechten Bereich des Finders bereits eine kleine Vorschau sehen, dann ist die Chance hoch, dass es auch mit der schnellen Dateivorschau klappt. Drücken Sie bei markierter Datei einmal auf die Leertaste, um die Datei anzuzeigen. Dabei ist es übrigens egal, in welcher Finder-Ansicht Sie sich befinden.

*Das Foto wurde im Finder (links) markiert und mit der Leertaste angezeigt. Das übernimmt ebenfalls der Finder direkt.*

Im Falle eines Word-Dokuments würde das dann so aussehen:

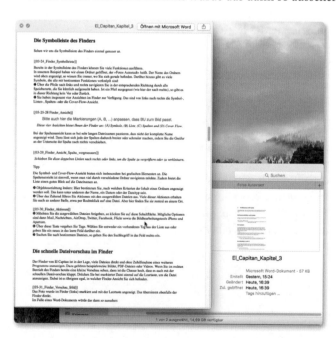

*Auch Word- oder PDF-Dateien lassen sich so sehr einfach und ohne Aufwand betrachten.*

**Tipp**

Sehr praktisch: Rechts oben in der Vorschau finden Sie immer auch den Punkt »Öffnen mit ...«. Klicken Sie darauf, um die Datei mit dem dafür geeigneten Programm anzuzeigen. Im letzten Beispiel wäre das dann Microsoft Word.

## In mehrseitigen Dokumenten blättern

Besteht ein Dokument aus mehreren Seiten, beispielsweise eine Word-Datei oder ein PDF-Dokument, so können Sie auch direkt im Finder darin blättern. Das ist aufgrund der Größe der Vorschau weniger zum Lesen der Datei geeignet. Aber Sie können sich dennoch einen Überblick verschaffen, welche Inhalte dort zu finden sind. Bewegen Sie dazu den Mauszeiger über die Vorschau im ganz rechten Bereich des Finders. Wenn daraufhin zwei Pfeile erscheinen, handelt es sich um ein mehrseitiges Dokument, das Sie auf diese Art durchblättern können. In der schnellen Vorschau über die Leertaste können Sie mit dem Mausrad scrollen oder den Schieberegler rechts am Rand nach oben oder unten verschieben.

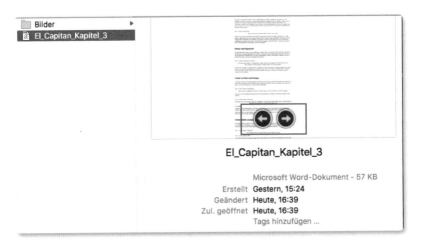

*Nutzen Sie die Pfeile nach links und rechts, um eine Seite weiter zurück oder vor zu gelangen.*

**Tipp**

Das funktioniert übrigens auch mit Dateien, die auf dem Schreibtisch liegen. Bewegen Sie den Mauszeiger darüber und Sie erhalten ebenfalls die beiden Pfeile. Hier lassen sich auch Videos direkt als kleines Briefmarkenkino starten.

# Dateien und Ordner öffnen

Eine Datei zu öffnen ist ganz einfach: Klicken Sie doppelt darauf, El Capitan entscheidet, welches Programm zu diesem Dateityp gehört, und öffnet dann die Datei im passenden Programm. Klicken Sie also doppelt auf ein Word-Dokument, so wird es auch in Microsoft Word geöffnet.

### Grundlagen

Einen Ordner öffnen Sie ebenfalls per Doppelklick. Eine Ausnahme gibt es aber: In der Spaltenansicht reicht ein einfacher Klick, damit in der Spalte rechts daneben der Ordnerinhalt angezeigt wird.

Bei einigen Dateitypen wie beispielsweise Bildern und PDFs geschieht in der Regel das Öffnen in der Vorschau. Die Vorschau ist ein OS X-Programm, das mit einer Vielzahl an Programmen umgehen kann. Sobald der Dateityp unterstützt wird, öffnet sich in der Regel die Vorschau. Und da kann es zu einem Problem in der täglichen Arbeit kommen.

## Öffnen mit

Wenn Sie zum Bearbeiten von PDFs Adobe Acrobat oder für Bilder Adobe Photoshop installiert haben, werden dennoch PDFs und fast alle Bildtypen in der Vorschau geöffnet. Eine Ausnahme sind .psd-Dateien, weil diese die Vorschau nicht unterstützt. Da übergibt El Capitan die Datei an Photoshop, bei allen gängigen Typen wie .png, .jpg oder .gif kommt aber wieder die Vorschau ins Spiel. Einerseits ist das gut, weil es schneller geht und Sie sich nicht extra eine teure Software für das Betrachten dieser Dateien kaufen müssen. Die Vorschau eignet sich aber eben nur zum Betrachten. Möchten Sie die Dateien bearbeiten, müssen Sie das dazu passende Programm aufrufen.

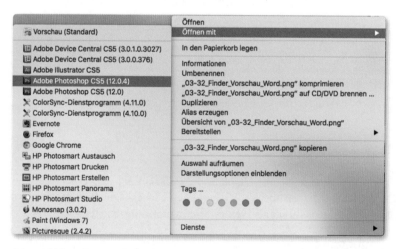

*Diese Bilddatei kann außer mit der »Vorschau« auch mit vielen anderen Programmen geöffnet werden. Hier finden wir Adobe Photoshop CS5.*

Sie können jetzt natürlich zuerst das Programm starten und dann über den Öffnen-Dialog die Datei im Finder suchen. Es geht aber auch anders herum. Klicken Sie nicht doppelt mit der linken Maustaste auf die zu öffnende Datei, sondern einmal mit der rechten Maustaste. Daraufhin öffnet sich ein Menü, in dem Sie den Punkt *Öffnen mit* aufrufen können. Dort finden Sie dann alle Programme, die sich dazu eignen, diese Datei zu öffnen und zu bearbeiten.

> **Tipp**
>
> Möchten Sie auch künftig die Datei mit dem ausgewählten Programm öffnen, dann wählen Sie nach einem Rechtsklick auf die Datei *Öffnen mit | Anderem Programm …* und setzen im unteren Bereich des Fensters *Programm auswählen* das Häkchen vor *Immer öffnen mit.*

### Dateien öffnen per Drag & Drop

Und es gibt noch eine weitere Möglichkeit, Dateien gezielt mit einem bestimmten Programm zu öffnen. Greifen Sie die Datei (etwa eine Bilddatei) und ziehen Sie sie auf das gewünschte Programm-Icon im Dock (z.B. Photoshop). Auch so wird es dann mit genau diesem Programm geöffnet.

## Dateien und Ordner verschieben und kopieren

Möchten Sie Dateien oder Ordner von einem Ort zum anderen kopieren oder verschieben, so haben Sie einige Möglichkeiten.

Verschieben: Greifen Sie eine Datei oder einen Ordner mit der Maus und ziehen Sie die markierten Elemente an den gewünschten Ort. Das kann ein anderer Ordner oder auch ein anderes Laufwerk sein. Auch das Verschieben vom oder zum Schreibtisch gehört dazu, da der Schreibtisch im Grunde auch nur ein Ordner auf der Festplatte des Mac ist. Beim Verschieben verschwindet die Datei am Quellort und erscheint am Zielort.

*Hier wird das Foto vom Ordner »Fotos Autostadt« in den Unterordner »Neue Bilder vom Tag 2« verschoben.*

Kopieren: Soll die Datei sowohl am Quellort als auch am Zielort vorhanden sein, so halten Sie während des Verschiebens die ⌥-Taste gedrückt. Damit wird die Datei nicht verschoben, sondern kopiert. Sie erkennen diesen Vorgang am +-Symbol an der Datei.

*Wenn Sie diese Datei loslassen, wird sie an den Zielort kopiert und das Original bleibt am Quellort erhalten.*

## Die Zwischenablage nutzen

Für das Verschieben und Kopieren von Dateien können Sie auch die Zwischenablage nutzen. Markieren Sie die Datei(en) und wählen Sie in der Menüleiste *Bearbeiten | »Dateiname« kopieren* (oder drücken Sie ⌘ – C) aus. Wechseln Sie dann zum Zielort und fügen Sie sie mit *Bearbeiten | Objekt einsetzen* (oder ⌘ – V) wieder ein. Haben Sie mehr als eine Datei ausgewählt, sehen Sie im Menü *X Objekte kopieren* bzw. *X Objekte einsetzen*.

## Mehrere Dateien auswählen

Da wir nun das Thema »mehrere Dateien markieren« bereits angeschnitten haben, reichen wir auch gleich die Hinweise dazu nach. Zur Erinnerung: Eine Datei markieren Sie dadurch, dass Sie sie einmal anklicken. Sie wird dabei blau hinterlegt. Klicken Sie dann eine weitere Datei an, heben Sie dadurch die erste Markierung auf und markieren nur die zweite. Halten Sie aber beim Anklicken der nächsten Datei die ⌘-Taste gedrückt, wird die neue Datei zusätzlich ausgewählt. Das können Sie dann beliebig weiterführen, bis alle gewünschten Dateien markiert sind. Wenn Sie eine Datei noch einmal anklicken, heben Sie die Markierung wieder auf.

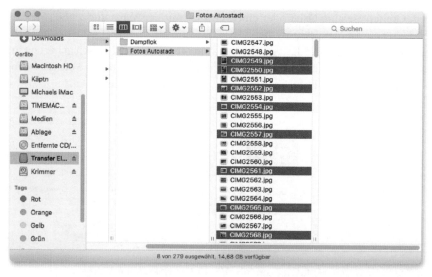

*Halten Sie beim Markieren die ⌘-Taste gedrückt, damit Sie mehrere Dateien gleichzeitig auswählen können.*

Möchten Sie viele Dateien markieren, die in der Liste nacheinander kommen, so klicken Sie auf die erste Datei, halten Sie die Hochstelltaste (⇧) gedrückt und markieren Sie dann die zweite Datei. Damit markieren Sie die erste Datei, die zweite und alle, die sich dazwischen befinden.

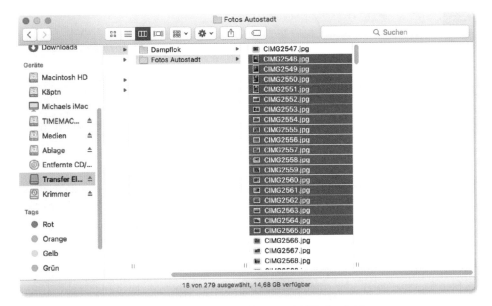

*Dateien direkt hintereinander markieren Sie am besten mithilfe der ⇧-Taste.*

Möchten Sie alle Inhalte eines Ordners markieren, dann drücken Sie entweder ⌘ – A oder rufen Sie *Bearbeiten | Alles auswählen* aus.

## Verknüpfungen erstellen: Aliase

Möchten Sie auf eine Datei oder einen Ordner beispielsweise am Schreibtisch zugreifen, die Datei selbst aber an einem anderen Ort auf Ihrer Festplatte belassen? Dann geht das ganz einfach über eine Verknüpfung, die unter OS X »Alias« genannt wird. Um einen Alias zu erstellen, klicken Sie mit der rechten Maustaste auf die Datei und wählen Sie *Alias erzeugen* aus.

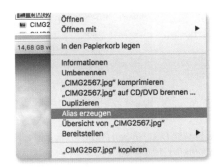

*Über »Alias erzeugen« erstellen Sie eine Verknüpfung zu einer Datei.*

Sie bekommen so eine zweite Datei, die lediglich eine Art Link auf die Originaldatei enthält. Diese können Sie dann beliebig verschieben. Sobald Sie auf den Alias klicken, wird die Originaldatei geöffnet.

CIMG2554.jpg    CIMG2553.jpg Alias

*Sie erkennen einen Alias zum einen am Namenszusatz »Alias« und zum anderen am kleinen Pfeil links neben dem Symbol.*

### Aufgepasst

Achten Sie beim Löschen eines Alias darauf, dass lediglich die Verknüpfung gelöscht wird. Die Originaldatei bleibt auch nach dem Löschen erhalten.

Übrigens: Ein Alias lässt sich auch von einem Ordner erstellen. Sie bekommen dann einen neuen Ordner mit dem Zusatz »Alias« und dem kleinen Pfeil. Ansonsten verhält es sich damit wie mit dem Alias einer Datei.

## Dateien und Ordner löschen

Möchten Sie eine Datei oder einen Ordner löschen, so haben Sie auch hier mehr als nur eine Möglichkeit:

Klicken Sie mit der rechten Maustaste darauf und wählen Sie *In den Papierkorb legen*.

1. Das Löschen klappt ebenfalls mit *Ablage | In den Papierkorb legen*.
2. Das entsprechende Tastenkürzel dazu ist ⌘ – ←.

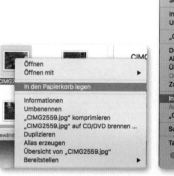

*Diese beiden Menüs legen die Datei in den Papierkorb. Das geht aber auch per Tastenkürzel: ⌘ – ←.*

# Der Papierkorb von OS X

Jede Datei, die Sie löschen, wandert zunächst einmal in den Papierkorb. Dort liegt die Datei dann noch so lange, bis Sie den Papierkorb leeren. Stellen Sie zwischen Löschzeitpunkt der Datei und Leerung des Papierkorbs fest, dass Sie die Datei doch noch benötigen, können Sie sie problemlos wiederherstellen. Erst danach ist sie weg und kann nur noch mit viel Aufwand unter Zuhilfenahme von einer Wiederherstellungssoftware oder aus einer Datensicherung heraus wiederhergestellt werden.

Der Papierkorb lässt sich wie ein normaler Ordner öffnen und dessen Inhalt betrachten. Klicken Sie dazu einfach auf das Papierkorbsymbol ganz rechts im Dock.

## Dateien aus dem Papierkorb wiederherstellen

Um eine Datei oder einen Ordner wiederherzustellen, klicken Sie mit der rechten Maustaste darauf und wählen Sie Zurücklegen.

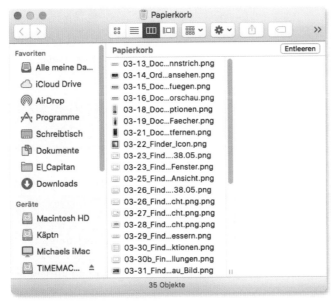

*Diese Dateien im Papierkorb lassen sich problemlos wiederherstellen.*

*Über »Zurücklegen« finden gelöschte Dateien wieder den Weg zurück zum Ursprungsort auf der Festplatte.*

## Papierkorb entleeren

Die Dateien im Papierkorb befinden sich immer noch auf der Festplatte und belegen damit auch noch Speicherplatz. Sind Sie sich sicher, dass Sie die Dateien darin nicht mehr benötigen (oder zur Not eine Sicherungskopie haben), dann können Sie den Papierkorb löschen und den Platz freigeben. Dazu haben Sie einige Möglichkeiten:

1. Klicken Sie in der Papierkorbansicht rechts oben auf *Entleeren*.
2. Klicken Sie mit der rechten Maustaste auf das Papierkorbsymbol im Dock und wählen Sie dort *Papierkorb entleeren*.
3. Rufen Sie in der Menüleiste bei aktivem Finder das Menü Finder auf und klicken Sie dort auf *Papierkorb entleeren …*
4. Nutzen Sie im Finder die Tastenkombination ⌘ – ⇧ – ←.

# Dateien und Ordner umbenennen

Möchten Sie einer Datei einen anderen Namen geben, so klicken Sie einmal darauf, um sie zu markieren, warten Sie dann einen Augenblick (also nicht doppelklicken) und klicken Sie ein zweites Mal. Daraufhin wird der Name ohne die Dateierweiterung blau hinterlegt und Sie können gleich lostippen.

*Ist ein Dateiname blau hinterlegt, können Sie gleich losschreiben und eine neue Bezeichnung eingeben.*

## Tipp

Haben Sie irrtümlich eine Namensänderung durch zweimaliges Tippen in die Wege geleitet, kommen Sie mit der Esc-Taste wieder zurück (oder Sie klicken einfach woanders hin). Und wenn Sie bereits einen neuen Namen eingegeben haben, den alten aber gerne wieder haben möchten, so hilft Ihnen ⌘ – Z.

Sie können Dateien und Ordner auch umbenennen, indem Sie rechts darauf klicken und *Umbenennen* auswählen.

*Im Bereich »Name & Suffix« lässt sich ebenfalls der Name der Datei ändern. Unter »Allgemein« finden Sie Infos zur Datei selbst. Und es gibt noch weitere Möglichkeiten.*

## Das Info-Fenster

Jede Datei und jeder Ordner haben ein Info-Fenster, in dem Sie eine Vielzahl von Details einsehen können. Auch dort ist eine Namensänderung möglich. Sie sind es ja mittlerweile gewohnt, dass es zu den meisten Dingen einen Weg über das Menü gibt und ein Tastenkürzel. In diesem Fall kommen Sie bei markierter Datei oder markiertem Ordner mit ⌘ – I zu den Infos. Aber auch der Rechtsklick und der Bereich *Informationen* führen an dieses Ziel.

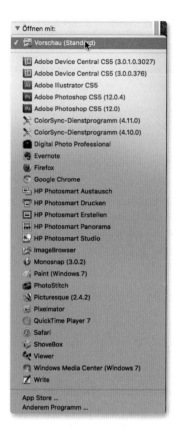

Sehr interessant ist auch *Öffnen mit:*. Weiter vorne im Kapitel haben wir bereits besprochen, wie man Dateien einmalig mit einem anderen Programm als dem Standardwerkzeug öffnen kann, beispielsweise ein PDF mit Acrobat anstelle der Vorschau. Möchten Sie das dauerhaft so festlegen, dann wählen Sie in diesem Bereich das gewünschte Programm für diese Datei aus. Klicken Sie zusätzlich auf *Alle ändern...*, so werden nach einer kurzen Sicherheitsabfrage künftig alle Dateien dieses Typs mit dem alternativen Programm geöffnet.

*In den Informationen kann auch bestimmt werden, mit welchem Programm diese Datei oder alle Dateien dieses Typs künftig geöffnet werden sollen.*

### Zusammengefasste Infos anzeigen

Haben Sie mehr als eine Datei geöffnet und wählen Sie nach dem Rechtsklick *Informationen* aus, so erhalten Sie pro Datei ein eigenes Info-Feld. Möchten Sie aber die Informationen zu allen markierten Dateien zusammengefasst sehen, so drücken Sie nach dem Rechtsklick die ⌥-Taste und klicken Sie dann auf Info-Fenster einblenden. Dann gibt es nur ein Fenster mit den gesamten Infos.

*Die Informationen gibt es auch zusammengefasst für mehrere Dateien in einem Fenster.*

## Ordner erstellen

Einen neuen Ordner im Finder erstellen Sie, indem Sie entweder mit der rechten Maustaste auf einen leeren Bereich im Finder tippen und *Neuer Ordner* auswählen. Oder Sie gehen den Weg über das Menü und klicken auf *Ablage | Neuer Ordner*. Die Tastenkombination dazu ist ⇧ – ⌘ – N.

> **Tipp**
>
> Geben Sie dem neuen Ordner aber auch gleich den passenden Namen, damit Sie am Ende nicht ein Verzeichnis voll mit »Neuer Ordner«, »Neuer Ordner 1«, »Neuer Ordner 2« usw. haben. Sobald Sie einen neuen Ordner erstellt haben, ist der Name blau hinterlegt und Sie können sofort lostippen.

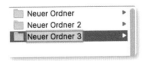

*Neue Ordner werden durchnummeriert. Vergeben Sie also am besten gleich aussagekräftige Namen, bevor Sie den Überblick verlieren. El Capitan hilft aber dabei und markiert den Namen sofort zur Änderung.*

## Tabs und neue Fenster

Gerade beim Kopieren von umfangreichen Daten ist oft ein zweites oder drittes Finder-Fenster hilfreich. Dann muss man nicht immer in einem Fenster vom Quellordner zum Zielordner (oder mehreren) und zurück. Machen Sie sich mit *Ablage | Neues Fenster* (oder ⌘ – N) einfach so viele Fenster auf, wie Sie benötigen, und schon können Sie alle Quellen und alle Ziele im direkten Zugriff haben.

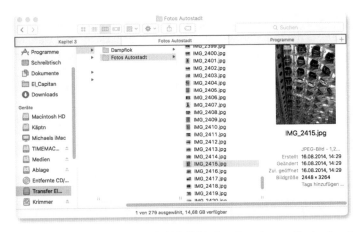

*Tabs bieten eine platzsparende Möglichkeit, mit mehreren Finder-Fenstern zu arbeiten.*

Platzsparender als viele Finder-Fenster bei nahezu gleichem Komfort sind Tabs. Bei der Arbeit mit Tabs bleibt es bei einem Finder-Fenster. Sie können aber über die Tabs-Leiste jederzeit von einem Ort zum anderen springen.

Um einen neuen Tab hinzuzufügen, wählen Sie *Ablage | Neuer Tab*, drücken Sie ⌘ – T oder klicken Sie auf das + in der Tab-Leiste, sofern Sie schon mindestens zwei Tabs geöffnet haben.

### Tipp

An dieser Stelle noch zwei Tipps: Sie können die Reihenfolge der Tabs verändern, indem Sie sie mit der Maus in der Tab-Zeile verschieben. Und Sie können Dateien aus dem einen Tab in den anderen verschieben, indem Sie die Datei im Quell-Tab mit der Maus greifen, über den Ziel-Tab fahren, kurz warten und sie dann an die gewünschte Stelle fallen lassen.

## Tags

Tags sind eine Neuerung vom El Capitan-Vorgänger Yosemite, die mehr Ordnung in umfangreiche Datensammlungen bringen soll. Sie können jeder Datei und jedem Ordner farblich markierte Tags verpassen (auch Kombinationen aus verschiedenen Farben) und sie so thematisch gruppieren. So könnten beispielsweise alle wichtigen Daten rot sein, unwichtige gelb und zum Löschen vorgesehene grün. Unwichtige Dateien, die man löschen kann, könnten dann gelb und grün sein.

Das hat zwei Vorteile. Wenn Sie sich den Inhalt eines Ordners ansehen, stechen die angemarkten Tags gleich aus der Menge der Dateien heraus. Sie haben außerdem die Möglichkeit, sich an einem zentralen Ort alle Dateien auflisten zu lassen, die einen bestimmten Tag tragen.

### Tags vergeben

Um Tags zu vergeben, klicken Sie die Datei(en) mit der rechten Maustaste an und wählen Sie aus dem Bereich *Tags ...* die gewünschte Farbe aus. Daraufhin wird die Datei entsprechend markiert.

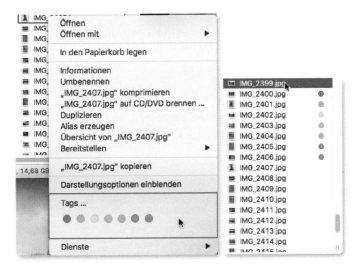

*Wenn Sie Tags vergeben (links), werden die Dateien im Finder entsprechend markiert.*

Alternativ dazu geht das auch über die Symbolleiste des Finders.

*Jeder Tag im weißen Feld ist vergeben. Dort löschen Sie bestehende Tags auch wieder. Über Alle anzeigen haben Sie auch Zugriff auf die restlichen Tags, die in der Seitenleiste nicht angezeigt werden.*

Für Tags anderer Farbe gehen Sie ebenso vor. So können Sie auch einer einzelnen Datei maximal alle verfügbaren Tags geben.

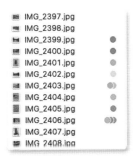

*Eine Datei kann auch mehr als einen Tag tragen*

## Tags löschen

Um Tags wieder zu löschen, gehen Sie analog vor und vergeben Sie die Tags sozusagen noch einmal. Damit wird der Tag entfernt. Über den Weg der Symbolleiste können Sie vorhandene Tags einfach mit der ←-Taste wieder löschen.

## Dateien mit selben Tags anzeigen

Möchten Sie alle Dateien sehen, die einen bestimmten Tag tragen, so klicken Sie in der linken Finder-Spalte im Bereich Tags auf die gewünschte Farbe. Daraufhin erhalten Sie in der Spalte rechts alle Treffer angezeigt.

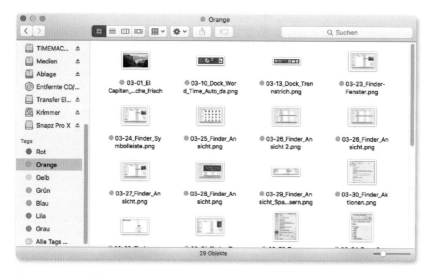

*So lassen Sie sich beispielsweise alle Dateien anzeigen, die einen orangefarbenen Tag haben.*

Die hier angezeigten Tags sind aber nicht unbedingt alle. In den Einstellungen des Finders lassen sich Favoriten festlegen, die dann hier erscheinen. Klicken Sie auf *Alle Tags ...*, um – sofern vorhanden – auch die anderen anzuzeigen.

## Tags verwalten

Um Tags zu löschen, sie umzubenennen oder sie aus der Seitenleiste des Finders zu entfernen, machen Sie einen Rechtsklick darauf.

*Per Rechtsklick auf die Tags in der Seitenleiste des Finders lassen sich einige Funktionen aufrufen.*

### Tags hinzufügen

Neue Tags legen Sie in den Einstellungen des Finders (⌘ – ‚) an, und zwar im Bereich *Tags*, indem Sie auf das +-Symbol klicken.

## Finder-Fenster aufräumen

Hoffentlich passiert Ihnen das nie, aber es kann durchaus vorkommen, dass ein Finder-Fenster etwas wüst aussieht. Das passiert vorzugsweise in der Symbolansicht dann, wenn man achtlos Dateien hineinzieht und diese einfach dort liegen bleiben, wo sie angekommen sind. Das kann dann so aussehen:

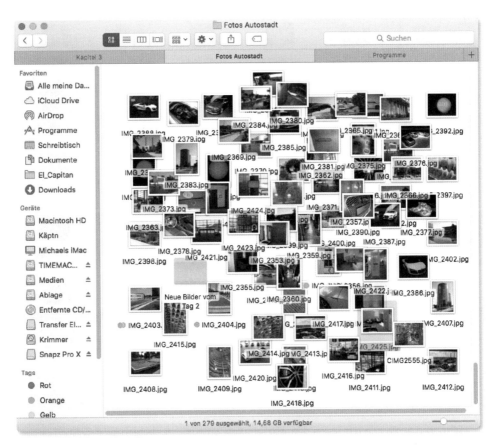

*Kein Spaß! So chaotisch kann ein Finder-Fenster wirklich aussehen, wenn man unachtsam Dateien reinwirft.*

Damit kann man natürlich nicht arbeiten. Sie erkennen keine Sortierung und können noch nicht einmal zweifelsfrei bestimmen, welche Dateien überhaupt da sind. Gut, dass sich der Finder nahezu automatisch aufräumen lässt.

Klicken Sie dazu mit der rechten Maustaste in einen leeren Bereich des Finder-Fensters und wählen Sie die Option *Aufräumen* aus. Damit bewegt sich jede Datei an die nächste Stelle eines Rasters und das Ergebnis kann sich sehen lassen:

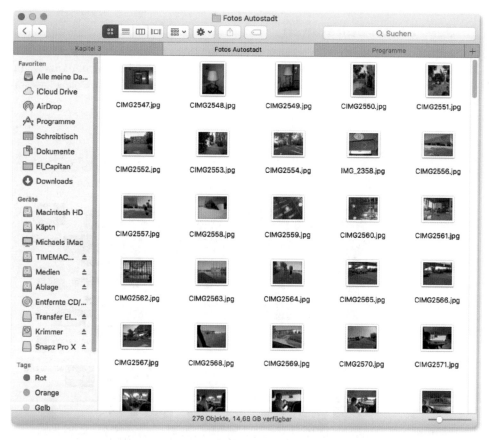

*Das sieht dann doch schon viel besser aus. Mit einem aufgeräumten Finder-Fenster kann man auch wieder arbeiten.*

### Tipp

Mit *Aufräumen nach* legen Sie übrigens noch fest, nach welchem Kriterium das Fenster aufgeräumt und sortiert werden soll. Das kann der Name der Datei sein, der Dateityp, Tags oder etwas anderes aus der Liste. *Ausrichten nach* sorgt ebenfalls für Ordnung und verhindert zusätzlich ein erneutes Verschieben der Dateien. Diese bleiben dann so lange fest im Raster, bis Sie *Ausrichten nach | Ohne* auswählen.

# Die Einstellungen des Finders

Wir haben es schon geschrieben, mit ⌘ – , gelangen Sie in Programmen in die Einstellungen, so auch im Finder. Dort können Sie aufgeteilt in die Rubriken *Allgemein*, *Tags*, *Seitenleiste* und *Erweitert* noch einige den Finder betreffende Dinge einstellen. Insbesondere die Anpassung der Seitenleiste ist sehr interessant, weil Sie hier festlegen, welche Elemente dort angezeigt werden sollen.

## Festplatten, DVDs und Server anzeigen und auswerfen

Wenn Sie im Bereich *Allgemein* eines der Häkchen bei *Diese Objekte auf dem Schreibtisch anzeigen:* aktivieren, so erhalten Sie direkt am Schreibtisch auch Zugriff darauf.

*Im Beispiel links wurden keine Festplatten aktiviert, daher ist lediglich ein Ordner zu sehen. Aktivieren Sie die Festplatten, so erscheinen interne Festplatten und angeschlossene Datenträger.*

71

# Externe Datenträger am Mac nutzen

Externe Datenträger wie Festplatten oder Speichersticks können Sie einfach über die USB-oder Thunderbolt-Schnittstelle mit Ihrem Mac verbinden. Auf die Daten darauf greifen Sie dann über den Finder im Bereich Geräte zu.

*Der USB-Stick, beispielsweise mit dem Namen »Transfer El Capitan«, hat sich im Finder eingefunden und kann hier bequem erreicht werden.*

Bei entsprechender Option in den Finder-Einstellungen finden Sie das Laufwerk auch auf dem Schreibtisch.

## Externe Datenträger auswerfen

Benötigen Sie einen externen Datenträger nicht mehr, so können Sie ihn ganz einfach auswerfen. Klicken Sie dazu mit der rechten Maustaste darauf und wählen Sie »Datenträgername« auswerfen. Sie können das Laufwerk auch vom Schreibtisch aus mit der Maus greifen und auf das Papierkorbsymbol ziehen. Das verwandelt sich dann in ein Auswurfsymbol und führt genau diese Aktion auch aus.

*Ziehen Sie ein Laufwerk auf den Papierkorb, so verändert er sein Aussehen und seine Funktion.*

Und auch im Finder selbst lässt sich ein Laufwerk ganz einfach auswerfen. Klicken Sie dazu auf das Auswerfen-Symbol, das Sie rechts neben dem Datenträger sehen.

*Auch über dieses Symbol lässt sich ein externes Laufwerk auswerfen.*

## Tipp

Das Gerücht, dass man Laufwerke nicht einfach so vom Rechner trennen darf, gibt es schon ebenso lange, wie es USB-Sticks gibt. Aber nur die allerwenigsten Anwender haben in der Vergangenheit tatsächlich einen Datenverlust erlitten, wenn sie das Laufwerk vor dem Abstöpseln nicht ordnungsgemäß abgemeldet haben. Aber um sicherzugehen, geben Sie dem Betriebssystem die Chance, ordnungsgemäß seine Arbeit zu erledigen. Dann kann ganz bestimmt nichts passieren. Wenn Sie den Laufwerksnamen nicht mehr im Finder oder auf dem Schreibtisch sehen, dann können Sie das Laufwerk auch bedenkenlos abstecken.

## CDs und DVDs brennen

OS X ist in der Lage, ohne weitere Software CDs und DVDs zu brennen. Sobald Sie in den integrierten (oder externen) DVD-Brenner Ihres Mac einen leeren Datenträger einlegen, meldet sich das System zu Wort.

*Sie können an dieser Stelle bereits angeben, was Sie mit dem Rohling vorhaben, nötig ist das aber nicht.*

Möchten Sie auf dem Rohling Daten von Ihrem Mac speichern, dann können Sie hier *OK* wählen und den *Finder öffnen* oder Sie *Ignorieren* die Meldung durch einen Klick auf die entsprechende Taste. Haben Sie irrtümlich einen leeren Datenträger eingelegt, bekommen Sie den mit *Auswerfen* wieder zurück.

Stellen Sie dann die zu brennenden Daten am besten in einem Ordner zusammen. Wenn alles drin ist, was auf die CD oder DVD soll, dann markieren Sie den Ordner oder die Dateien (je nachdem, was letztendlich gebrannt werden soll) und führen Sie einen Rechtsklick darauf aus.

Bei einem Ordner oder einer Einzeldatei wählen Sie dann »*Dateiname*« *auf CD/DVD brennen ...*, bei mehreren Ordnern oder Dateien *X Objekte auf CD/DVD brennen ...*

Im nächsten Schritt geben Sie der CD/DVD dann noch einen Namen und bestimmen Sie das Brenntempo. Auch hier können Sie das Medium noch auswerfen. *Brennen* führt den Brennvorgang durch.

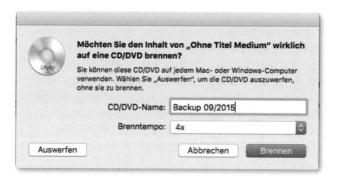

*Geben Sie der CD oder DVD noch einen Namen und legen Sie das Brenntempo fest.*

## Grundlagen

Das mit dem Brenntempo ist so eine Sache. Zwar ist der Datenträger mit einem höheren Brenntempo von 8x schneller fertig. Wie beim Autofahren könnte man aber auch hier sagen: Je schneller man unterwegs ist, desto schneller passieren auch Fehler. Daher sollten Sie – wenn nicht gerade die Zeit drängt – eine geringere Geschwindigkeit wählen. Das gilt fürs Autofahren und fürs Brennen und bringt Sie und Ihre Daten sicher ans Ziel.

*Der Brennvorgang läuft und dauert je nach Datenmenge mehr oder weniger lang. Aber auch eine volle DVD ist flott gebrannt.*

Hinterher wird der Inhalt der CD/DVD noch einmal mit dem Quellmaterial verglichen. Hat alles geklappt, ist Ihr Datenträger dann fertig und kann im Finder auch gleich genutzt werden.

*Die DVD mit der Datensicherung hat sich wie unser USB-Stick im Bereich »Geräte« des Finders eingefunden und kann auch hier gleich ganz einfach ausgeworfen werden.*

## Laufwerksfreigabe und USB-Laufwerk

Wann haben Sie zum letzten Mal eine DVD in das Laufwerk Ihres Mac gesteckt, um Software zu installieren oder auch um auf andere Daten zuzugreifen? Der Autor dieser Zeilen hat das vor weniger als zehn Minuten gemacht. Allerdings nur deshalb, weil er Ihnen zeigen wollte, wie man eine DVD brennt. Ansonsten braucht man heutzutage an sich kaum noch DVDs oder CDs. Software kommt immer öfter auf digitalem Wege auf den Rechner und wird über das Internet geladen. Musik kauft man auch zunehmend online, weil es flexibler ist, schneller geht und oft auch preislich attraktiver ist.

Dieser Umstand hat zur Folge, dass es in modernen Macs wie dem iMac oder dem Mac-Book kein optisches Laufwerk mehr gibt. Der angenehme Nebeneffekt: Verzichtet man auf das vergleichsweise große Laufwerk, kann man die Computer kleiner bauen. Kurz gesagt: In aktuellen Macs ist einfach kein Platz mehr für den DVD-Brenner. Oder man baut einen DVD-Brenner aus und dafür eine zusätzlich SSD ein.

Es gibt aber die Möglichkeit, ein externes Laufwerk zu nutzen. Das steckt man dann nur an, wenn man es braucht. Ein interessanter anderer Weg ist die Laufwerksfreigabe über das WLAN. Haben Sie zu Hause oder im Büro einen Mac, der noch ein Laufwerk eingebaut hat (oder an dem ein externer Brenner hängt), so können alle anderen Macs im Netzwerk auf dieses Laufwerk zugreifen. Möglich macht das die DVD- und CD-Freigabe von OS X.

Damit Sie über das WLAN auf ein DVD-Laufwerk eines anderen Mac zugreifen können, muss dort (also auf dem Mac mit Laufwerk) die Freigabe aktiviert sein. Rufen Sie dazu die Systemeinstellungen auf und wechseln Sie dort zum Punkt Freigaben. Setzen Sie dann das Häkchen vor DVD- oder CD-Freigabe.

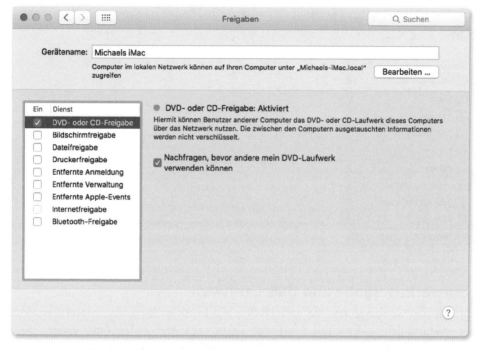

*Erst wenn die »DVD- oder CD-Freigabe« aktiviert ist, wird Ihr Laufwerk im WLAN freigegeben.*

Zusätzlich können Sie hier festlegen, dass vor dem Zugriff auf Ihre Datenträger im Laufwerk eine Nachfrage erforderlich ist. Dann erfahren Sie vorher, wenn jemand Ihre Daten auf CD oder DVD einsehen möchte. Aktivieren Sie dazu zusätzlich den Punkt *Nachfragen, bevor andere mein DVD-Laufwerk verwenden können.*

Wenn Sie dann am Rechner ohne DVD-Laufwerk im Finder auf Entfernte CD/DVD klicken und den Mac mit DVD-Laufwerk auswählen, wird Ihnen der Inhalt angezeigt. Oder Sie müssen mit *Zugriffserlaubnis anfragen* erst um Freigabe bitten.

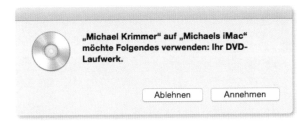

*Kommen Sie dem Wunsch nach (**Annehmen**) oder lehnen Sie ihn ab (**Ablehnen**). Ohne Ihr O.K. kann niemand auf das Laufwerk zugreifen.*

Wenn die Freigabe ohne Abfrage erlaubt ist oder wenn Sie dem Wunsch nachkommen, sieht die Freigabe des DVD-Laufwerks dann so aus:

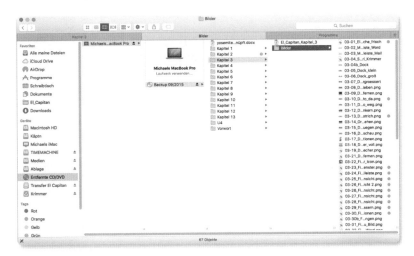

*Mit einer korrekt konfigurierten Laufwerksfreigabe wie in diesem Bild können Sie Daten einsehen und/oder kopieren.*

## Tipps zum Finder

Einige Tipps zum Finder haben wir bereits an passender Stelle besprochen. Zwei Dinge möchten wir aber abschließend noch loswerden.

**Ordner in die Seitenleiste:** Wenn Sie bestimmte Ordner sehr oft benutzen, dann können Sie einen Alias dazu erstellen und beispielsweise auf dem Schreibtisch speichern. Das wissen Sie bereits. Es gibt aber auch die Möglichkeit, diesen Ordner in die Seitenleiste des Finders einzubinden.

*Ziehen Sie den Ordner in die Seitenleiste des Finders, bis Sie die Einfügemarke sehen. Lassen Sie dann den Ordner fallen, damit er dort eingefügt wird.*

Achten Sie darauf, dass die blaue Linie mit dem Kreis links an der gewünschten Stelle in der Seitenleiste erscheint. So können Sie gezielt den richtigen Ort auswählen.

*Der Ordner »Manuskript« hat sich in der Seitenleiste des Finders eingefunden und kann so künftig sehr schnell erreicht werden.*

> **Tipp**
>
> Sie entfernen den Ordner wieder aus der Seitenleiste, indem Sie rechts darauf klicken und *Aus der Seitenleiste entfernen* auswählen. Oder Sie ziehen ihn rechts aus der Leiste, bis ein kleines x-Symbol erscheint. Wenn Sie dann »loslassen«, fliegt der Ordner auch aus der Seitenleiste.

**Finder neu starten:** An sich funktioniert der Finder sehr zuverlässig. Aber wie bei jedem Programm kann auch der Finder einmal nicht so reagieren, wie er soll. In diesem Fall hilft es, den Finder neu zu starten. Wir hatten eingangs ja geschrieben, dass der Finder immer aktiv ist und sich somit nicht wie ein normales Programm beenden lässt. Ein Neustart ist aber möglich.

Klicken Sie dazu auf das &-Symbol ganz links in der Menüleiste und wählen Sie dort den Punkt *Sofort beenden* ... aus. Oder Sie drücken ⌘ – ⌥ – esc. Markieren Sie dann den Finder und klicken Sie auf die Schaltfläche *Neu starten*. Daraufhin erhalten Sie einen frischen Finder, der dann auch wieder seine Arbeit zuverlässig erledigt.

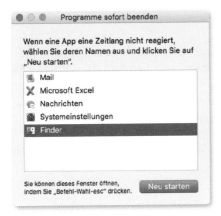

*Im Gegensatz zu anderen Programmen können Sie den Finder nicht beenden, sondern nur neu starten.*

# Auf dem Laufenden bleiben mit der Mitteilungszentrale

Ganz rechts in der Menüleiste finden Sie das Symbol für die Mitteilungszentrale. Über diese Zentrale können Sie sich über wichtige Dinge informieren lassen. Das können Termine sein, das Wetter oder all die anderen Dinge, die Ihnen El Capitan-eigene Apps oder die Anwendungen von Drittanbietern mitteilen möchten.

## Grundlagen

Natürlich finden Sie in der Mitteilungszentrale keine Informationen, die Sie nicht über die Programme selbst auch bekommen würden. Aber die Zentrale ist – wie der Name schon sagt – ein zentraler Ort, an dem all die für Sie wichtigen Infos zusammenlaufen. Sie müssen nicht jedes Programm einzeln öffnen, um sich über Neuigkeiten zu informieren.

① Heute informiert Sie über Dinge, die aktuell anstehen. Das können Termine aus Ihrem Kalender sein, Aktienkurse oder das Wetter. Im Bereich Mitteilungen finden Sie Infos der Anwendungen von El Capitan, etwa Mails, iCloud-Meldungen oder andere Infos von Programmen.

② Im Hauptbereich finden Sie dann die entsprechenden Infos.

③ Bearbeiten öffnet ein Fenster, in dem Sie Programme auswählen können (+), die dann die Mitteilungszentrale nutzen. Hier können Sie auch bereits vorhandene Elemente entfernen (-). Fertig beendet den Bearbeiten-Modus.

④ Das Zahnrad rechts unten im Eck bringt Sie in die Systemeinstellungen der Mitteilungszentrale.

*Über das rot markierte Symbol ganz rechts in der Menüleiste erreichen Sie die Mitteilungszentrale.*

*Passen Sie die Mitteilungszentrale im Modus »Bearbeiten« an.*

Wenn Sie hier auf *App Store* klicken, öffnet sich der Apple-eigene Softwareladen und zeigt Ihnen passende Erweiterungen für die Mitteilungszentrale an.

Die Mitteilungszentrale lässt sich in den Systemeinstellungen stark an Ihre persönlichen Wünsche anpassen.

**A** Stellen Sie hier ein, wie die Mitteilungszentrale sortiert werden soll. *Manuell nach App* bedeutet, dass die Programme in der Reihenfolge sortiert werden, wie sie in der Liste angeordnet sind. Diese Reihenfolge können Sie ändern, indem Sie die einzelnen Elemente mit der Maus an die gewünschte Stelle verschieben. Das funktioniert aber nur in der Manuell-Einstellung.

*Möchten Sie beispielsweise »Mail« weiter oben unterbringen, dann ziehen Sie den Eintrag mit der Maus an die gewünschte Stelle wie in diesem Beispiel zwischen »Kalender« und »FaceTime«.*

**Ⓑ** *Nicht stören* legt fest, in welchem Zeitraum Sie nicht mit Mitteilungen über Ereignisse der Mitteilungszentrale informiert werden möchten. Aktivieren oder deaktivieren Sie dazu im Bereich rechts die gewünschten Optionen oder geben Sie einen Zeitraum an, in dem Ruhe herrschen soll.

---

**Tipp**

*Wiederholte Anrufe erlauben* ist eine Möglichkeit, wie Sie beispielsweise im Notfall jemanden mit einem vom iPhone weitergeleiteten Anruf (mehr dazu in Kapitel 9) trotz aktivem Nicht stören erreichen, wenn Sie es innerhalb von drei Minuten zwei Mal probieren.

---

**Ⓒ** In diesem Bereich bestimmen Sie neben der Reihenfolge der Elemente auch, in welcher Form Sie über Neuigkeiten informiert werden möchten. So wird ein Banner kurz eingeblendet und verschwindet wieder, ein Hinweis dagegen bleibt so lange da, bis Sie darauf reagieren.

Eine gefüllte Mitteilungszentrale kann dann in etwa so aussehen:

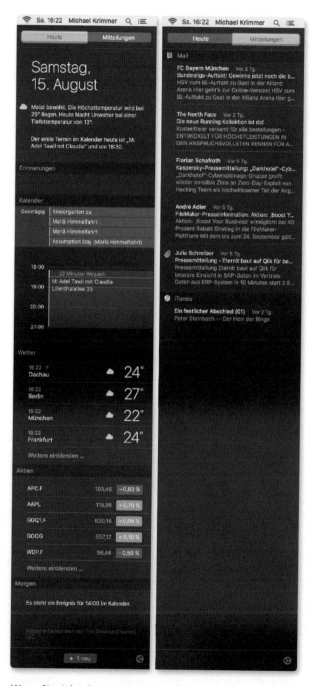

*Wenn Sie vielen Programmen die Nutzung der Mitteilungszentrale erlauben, erhalten Sie eine Fülle an Informationen an einem zentralen Ort.*

# El Capitan ausschalten oder neu starten

Möchten Sie Ihren Mac ausschalten, dann klicken Sie auf das &#63743;-Symbol und wählen Sie *Ausschalten ... Neustart ...* dagegen bewirkt, dass Ihr Mac herunter- und wieder hochgefahren wird.

### Aufgepasst

Ist zum Zeitpunkt des Herunterfahrens oder Neustarts noch ein anderer Benutzer an Ihrem Mac angemeldet, so werden Sie darüber informiert. Schließlich könnte es in dessen Profil ja noch ungesicherte Daten geben, die dann verloren wären.

*Auch wenn Sie durch Eingabe des Administratorlogins den Vorgang erzwingen können, sollte sich der noch angemeldete Benutzer besser einloggen und sich abmelden.*

## Neu starten mit Resume

Sind alle Benutzer abgemeldet, können Sie den Mac neu starten oder herunterfahren. Dabei haben Sie eine sehr interessante Wahlmöglichkeit.

*Wenn Sie das Häkchen vor »Beim nächsten Anmelden alle Fenster wieder öffnen« setzen, dann erhalten Sie nach dem Neustart den Mac wieder in dem Zustand, den er vorher hatte, mit allen geöffneten Fenstern an den aktuellen Positionen.*

## Benutzer abmelden

Die letzte Option im -Menü ist die, mit der Sie den aktuellen Benutzer abmelden können. Dabei werden alle Fenster geschlossen (auf Wunsch mit Resume-Funktion) und Sie wechseln in den Anmeldebildschirm. Dort können Sie dann entweder einen anderen Benutzer auswählen oder sich erneut anmelden.

## Tastenkürzel

Ein sehr interessantes Tastenkürzel, mit dem Sie Neu starten und Ausschalten erreichen, ist ctrl in Verbindung mit der Auswurftaste für DVDs. Daraufhin erhalten Sie ein Auswahlfenster mit den genannten Optionen.

*»Neu starten« und »Ausschalten« gibt es auch in einem Fenster kombiniert.*

### Grundlagen

Der Ruhezustand bringt Ihren Mac in einen Stromsparmodus. Drücken Sie eine Taste oder bewegen Sie die Maus, um daraus wieder zurückzukommen.

# Der Umgang mit Programmen

In diesem Kapitel erkläre ich Ihnen, wie Sie in El Capitan mit Programmen arbeiten. Wir zeigen Ihnen, wo Sie Programme finden, wie Sie sie starten und beenden und was es sonst noch an wichtigen Infos rund um die Programme zu wissen gibt. Dieses Kapitel erklärt aber nicht die Programme selbst. Das finden Sie in Kapitel 5.

# Programme von OS X finden

Ein Programm in El Capitan kann theoretisch überall auf der Festplatte liegen. Es gibt aber nur einen relevanten Ort, an dem es zu Beginn bereits Programme gibt und wohin man sinnvollerweise auch neue Programme installieren sollte: den Ordner »Programme«.

## Der Programme-Ordner im Finder

Sie finden diesen Ordner, indem Sie den Finder öffnen und dann in der Seitenleiste links auf Programme klicken.

*Im »Programme«-Ordner finden Sie alle bereits vorhandenen Programme von El Capitan. Dorthin sollten auch neue Programme installiert werden.*

## Das Launchpad

In Zeiten von iPad & Co. ist ein Programme-Ordner nicht die schönst mögliche Aufbereitung für die Anzeige von Programmen. Daher hat Apple das »Launchpad« in El Capitan eingebaut. Das sieht ganz iPad-like aus wie auf dem Tablet oder Smartphone. Sie tippen am Mac nur nicht drauf, sondern klicken das gewünschte Programm an. Aber sonst ist es fast identisch. Sie finden das Launchpad im Finder, es handelt sich dabei um das Icon mit der Rakete.

*Um das Launchpad zu starten, klicken Sie auf das Programm-Icon im Dock.*

**Tipp**

Sie können das Launchpad auch über die Apple-Tastatur (kabelgebunden oder kabellos) erreichen. Drücken Sie dazu auf die F4-Taste.

*Das Launchpad lässt sich auch direkt über die Tastatur starten.*

Sobald Sie das Launchpad gestartet haben, erwartet Sie ein Anblick, der in etwa wie dieser ist:

*Das Launchpad erinnert an die Oberfläche des iPad und bereitet die vorhandenen Programme optisch ansprechend auf.*

Im Hauptbereich ❶ sehen Sie die erste Seite der Anwendungen. Insgesamt finden hier 35 Programm-Icons Platz (fünf Zeilen mit je sieben Anwendungen). Da es in der Regel aber mehr Programme gibt, als auf eine Seite passen, gibt es mehrere davon. Sie erkennen die Anzahl der Seiten an den Punkten gleich darunter ❷. In diesem Fall sind es fünf Seiten, die erste (weiß dargestellt) ist gerade aktiv.

## Grundlagen

Sie können zwischen diesen Seiten wechseln, indem Sie auf einen der grauen Punkte klicken. Oder Sie halten die ⌘-Taste gedrückt und navigieren mit den Pfeiltasten Ihrer Tastatur nach links und rechts.

Ganz oben haben Sie auch die Möglichkeit, gezielt nach Anwendungen zu suchen. Geben Sie dazu den Suchbegriff in das Feld ❸ ein.

## Ordner im Launchpad

Wenn Sie bereits ein iPhone oder iPad haben, kennen Sie vermutlich schon App-Ordner. Ein solcher Ordner kann Ihnen auch im Launchpad begegnen. Dort lassen sich etwa thematisch zusammengehörende Programme (auch Apps genannt) platzsparend unterbringen, weil der Ordner nur einen Platz benötigt, dafür aber eine Vielzahl an Apps unterbringen kann.

*So sieht ein Ordner im Launchpad aus.*

Um einen Ordner zu öffnen, klicken Sie darauf. Welche Icons im Ordner untergebracht sind, erkennen Sie bereits an der Vorschau. Das ist kein Standard-Icon für einen Ordner, sondern entspricht dem tatsächlichen Inhalt.

*Und schon sehen Sie den Inhalt des Ordners und können Anwendungen daraus starten.*

### Tipp

Mit der esc-Taste verkleinern Sie den Ordner wieder und kommen zurück zur vorherigen Ansicht.

## Neue Launchpad-Ordner anlegen

Ordner können Sie auch selbst anlegen. Greifen Sie dazu ein Icon mit der Maus und schieben Sie es auf ein anderes Symbol. Die Ansicht verändert sich, das hintere Icon bekommt einen Rahmen. Jetzt können Sie das Symbol loslassen und beide Icons bilden zusammen den neuen Ordner. Verfahren Sie mit anderen Programmen analog, um sie ebenfalls im Ordner unterzubringen.

*Im neuen Ordner sind bereits einige Programme untergebracht.*

Der Name des Ordners ergibt sich aus dem Programmgenre des Inhalts. Sie können den Namen aber einfach ändern, indem Sie auf das Feld klicken und den neuen Namen eingeben. Das gilt übrigens nicht nur für selbst erstellte Ordner, sondern für alle.

*Der Ordner hat einen neuen Namen bekommen, der besser passt als der vorherige.*

Um ein Programm wieder aus dem Ordner zu entfernen, ziehen Sie es aus dem Ordner-Bereich hinaus und warten Sie einen Augenblick. So gelangen Sie zurück zur Hauptebene des Launchpads und können einen besseren Platz für das Icon auswählen.

## Apps verschieben, neue Launchpad-Fenster erstellen

Apropos besserer Platz: Das Verschieben von Icons funktioniert auch innerhalb eines Ordners oder im Hauptfenster des Launchpads. Greifen Sie das Icon mit der Maus und verschieben Sie es an die gewünschte Stelle. Wenn Sie es dann dort fallen lassen, reiht es sich ein.

*In diesem Fall soll der »Rechner« (rot markiert) einen neuen Platz bekommen.*

**Tipp**

Auch das Verschieben auf eine andere Seite des Launchpads ist möglich. Schieben Sie dazu das Icon ganz nach links oder ganz nach rechts und warten Sie so lange, bis die nächste Seite erscheint. Legen Sie das Icon dann wie gewohnt ab. Auf diese Art erstellen Sie auch eine neue Seite. Fahren Sie rechts an den Rand des letzten Fensters und warten Sie kurz. So legen Sie eine weitere Seite an, in die Sie aber dann auch ein Icon legen müssen. Leere Seiten gibt es nicht, die werden gleich gelöscht.

## Apps aus dem Launchpad löschen

Um Apps aus dem Launchpad zu löschen, halten Sie die ⌥-Taste gedrückt. Daraufhin beginnen die Icons zu wackeln. Klicken Sie nun auf das x im linken oberen Eck eines Icons, um es zu entfernen.

# Programme starten

Da Sie nun wissen, wo sich die Programme auf Ihrem Rechner befinden, möchten Sie sie vermutlich auch starten. Das geht im Launchpad durch einen einfachen Klick auf das Programmsymbol. Im Programme-Ordner des Finders klicken Sie bitte doppelt auf das Icon.

**Tipp**

Sie haben auch die Möglichkeit, mit der in El Capitan integrierten Suche »Spotlight« Programme zu finden und zu starten. Wie das geht, das erfahren Sie in Kapitel 8. Dort zeigen wir Ihnen Spotlight im Detail.

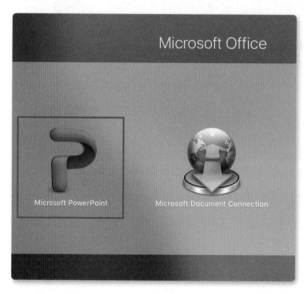

*Wenn Sie auf ein Programmsymbol (wie hier das von »Microsoft PowerPoint«) klicken ...*

*... startet die entsprechende Anwendung.*

# Das aktuell aktive Programm erkennen

El Capitan ist ein System, in dem man komfortabel mit vielen Programmen gleichzeitig arbeiten kann. Haben Sie aber mehrere Anwendungen geöffnet, werden Sie sehr wahrscheinlich früher oder später eine kuriose Beobachtung machen. Für einen Großteil der Befehle gibt es auch Tastaturkürzel wie ⌘ – , (also cmd und Komma) – diese beiden Tasten öffnen die Einstellungen eines Programms.

Wir starten testweise das Programm Kalender von El Capitan, das Sie übrigens genau da finden, wo Sie es vermuten: im Programme-Ordner oder im Launchpad. Das könnte dann so aussehen:

*Wir sehen das geöffnete Kalender-Fenster. Die Tastenkombination ⌘ – , sollte uns eigentlich zu den Einstellungen des Kalenders bringen.*

Wir möchten uns die Einstellungen des Kalenders ansehen und drücken daher ⌘ – ‚. Allerdings erscheinen nicht die Einstellungen des Kalenders, sondern die des Finders.

*Nicht die Einstellungen des Kalenders haben sich geöffnet, sondern die des Finders, sie sind zu sehen links oben im Bild.*

Wie konnte das passieren? Schauen Sie sich das erste Bild noch einmal an, in dem nur das Kalender-Fenster zu sehen ist. Links oben neben dem -Symbol steht »Finder« zu lesen. Das ist eine ganz wichtige Information, die Sie immer dann im Auge behalten sollten, wenn Sie Programme wechseln. Nur weil man das Fenster eines Programms sieht, bedeutet das nicht zwangsläufig, dass es sich dabei auch um das gerade aktive (oder: im Vordergrund befindliche) Programm handelt.

In unserem Fall war der Finder aktiv (also im Vordergrund) und wir haben das letzte verbleibende Finder-Fenster geschlossen. Wie Sie Fenster oder Programme schließen, erfahren Sie gleich.

Unter OS X ist es nicht so wie bei Windows. Wenn man dort das Programmfenster schließt, wird auch gleich das Programm beendet. Nicht so hier: Also war nach wie vor der Finder aktiv, man hat nur jetzt auch das Kalender-Fenster gesehen. Dieser Anblick war ein wenig trügerisch.

Vergewissern Sie sich also vor dem Einsatz von Tastaturkürzeln, dass auch das gewünschte Programm aktiv ist. Ist es das nicht, klicken Sie einmal auf das betreffende Programmsymbol im Dock und holen Sie es so in den Vordergrund.

*Dieses Bild sieht ähnlich aus wie das vorherige. Allerdings ist im linken oberen Eck zu sehen, dass nun der Kalender auch wirklich aktiv ist.*

Wenn Sie nun die Tastenkombination für die Einstellungen drücken, gelangen Sie tatsächlich auch dorthin, wohin Sie wollten.

*Und schon sind Sie wie gewünscht in den Einstellungen des Kalenders.*

# Der linke Bereich der Menüleiste

Im weiteren Verlauf der Menüleiste finden Sie übrigens all die Menüs, die Ihnen die Programme anbieten – beispielsweise *Ablage*, *Bearbeiten*, *Darstellung* und vieles mehr. Diese Menüs gehören immer zu dem Programm, das rechts neben dem -Symbol genannt wird.

# Fenstergrößen anpassen

Sie können fast alle Fenster in El Capitan in der Größe verändern. Das geht einmal über die Seiten und Ecken des Programmfensters.

*Indem Sie mit der Maus eine Seite (links) oder Ecke (rechts) eines Programmfensters greifen, können Sie es in der Größe anpassen.*

Das Anpassen der Seite funktioniert übrigens mit allen vier Seiten. Damit können Sie ein Fenster links, rechts, oben und unten vergrößern oder verkleinern. Wenn Sie dagegen eine Ecke greifen, verschieben Sie damit die beiden angrenzenden Seiten auf einmal.

Auch das ist einen Versuch wert: Klicken Sie doppelt auf die obere Leiste eines Fensters, um es bildschirmfüllend anzuzeigen.

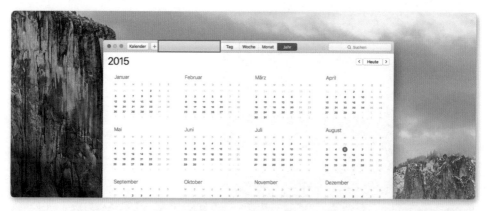

*Klicken Sie doppelt auf die rot markierte Stelle (hier als Beispiel: der Kalender). Sie können alternativ auch rechts neben die Schaltfläche für das Jahr klicken. Wichtig ist nur, dass der Bereich in der Leiste leer ist.*

Sofern es das Programm unterstützt, bringen Sie das Fenster so auf die volle Größe des Schreibtischs. Die Apple-eigenen Programme können das, Microsoft Office beispielsweise nicht.

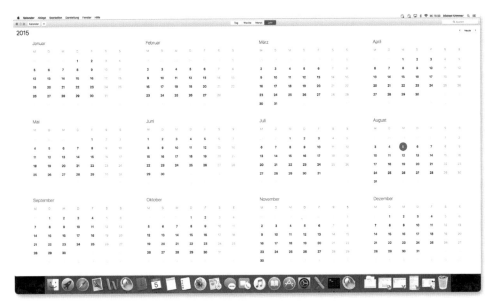

*Und schon nimmt der Kalender den gesamten Schreibtisch ein.*

Klicken Sie erneut doppelt auf die Leiste oben, um wieder zur vorherigen Größe zu gelangen.

### Aufgepasst

Bei dieser Pseudo-Vollbildansicht bleiben das Dock, der Bereich links und rechts davon sowie die Menüleiste weiter sichtbar. Von Vollbild zu sprechen, wäre daher nicht ganz richtig. Es gibt aber auch einen echten Vollbildmodus, den wir Ihnen im Anschluss noch zeigen werden.

Bei Safari wird Ihnen durch diesen Doppelklick das Fenster auf die zur Webseite passende Größe vergrößert oder verkleinert.

## Fenster schließen, minimieren und der Vollbildmodus

Wenn Sie sich ein Fenster in El Capitan ansehen, wird Ihnen ein Element sehr schnell vertraut vorkommen, weil Sie es so gut wie immer sehen. Dabei handelt es sich um die drei farbigen Punkte links oben in jedem Programmfenster.

*Diese drei Punkte finden Sie in so gut wie jedem Programmfenster. Damit lassen sich Inhalte minimieren, schließen oder in den Vollbildmodus versetzen.*

Klicken Sie nun auf einen der farbigen Punkte, passieren abhängig von der Farbe unterschiedliche Dinge:

> **Tipp**
>
> Fahren Sie mit dem Mauszeiger über den markierten Bereich, verraten die veränderten Kreise bereits, was ein Klick darauf bewirkt.

*Der grüne Punkt links (mit den Pfeilen) vergrößert nur das Fenster bis zum Dock. Der Punkt rechts (mit den Pfeilen) bringt das Programm in den echten Vollbildmodus.*

*Die drei Modi werden bereits anhand der veränderten Kreise angezeigt.*

**Rot:** Klicken Sie auf den roten Kreis, um das Fenster zu schließen. Dadurch wird aber nicht das Programm selbst geschlossen. Auch wenn es kein weiteres offenes Fenster dieses Programms gibt, bleibt das Programm selbst weiterhin geöffnet.

**Orange:** Mit der orangefarbenen Schaltfläche minimieren Sie das Programmfenster. Im Gegensatz zu Rot wird es damit nicht geschlossen, sondern nur in den rechten Bereich des Docks verfrachtet. Dort können Sie es mit einem Klick auch wieder zurückholen.

*Zwischen dem Download-Ordner (links) und dem Papierkorb (rechts) finden alle minimierten Programmfenster Platz.*

## Grundlagen

Anhand der Icons, die über dem Vorschaubildchen der Fenster liegen, erkennen Sie sofort, um welches Programm es sich handelt. Rechts ist es beispielsweise Safari, links daneben Microsoft Word.

**Grün:** Damit wechseln Sie in den Vollbildmodus. Das ist nun aber der echte Vollbildmodus, bei dem kein Dock und keine Menüleiste mehr zu sehen sind. In diesen Modus kommen Sie auch mit ctrl – ⌘ – F beziehungsweise *Darstellung | Vollbild*. Den Vollbildmodus beenden Sie ebenfalls mit der Tastenkombination, mit esc oder *Darstellung | Vollbild* aus.

## Grundlagen

Den richtigen Vollbildmodus erreichen Sie über den grünen Knopf nur bei Apple-eigenen Anwendungen wie Mail, Safari, Notizen etc. Bei Programmen von Drittanbietern, wie beispielsweise den Office-Anwendungen, bekommen Sie nur den »falschen« Vollbildmodus. Was nach einem Klick passiert, erkennen Sie bereits, wenn Sie mit der Maus über die Schaltfläche fahren. Die beiden Pfeile kündigen den Vollbildmodus an, ein Pfeil lediglich eine Vergrößerung bis über das Dock.

## Aufgepasst

Mit diesem grünen Knopf starten Sie auch den Split Screen. Dazu am Ende dieses Kapitels mehr.

Im Vollbildmodus wird wirklich nur das Programmfenster angezeigt. Menüleiste und Dock sind ausgeblendet.

**Tipp**

Im Vollbildmodus blenden Sie die Menüleiste dadurch ein, dass Sie den Mauszeiger an den oberen Bildschirmrand bewegen. Das Dock erreichen Sie analog dazu am unteren Bildschirmrand.

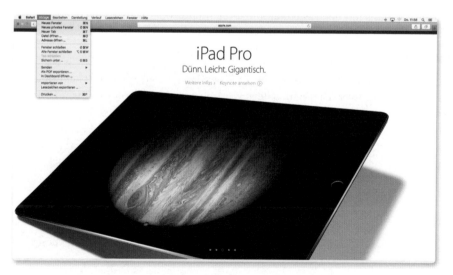

Auch wenn die Menüleiste im Vollbildmodus nicht immer sichtbar ist, können Sie sie dennoch einblenden lassen, ebenso das Dock.

# Programme beenden

Beim Schließen von Fenstern haben wir bereits darauf hingewiesen, dass das Programm selbst auch dann geöffnet bleibt, wenn Sie alle dessen verbleibende Fenster geschlossen haben. Das ist einerseits sinnvoll, weil beim nächsten Mal nicht das Programm selbst erneut gestartet werden muss, sobald Sie wieder damit arbeiten möchten. Auf der anderen Seite ist es aber wenig sinnvoll, eine große Anzahl an Programmen den restlichen Tag aktiv zu halten, weil Sie am Morgen mal kurz etwas nachgesehen haben. Schließlich verbraucht auch das bloße Offenhalten eines Programms wertvolle Ressourcen wie Prozessorleistung und Arbeitsspeicher.

Lange Rede – kurzer Sinn: Wenn Sie ein Programm in absehbarer Zeit nicht mehr benötigen, dann beenden Sie es. Dazu haben Sie – Sie ahnen es bereits – wieder mehr als einen Weg. Es gibt vier sanfte Arten, wie man ein Programm beendet. Die zeigen wir Ihnen ebenso wie eine etwas radikalere Art, die sich in Problemfällen anbietet.

## Beenden über das Programmmenü

Der einfachste Weg ist das Beenden über das Menü des Programms in linken Bereich der Menüleiste. Klicken Sie dort auf den Programmnamen, den Sie immer neben dem -Symbol finden. Im Falle von Microsoft Word klicken Sie auf *Word* und dann auf *Word beenden*.

*Ein Programm (wie in diesem Beispiel Word) beenden Sie mit diesem Befehl.*

Bei Safari wäre es demnach *Safari* | *Safari beenden*, beim Kalender entsprechend *Kalender* | *Kalender beenden* und so weiter.

## Beenden per Tastenkombination

Sie sehen es bereits neben unserem Word-Beispiel. Mit ⌘ – Q beenden Sie das Programm auf demselben Weg per Tastenkombination.

# Beenden in der Multitasking-Leiste

Die Multitasking-Leiste zeigt Ihnen zum einen an, welche Programme aktuell geöffnet sind. Sie können auch beim Durchblättern dieser Leiste Programme direkt beenden.

## Die Multitasking-Leiste aufrufen

Sie rufen die Leiste mit allen geöffneten Programmen dadurch auf, dass Sie die ⌘-Taste gedrückt halten und dann einmal kurz auf die Tabulator-Taste (⇥) drücken.

*Die Multitasking-Leiste zeigt Ihnen alle derzeit geöffneten Programme an. Dazu müssen diese noch nicht einmal im Vordergrund sein oder ein Programmfenster besitzen.*

Das derzeit ausgewählte Programm ist dunkler hinterlegt und der Programmname (hier »iTunes«) wird eingeblendet. Mit jedem Drücken der Tabulator-Taste (⇥) wechseln Sie ein Programm weiter nach rechts.

> **Tipp**
>
> Drücken Sie zusätzlich die Hochstelltaste (⇧), so drehen Sie die Reihenfolge um und wechseln mit jedem Drücken auf den Tabulator eine Stelle nach links.

Lassen Sie nun die ⌘-Taste los, so aktivieren Sie das gerade ausgewählte Programm. Sie könnten es dann wie oben beschrieben beenden. Oder aber Sie bleiben weiterhin auf der ⌘-Taste und drücken zusätzlich auf Q. Damit beenden Sie das Programm direkt aus der Multitasking-Leiste heraus.

# Per Rechtsklick auf das Programmsymbol

Sie wissen ja bereits, dass jedes geöffnete Programm im Dock zu finden ist und dass Sie geöffnete Programme daran erkennen, dass ein kleiner schwarzer Punkt unter dem Icon zu sehen ist. Mit einem Rechtsklick auf das Icon und Beenden erreichen Sie die nächste Möglichkeit, wie Sie ein Programm beenden.

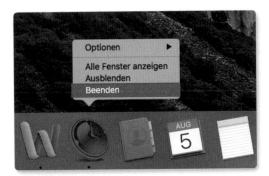

*Auch diese Schaltfläche beendet das Programm.*

Bis zu dieser Stelle haben Sie die Möglichkeiten kennengelernt, wie Sie Programme ordnungsgemäß beenden. Das bedeutet in der Praxis, dass jedes Programm auch noch die Möglichkeit erhält, ungesicherte Daten zu speichern. Word wird beispielsweise vor dem Beenden einen Dialog einblenden, über den Sie Änderungen *Speichern* oder *Nicht speichern* können. Daher sollten Sie – sofern Sie die Möglichkeit dazu haben – einen dieser Wege wählen, um ein Programm zu beenden.

Aber manchmal kommt es auch vor, dass sich ein Programm nicht mehr zur Weiterarbeit bewegen lässt. Dieser Fall tritt sehr selten auf und meistens auch mit Programmen, die nicht schon zu El Capitan gehören. Aber es kann passieren. Und in diesem Fall müssen Sie ein Programmende auch mal erzwingen, damit Sie das Programm neu starten können.

## Das Programmende erzwingen

Mal angenommen, es ist so weit. Ein Programm ist zwar noch geöffnet, es lässt sich aber nicht in den Vordergrund bringen, es öffnet keine neuen Fenster und es lässt sich auch nicht beenden. In diesem Fall müssen Sie es beenden, die genannten Wege sind aber in der Regel nicht mehr verfügbar. Dann haben Sie zwei Möglichkeiten:

Per Rechtsklick: Ist ein Programm abgestürzt, so werden Sie bei einem Rechtsklick auf das Icon im Dock den Punkt *Sofort beenden* vorfinden. Klicken Sie darauf, um das Programm unsanft zu beenden.

Über das -Menü: Das Menü *Sofort beenden ...*, das Sie vorfinden, wenn Sie in der Menüleiste des Schreibtischs auf  klicken, kennen Sie bereits vom Neustart des Finders. Hier lassen sich aber auch alle Programme beenden. Das ist insbesondere bei den Apps interessant, die nicht mehr reagieren. Markieren Sie also das gewünschte Programm und klicken Sie auf Sofort beenden. Und schon ist es erledigt.

*Der »Sofort beenden ...«-Dialog hilft beim erzwungenen Beenden von Programmen, die nicht mehr reagieren.*

## Aufgepasst

Bei den beiden Möglichkeiten, wie Sie Programme sofort beenden, ist Vorsicht geboten. Das sollten Sie nur dann tun, wenn die anderen Optionen nicht mehr funktionieren. Bei einem solchen rabiaten Beenden haben die Programme keine Möglichkeit mehr, ungesicherte Daten zu sichern. Zwar gibt es Programme, die intern Sicherungskopien anlegen und diese unter Umständen beim nächsten Start wieder anzeigen. Aber meistens gilt: Alle Daten seit dem letzten Speichern oder Backup sind verloren. Und was Backups angeht, da hat El Capitan eine sehr praktikable Lösung mit an Bord. Weitere Infos zu Time Machine erfahren Sie in Kapitel 5.

# Programme löschen

Programme lassen sich natürlich nicht nur installieren, Sie können sie auch wieder löschen. Allerdings haben Sie bei Programmen, die zu El Capitan gehören, eher schlechte Karten. Beim Versuch erhalten Sie diese Meldung:

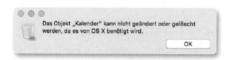

*Ein El Capitan-Programm wie hier »Kalender« kann nicht gelöscht werden.*

Nachträglich installierte Programme lassen sich aber auch wieder entfernen.

## Programme händisch löschen

Sie können ein Programm dadurch löschen, dass Sie es im Finder ausfindig machen und dann mit ⌘ – ← in den Papierkorb verfrachten. Ein Rechtsklick und die Auswahl von *In den Papierkorb legen* geht auch. In beiden Fällen ist die Eingabe eines Administratorkennworts möglich. Das ist immer so, wenn Sie mit einer Aktion in das System eingreifen.

*Möchten Sie ein Programm löschen, müssen Sie sich als Administrator anmelden, sofern Sie nicht schon entsprechend angemeldet sind.*

Nach Eingabe von Benutzername und Passwort sowie einem Klick auf *OK* ist das Programm in den Papierkorb verschoben. Dieser Weg funktioniert, ist aber nicht zu empfehlen. Der Grund: Es kann durchaus vorkommen, dass sich neben der eigentlichen Programmdatei (die Sie gerade gelöscht haben) noch weitere Fragmente des Programms auf der Festplatte befinden. Auch wenn das meistens nicht so viele Dateien sind, wie sie beispielsweise Windows verteilt, und es auch zu keinen Problemen führt, belegen diese herrenlosen Dateien unnötig Platz auf Ihrer Festplatte.

## Wenn möglich Uninstaller nutzen

Daher sollte man Programme vorzugsweise über einen mitgelieferten Uninstaller entfernen. Diese finden Sie meistens im Programme-Ordner oder in einem eigenen Ordner für das zu deinstallierende Programm.

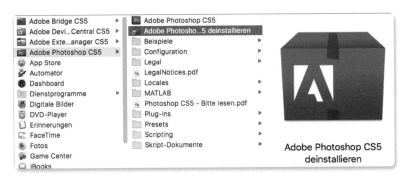

*Die Programme von Adobe haben eigene Tools zum Deinstallieren der Software. Diese sollten Sie nutzen.*

Der Grund ist ganz einfach: Das Installationsprogramm weiß ja Bescheid darüber, welche Dateien installiert wurden. Somit ist auch das Installationsprogramm in Form des Deinstallers in der Lage, alle Dateien wieder zu entfernen.

## Löschen mit universellen Deinstallationstools

Haben Sie keinen Uninstaller vom Programm selbst, dann gibt es auch noch einen Mittelweg. Es gibt Hilfsprogramme, die von sich aus ermitteln, welche Dateien zu einem Programm gehören. So können Sie neben dem Programm selbst auch alle dazugehörigen Anhängsel mitlöschen. Ob dabei alles gefunden wird, ist schwer zu sagen. Aber es besteht eine größere Chance, dass es so ist, als wenn man manuell nur die eine Datei löscht.

Ein Beispiel für ein solches Tool ist der kostenlose AppCleaner (www.freemacsoft.net/ appcleaner/). Sie starten das Programm und ziehen entweder das Programm aus dem Finder in das AppCleaner-Fenster oder wählen das Programm in der Liste aus. In beiden Fällen überprüft AppCleaner dann eventuelle Zugehörigkeiten und bietet alle gefundenen Dateien zum Löschen an.

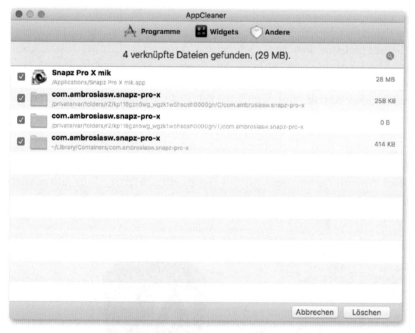

*In diesem Fall wurden neben dem Programm noch drei Ordner entdeckt, die sonst vermutlich auf der Festplatte verblieben wären.*

Es kann natürlich sein, dass es sich dennoch nur um eine Einzeldatei handelt. Viele der Programme bringen ihre Zusatzwerkzeuge selbst mit und verpacken sie in der Hauptdatei. Eine kurze Überprüfung vor dem Löschen lohnt sich aber in jedem Fall.

# Programmeinstellungen finden

Der Großteil aller Programme bündelt seine Einstellungsmöglichkeiten in einem zentralen Menüpunkt. Sie erreichen diese Einstellungen, indem Sie in der Menüleiste auf den Programmnamen und dann auf *Einstellungen ...* klicken. Alternativ dazu kommen Sie auch mit ⌘ – , ans Ziel.

*Über diesen Menüpunkt oder die rechts abgebildete Tastenkombination rufen Sie die Einstellungen eines Programms (hier: Microsoft Excel) auf.*

Daraufhin öffnen sich die Einstellungen, die je nach Menge der zu verändernden Optionen auch in mehreren Bereichen untergebracht sein können.

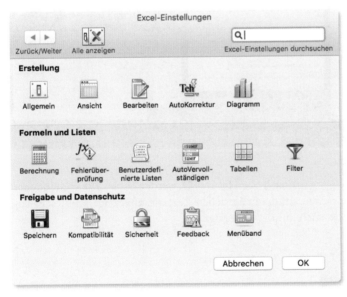

*Die Einstellungen von Excel sind eher umfangreich, sodass man sogar eine Suche nutzen kann. Jedes dieser Icons bringt Sie zum entsprechenden Fenster mit allen Einstellungen des Bereichs.*

# Mehrere Schreibtische mit Mission Control

Mission Control eignet sich hervorragend, wenn Sie mit unterschiedlichen Schreibtischen arbeiten möchten. So könnten Sie auf dem einen zum Beispiel die geschäftlichen Apps laufen lassen und auf dem anderen die privaten.

## Mission Control aufrufen

Mission Control finden Sie entweder im Programme-Ordner oder im Launchpad. Auf der Apple-Tastatur gibt es auch eine extra Taste dafür: F3. Wenn Sie Mission Control starten, erwartet Sie eine Ansicht, die in etwa so aussieht:

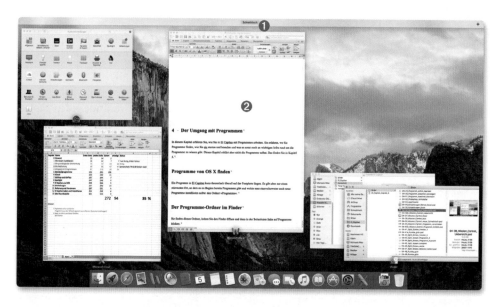

Wenn Sie mit dem Mauszeiger ganz nach oben fahren ❶, werden Ihnen alle vorhandenen Schreibtische mit einer Vorschau auf deren aktuellen Zustand angezeigt. In diesem Fall gibt es nur einen, somit wird auch nur der angezeigt.

*In diesem Fall gibt es lediglich einen Schreibtisch, sonst würden Sie alle anderen auch hier sehen.*

Im Bereich unten ❷ sehen Sie den ausgewählten Schreibtisch groß aufgezogen. Damit sich die einzelnen Programmfenster einfach identifizieren lassen, finden Sie an der Unterseite in der Mitte das Programm-Icon.

**Tipp**

Die vom Finder bekannte schnelle Vorschau ist auch hier verfügbar. Bewegen Sie
die Maus auf eines der Fenster im unteren Bereich und drücken Sie die Leertaste –
und schon sehen Sie den Inhalt etwas größer.

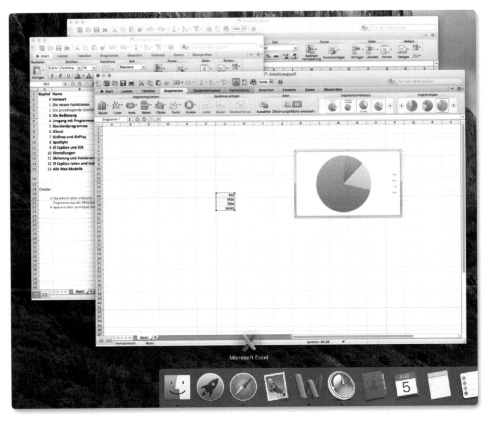

*Bei diesem Fenster handelt es sich eindeutig um Excel (zu erkennen am Icon). Sind mehrere Fenster
eines Programms geöffnet, so werden diese gruppiert.*

**Tipp**

Die Gruppierung von zusammengehörigen App-Fenstern muss in den *System-
einstellungen | Mission Control* aktiviert sein. Dann ist Mission Control auch
eine gute Möglichkeit, bestimmte Apps in völlig überladenen Schreibtischen
wiederzufinden.

Tippen Sie auf eines der Programme, um zu diesem Schreibtisch zu wechseln und das
angeklickte Programm in den Vordergrund zu holen.

## Einen neuen Schreibtisch anlegen

Um einen neuen Schreibtisch anzulegen, fahren Sie mit dem Mauszeiger in den oberen Bereich. Daraufhin wird Ihnen am rechten Bildschirmrand ein Ausschnitt des neuen Schreibtischs mit einem + eingeblendet.

*Rechts ist bereits der neue Schreibtisch zu sehen. Klicken Sie darauf, um ihn anzulegen.*

Klicken Sie auf das Vorschaubildchen, um den nächsten Schreibtisch anzulegen.

*Der neue Schreibtisch wurde eingefügt und beide erhielten*
*zur besseren Unterscheidung eine Nummer.*

Verfahren Sie wie gezeigt, um weitere Schreibtische anzulegen. Um nun von einem zum anderen zu wechseln, klicken Sie auf das Vorschaubild in der Leiste oben. Sie können auch die ctrl-Taste gedrückt halten und dann mit den Pfeiltasten nach links und rechts von einem zum anderen wechseln. Das klappt übrigens nicht nur in der Mission Control-Ansicht, sondern auch direkt in den Schreibtischen.

### Tipp

Sie können auch mit der Maus die Reihenfolge der Schreibtische ändern, indem Sie den einen weiter nach links oder rechts verschieben. Dann verändern sich auch entsprechend der Position die Nummern der Schreibtische.

## Programme verteilen

Ein Programm bleibt zunächst auf dem Schreibtisch, in dem Sie es geöffnet haben. Klicken Sie dann in einem anderen Schreibtisch auf das Programm-Icon dieser App, wechseln Sie automatisch in den entsprechenden Schreibtisch. Sie können aber auch bereits geöffnete Programme in einen anderen Schreibtisch verschieben. Greifen Sie dazu in Mission Control das Programm-Icon der Anwendung und ziehen Sie es nach oben über den gewünschten neuen Schreibtisch. Wenn Sie das Programm nun dort fallen lassen, wird es dorthin verschoben. Anstelle des Programm-Icons lassen sich so auch einzelne Fenster eines Programms neu verteilen, indem Sie nur das gewünschte Fenster verschieben.

*Ein Programm lässt sich gesamt oder nur mit ausgewählten Fenstern verschieben.*

Sie können Apps auch mit der Maus in einen Schreibtisch links oder rechts vom aktuellen verschieben. Greifen Sie das Fenster dazu mit der Maus und schieben Sie es in das linke bzw. rechte Eck des aktuellen Schreibtischs. So wechseln Sie zum Schreibtisch links oder rechts davon und können das Fenster dort einfügen.

### Tipp

Sie können das Programm auch an den rechten Rand in einen neuen Schreibtisch ziehen und so den neuen Schreibtisch mit diesem Programm eröffnen.

## Vollbild-Apps als neuer Schreibtisch

Sie haben außerdem die Möglichkeit, ein Programm per Mission Control als neuen Desktop in den Vollbildmodus zu bringen. Greifen Sie dazu ein Fenster und schieben Sie es nach oben in die Leiste, in der die Schreibtische Platz finden. Wenn Sie das Fenster dann loslassen, wird ein neuer Schreibtisch erstellt und die App im Vollbildmodus eingefügt.

*So legen Sie einen neuen Schreibtisch mit einer Vollbild-App an.*

## Schreibtische entfernen

Ein Schreibtisch wird entfernt, indem Sie mit der Maus auf das Vorschaubildchen fahren, kurz warten und das nun sichtbare x am linken oberen Rand anklicken. Daraufhin werden eventuell dort vorhandene Programme in den ersten Schreibtisch verschoben. Es geht also nichts dadurch verloren.

## Mission Control beenden

Mission Control beenden Sie durch die Auswahl eines Schreibtischs, mit der esc-Taste, durch einen Klick auf das Dock oder dadurch, dass Sie erneut F3 drücken.

# Zwei Anwendungen auf einmal: Split Screen

Mit Split Screen hat Apple El Capitan eine neue Funktion spendiert, mit der sich komfortabel zwei Anwendungen nebeneinander anordnen lassen. Das ging bisher auch, indem man einfach die beiden gewünschten Fenster so groß aufgezogen hat, dass sie je einen halben Bildschirm bedecken. Aber Split Screen macht die Sache deutlich flexibler.

## Split Screen starten

Um in den Split Screen-Modus zu wechseln, klicken Sie in der ersten App auf den kleinen grünen Punkt links oben im Programmfenster. Diesen Punkt haben wir Ihnen bereits etwas weiter vorne in diesem Kapitel gezeigt, dort als Möglichkeit, das Fenster in den Vollbildmodus zu bringen.

 *Dieser Punkt ist auch für den Split Screen zuständig.*

Wenn Sie diesen Knopf aber nicht nur drücken, sondern gedrückt halten, erhalten Sie eine Ansicht wie diese:

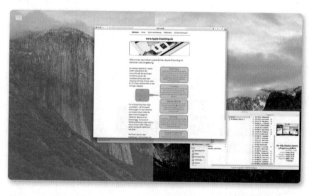

*Das erste Programm ist ausgewählt. Nun muss nur noch festgelegt werden, wohin es soll.*

### Gewünschte Seite wählen

An der blauen Färbung der linken Hälfte des Schreibtischs sehen Sie, dass das Fenster dort Platz finden würde, wenn Sie die Maustaste jetzt loslassen. Möchten Sie dieses Fenster lieber auf der rechten Seite haben, ziehen Sie die Maus so lange nach rechts, bis die blaue Markierung dorthin wechselt.

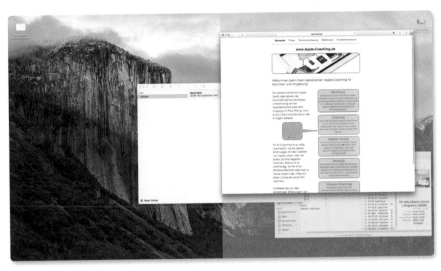

*Wenn Sie die Maustaste jetzt loslassen, ordnet sich das Fenster rechts ein.*

Egal für welche Seite Sie sich entscheiden, in der jeweils anderen Hälfte werden Ihnen dann alle anderen Programme zur Auswahl angeboten, die aktuell geöffnet sind.

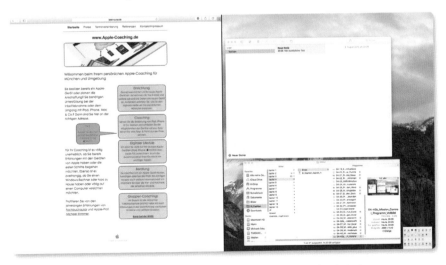

*Rechts sehen Sie alle Programme, die für die zweite Hälfte des Schreibtischs ausgewählt werden können.*

Fahren Sie mit der Maus über eines der Programme, um es zu auszuwählen. Wenn Sie dann darauf klicken, fügt es sich als zweites Programm in den Split Screen ein.

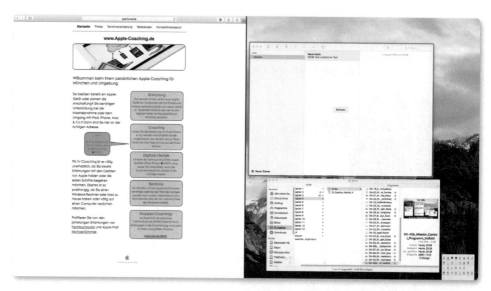

*Hier ist gerade »Notizen« als zweite Anwendung markiert. Klicken Sie darauf, um sie auszuwählen.*

Wenn Sie das zweite Programm angeklickt haben, ist der Split Screen komplett: Links oder rechts haben Sie das erste Programm, in der jeweils anderen Hälfte das zweite.

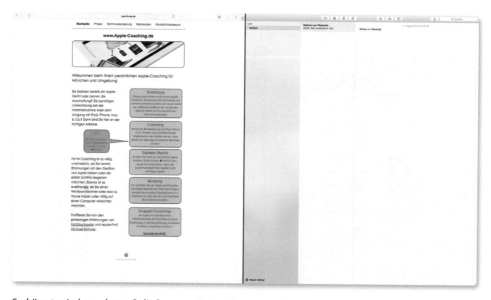

*So könnte ein kompletter Split Screen mit zwei Apps aussehen.*

**Tipp**

Wenn Sie mit der Maus die Trennlinie zwischen beiden Programmen greifen und nach links oder rechts verschieben, so können Sie einer der beiden Apps mehr Platz geben und die andere im Gegenzug verkleinern.

*Verschieben Sie die Trennlinie, um die 50:50-Anordnung zu verändern und einer Anwendung mehr Platz zu geben.*

## Split Screen und Mission Control

Wenn Sie in Mission Control eine App als Vollbild in die obere Leiste und eine zweite darauf ziehen, dann erstellen Sie so einen Split Screen. Sie können dabei sogar auswählen, welche Seite die zweite App einnehmen soll.

*Auch aus Mission Control heraus lässt sich der Split Screen starten. Verschieben Sie das zweite Fenster etwas nach links, um es links einzusetzen.*

# Die Standard-programme von El Capitan

In diesem Kapitel stellen wir Ihnen die wichtigsten Programme vor, die Sie mit OS X El Capitan mitgeliefert bekommen. Wir zeigen Ihnen, wie Sie diese Programme konfigurieren und wie sie zu bedienen sind.

Im ersten Abschnitt dieses Kapitels zeigen wir im Detail die Programme *Mail, Nachrichten, Safari, Kontakte, Kalender*, den *App Store* und *Time Machine*. Mit diesen Programmen ist es ein Leichtes, Nachrichten zu versenden, im Internet zu surfen, wichtige Daten zu organisieren, Programme nachträglich zu installieren und aktuell zu halten und eine Datensicherung automatisch durchzuführen.

Im Anschluss daran werfen wir noch einen Blick auf weitere interessante Anwendungen: *Notizen, Erinnerungen, FaceTime, Fotos, iTunes, Karten, iBooks* und ausgewählte Dienstprogramme.

# E-Mails versenden und empfangen mit Mail

 Mit Mail haben Sie bereits ein Programm in El Capitan integriert, mit dem Sie E-Mail empfangen und versenden können. Sie brauchen also in der Regel kein anderes Programm mehr, weil Mail Ihnen sehr umfangreiche Funktionen bietet, die über das Erstellen von einfachen Textnachrichten weit hinausgehen.

### E-Mail-Accounts einrichten

Bevor Sie mit Mail arbeiten können, müssen Sie einen Mail-Account einrichten. Das geht entweder über die *Systemeinstellungen | Internetaccounts*. Sie können aber Mail auch einfach starten, und solange Sie nicht mindestens einen Mail-Account definiert haben, wird Sie Mail gleich mit dem passenden Assistenten begrüßen und unterstützen.

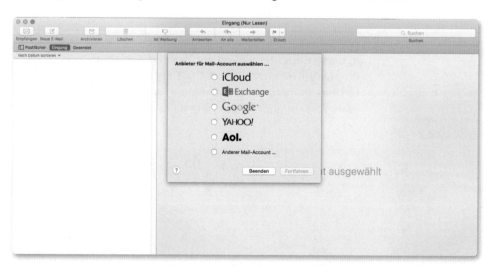

*So sieht die Oberfläche von Mail beim ersten Start aus. Wenn Sie noch kein Mailkonto eingetragen haben, können Sie es an dieser Stelle tun.*

Je nachdem, welche Art von Konto Sie nutzen, können Sie gleich den passenden Anbieter auswählen. Sie haben die Wahl zwischen *iCloud, Exchange, Google, Yahoo!* und *AOL.* Hier benötigen Sie lediglich Ihren Benutzernamen und das Kennwort. Für alle anderen Mailkonten wählen Sie *Anderer Mail-Account ...* Bei der letztgenannten Option werden Sie sehr wahrscheinlich zusätzlich noch die Serveradressen für den Posteingang und den Postausgang eingeben müssen. Wir zeigen den Vorgang exemplarisch anhand eines Google-Kontos, es funktioniert aber analog auch mit den anderen namentlich genannten Diensten.

### Ein Google-Konto einrichten

Klicken Sie auf *Google* und dann auf *Fortfahren.* Im nächsten Schritt bekommen Sie ein sehr überschaubares Eingabefenster, in das Sie lediglich Ihre E-Mail-Adresse und das Passwort eintragen müssen. Bestätigen Sie die Eingabe mit *Anmelden.*

*Wenn El Capitan die Serverdaten bereits kennt, müssen Sie nur noch wenige Infos angeben.*

Google meldet nun noch, welche Funktionen aktiviert werden. Mit *Akzeptieren* gelangen Sie zum nächsten Schritt. Sofern der Anbieter neben E-Mail noch weitere Dienste anbietet (wie das bei Google der Fall ist), so können Sie im nächsten Schritt angeben, was Sie noch nutzen möchten. Das können Kontakte oder ein Kalender ebenso sein wie Nachrichten oder Notizen. Setzen Sie vor den gewünschten Diensten ein Häkchen, um sie zu aktivieren.

*Außer Mail können Sie mit Ihrem Google-Konto noch Kontakte, Kalender, Nachrichten und Notizen nutzen. Aktivieren Sie hier alles, was Sie benötigen.*

Mit *Fertig* schließen Sie die Konfiguration ab. An dieser Stelle haben Sie nun das erste Mailkonto eingetragen. Das ist ein guter Zeitpunkt, um die Arbeit mit Mail zu zeigen.

## Grundlagen

Möchten Sie gleich noch weitere Konten hinzufügen, geht das über die eingangs genannten *Systemeinstellungen | Internetaccounts*. Aber auch direkt in den Einstellungen von Mail (*Mail | Account hinzufügen …*) können Sie das erledigen. Alternativ dazu verwalten Sie Ihre Mail-Accounts auch unter *Mail | Einstellungen* (oder ⌘ – ,) im Bereich *Accounts*.

*In den Einstellungen von Mail im Bereich »Accounts« lassen sich neue Mailkonten hinzufügen und bestehende verändern oder löschen.*

## Mit Mail arbeiten

Nachdem Sie den ersten Mail-Account eingetragen haben, werden die vorhandenen Nachrichten und Ordner vom Server heruntergeladen. Sofern es neue Nachrichten gibt, sehen Sie die auch gleich.

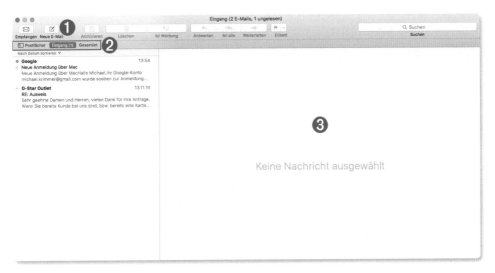

*So sieht die Oberfläche von Mail zu Beginn aus. Abgesehen von einer neuen und einer alten Nachricht ist noch nicht viel zu sehen, das wird sich aber gleich ändern.*

Die Symbolleiste ganz oben ❶ bietet Funktionen, die alle Mail-Accounts betreffen. Darüber rufen Sie neue Nachrichten ab, erstellen E-Mails und rufen noch viele weitere Funktionen auf. Ganz rechts gibt es sogar eine Suchfunktion. Die Zeile darunter ❷ betrifft unseren gerade eingetragenen Account. An der Markierung erkennen Sie, dass Sie sich gerade im (Post-)*Eingang* befinden. Der Hinweis »(1)« bedeutet, dass es eine ungelesene Nachricht gibt. Da momentan aber keine Nachricht zur Ansicht ausgewählt ist, ist der Bereich darunter ❸ leer.

### Ordner auf dem Server anzeigen

Haben Sie aber bereits früher Nachrichten in diesem Konto organisiert, werden Sie sich an dieser Stelle wundern, warum davon nichts zu sehen ist. Vielleicht gehen Ihnen die Ordner ab, in denen Sie Ihre Nachrichten abgelegt haben. Aber keine Angst, es ist alles da. Klicken Sie links oben (im markierten Bereich) auf *Postfächer* und Sie sehen Ihre Inhalte wieder.

### Aufgepasst

Damit im weiteren Verlauf mehr zu sehen ist, haben wir noch einen zweiten Mail-Account angelegt.

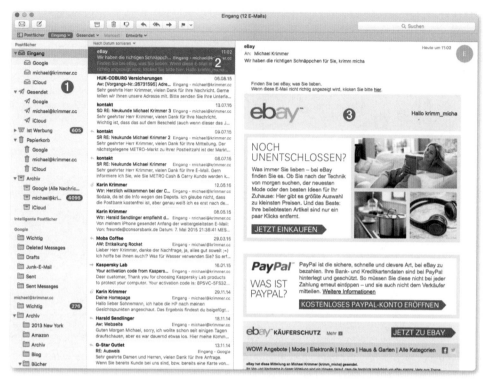

*Sobald die Postfächer aufgeklappt sind und sich Mails im ausgewählten Postfach befinden, erhalten Sie Zugriff auf all Ihre Nachrichten.*

Im Bereich der Postfächer ❶ finden Sie alle wichtigen Ordner vor. Das sind Posteingänge ebenso wie auf dem Server angelegte Ordner, über die sich E-Mails sehr komfortabel organisieren lassen. Im mittleren Bereich ❷ werden Ihnen dann die Inhalte des aktiven Postfachs angezeigt. Wählen Sie dort eine E-Mail aus, so sehen Sie den Inhalt ganz rechts ❸.

### Grundlagen

Die Elemente mit den Ordnersymbolen sind Postfächer (oder Ordner) auf den jeweiligen Mailservern, die Sie eingetragen haben. Auf welchem Server sich ein Postfach befindet, sehen Sie an der »Überschrift«. In unserem Beispiel gibt es zwei eingetragene Mailserver: Google und krimmer.cc. Die Postfächer des jeweiligen Servers finden Sie unter deren Bezeichnungen.

*Hier sehen Sie die beiden eingetragenen Mailserver markiert. Gleich unter den Bezeichnungen finden Sie die Postfächer der Server.*

## Inhalte gemeinsam oder pro E-Mail-Konto anzeigen

Im Bereich der Postfächer sehen Sie, dass sich vor manchen Ordnern kleine Pfeile befinden. Einige der Pfeile deuten nach rechts, andere nach unten. Sehen Sie vor einem Postfach einen Pfeil, so gibt es darin noch weitere Unterordner. Zeigt die Pfeilspitze nach rechts, so ist der Ordner noch nicht aufgeklappt. Klicken Sie darauf, um weitere Ordner anzuzeigen.

Pfeile, die nach rechts deuten, lassen sich aufklappen (Markierung oben). Pfeile, die nach unten zeigen, sind bereits aufgeklappt (Markierung unten).

## Postfächer: gemeinsam oder getrennt

Ganz oben im Bereich der Postfächer gibt es noch eine Eigenheit: »Eingang«, »Gesendet«, »Papierkorb« und »Alle Nachrichten« lassen sich hier entweder für alle eingetragenen Mail-Konten gemeinsam oder getrennt anzeigen.

*Klappen Sie den oberen Bereich der Postfächer auf, erhalten Sie alle Inhalte auch nach Mailservern getrennt.*

Wenn Sie nun beispielsweise nicht auf *Eingang* (für alle Posteingänge) klicken, sondern gleich darunter auf *Google*, dann erhalten Sie nur den Posteingang für den Google-Account angezeigt.

### Tipp

Die eingekreisten Ziffern, die Sie am rechten Rand sehen, geben die Anzahl der ungelesenen Nachrichten im jeweiligen Postfach an.

### Nachrichten in Postfächer verschieben

Möchten Sie eine Nachricht von einem Postfach (Ordner) in ein anderes verschieben, so können Sie die Nachricht (oder auch mehrere) markieren und mit der Maus an den gewünschten Zielort ziehen. Das geht auch serverübergreifend von einem Mail-Account zum anderen. Wenn Sie dabei die ⌘-Taste drücken, wird die Mail nicht verschoben, sondern kopiert und ist dann an beiden Orten vorhanden.

### Die Menüleiste von Mail

Nachdem Sie nun die organisatorischen Dinge kennen, sehen wir uns die praktischen Aspekte von Mail an. Alle wichtigen grundlegenden Funktionen lassen sich dabei bequem über die Menüleiste erreichen.

**❶** Möchten Sie nicht auf den automatischen Mailabruf warten, dann klicken Sie auf diese Schaltfläche. Daraufhin überprüft Mail alle Konten auf neue Inhalte.

**❷** Eine neue E-Mail erstellen Sie über diese Taste. Dazu gleich mehr.

**❸** Mails, die Sie gelesen haben, aber noch nicht löschen möchten, können Sie archivieren. Daraufhin werden sie in das entsprechende Archiv-Postfach verschoben.

**❹** Haben Sie eine Mail gelesen und hat der Inhalt keinen längerfristigen Wert, so löschen Sie die Nachricht über das Papierkorb-Symbol.

---

### Tipp

Wenn Sie eine Mail irrtümlich gelöscht haben, so können Sie sie noch im »Papierkorb« des entsprechenden Kontos vorfinden und ggf. wieder in einen anderen Ordner zurückholen. Erst wenn Sie sie aus dem Papierkorb löschen, ist die Nachricht weg.

---

**❺** Mails, die unerwünschte Werbung enthalten, lassen sich über diese Schaltfläche entsprechend markieren. Das hat nicht nur den Vorteil, dass Sie auf den ersten Blick erkennen, um welche Nachrichten es sich handelt. Es werden künftig auch keine Bilder mehr heruntergeladen, die in die Mail eingebettet sind und Sie als einen aktiven Empfänger identifizieren würden.

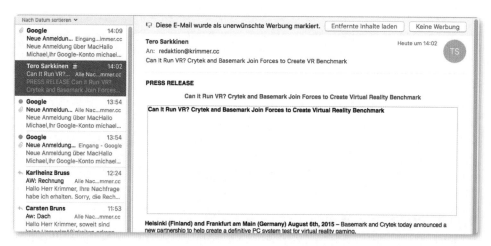

*Diese Mail ist als unerwünschte Werbung markiert, Bilder wurden nicht geladen. Wenn Sie erneut auf den Knopf klicken, wird die Nachricht wieder als normale Mail behandelt.*

**❻** Möchten Sie dem Empfänger einer E-Mail antworten, klicken Sie auf *Antworten*. Ging die E-Mail an mehrere Empfänger und soll auch Ihre Antwort alle erreichen, so klicken Sie auf *An alle*. In beiden Fällen erstellen Sie eine neue Nachricht, in der bereits alle gewünschten Empfänger eingetragen sind. Der Inhalt der ursprünglichen Mail wird dabei als Zitat mit eingefügt.

**Tipp**

Im nächsten Schritt können Sie dann natürlich noch den einen oder anderen Empfänger löschen oder hinzufügen und so die Liste der Empfänger anpassen.

**❼** *Weiterleiten* ist im Grunde wie *Antworten*. Auch hier kommt die ursprüngliche Mail als Zitat in die neue Nachricht. Der einzige Unterschied: Es werden keine Empfänger automatisch eingetragen. Das müssen Sie im Anschluss noch selbst erledigen.

**Tipp**

Schaltflächen für »Antworten«, »An alle« und »Weiterleiten« erhalten Sie auch, indem Sie den Mauszeiger über den oberen Bereich einer E-Mail bewegen. Daraufhin erscheinen die bereits bekannten Tasten.

*Auch hier können Sie Mails beantworten und weiterleiten. Selbst der Papierkorb zum Löschen ist hier.*

**❽** Über *Etikett* lassen sich einer E-Mail farbige Fähnchen hinzufügen. So können Sie wichtige Inhalte auf den ersten Blick erkennen und mit verschiedenen Farben auch noch unterscheiden. Klicken Sie auf das Fähnchen in der Symbolleiste, wird es der Mail hinzugefügt und auch wieder entfernt. Über den kleinen Pfeil rechts daneben legen Sie die Farbe fest.

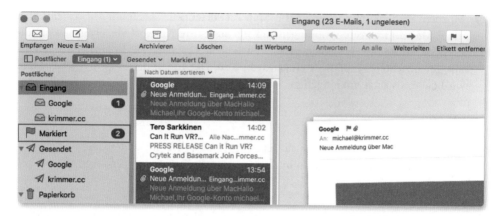

*Per Etikett markierte Nachrichten erhalten nicht nur in der mittleren und rechten Spalte das farbige Fähnchen. Alle markierten E-Mails werden zusätzlich im Postfach »Markiert« zusammengefasst angezeigt.*

**⑨** Geben Sie in das Suchfeld einen Begriff ein, durchsucht Mail alle Nachrichten und gibt Ihnen die Treffer aus. Sobald Sie mit der Eingabe der Begriffe beginnen, erhalten Sie direkt unter dem Suchfeld passende Vorschläge aus dem Pool Ihrer E-Mails. Diese Vorschläge werden sortiert nach *Personen*, *Themen* und mehr.

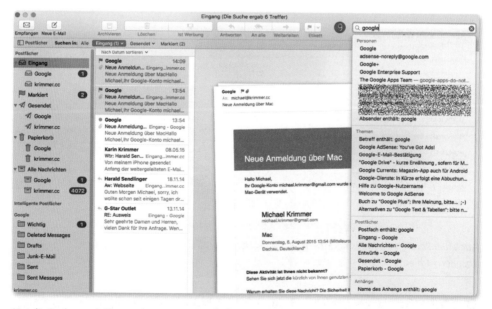

*Um die Suche noch besser einzugrenzen, erhalten Sie während der Eingabe passende Vorschläge. Im Bereich links können Sie zusätzlich noch festlegen, an welchen Orten gesucht werden soll.*

## Eine neue E-Mail erstellen

Möchten Sie eine neue E-Mail erstellen, so klicken Sie auf die entsprechende Schaltfläche in der Symbolleiste oder drücken Sie ⌘ – N. Daraufhin erhalten Sie eine leere E-Mail, die in etwa so aussieht:

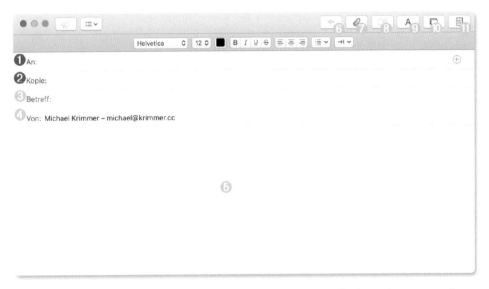

*So sieht eine neue E-Mail aus. Befüllen Sie sie mit den gewünschten Infos, bevor Sie sie versenden.*

❶ In dieses Feld geben Sie den oder die Empfänger ein. Mehrere Mailadressen können Sie mit einem Komma voneinander trennen.

❷ Soll ein Empfänger diese Mail als Kopie erhalten, so tragen Sie ihn in dieses Feld ein. Auch wenn es auf den ersten Blick nicht danach aussieht, Sie können auch Blindkopien verschicken. Im Feld »Blindkopie« eingetragene Empfänger erhalten ebenfalls eine Kopie, das wird aber den anderen Empfängern nicht angezeigt. Um das Feld für Blindkopie einzublenden, wählen Sie *Darstellung | Adressfeld »Blindkopie«* oder drücken Sie ⌥ – ⌘ – B.

*Auch Blindkopien lassen sich mit Mail unter El Capitan verschicken.*

Sehr schnell erreichen Sie die Auswahl der benötigten Adressfelder auch über die Schaltfläche rechts neben dem Papierflieger.

❸ Der *Betreff* sollte das Thema der Mail beschreiben. Zwar ist zum Versand einer E-Mail der Betreff nicht zwingend erforderlich. Aber Mails ohne Betreff haben eine gute Chance, bereits die Hürde des Spamfilters nicht zu nehmen. Außerdem möchte der Empfänger sicher gleich wissen, worum es in der Mail geht, und nicht gezwungen sein, zunächst den Inhalt zu lesen.

❹ Bei *Von:* können Sie aus allen aktivierten E-Mail-Accounts den gewünschten angeben. Klicken Sie darauf und wählen Sie die gewünschte Absenderadresse aus.

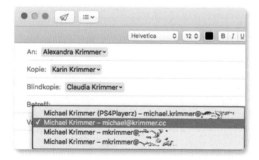

*Auf Wunsch geben Sie eine andere* **Absenderadresse** *an.*

❺ Das große leere Feld im unteren Bereich bietet Platz für den eigentlichen Text der Mail.

Bis zu dieser Stelle haben Sie alle Elemente kennengelernt, die entweder vorhanden sein müssen, damit Mail die Nachricht verschickt, oder die sinnvoll sind, wenn man sie hinzufügt. Im Bereich rechts oben gibt es aber noch ein paar optionale Dinge, die Sie unter Umständen sehr sinnvoll finden können.

❻ Wenn Sie keine neue Mail erstellt haben, sondern auf eine empfangene Mail antworten, so können Sie über diese Schaltfläche »Allen Empfängern der ausgewählten E-Mail antworten« oder »Dem Absender der ausgewählten E-Mail antworten«. Je nachdem trägt Mail dann einen einzelnen Adressaten ein oder gleich mehrere.

❼ Über die Büroklammer fügen Sie Dateien an die E-Mail an. Sie können zwar Dateien auch einfach mit der Maus an die gewünschte Stelle in der Nachricht ziehen. Es geht aber auch über diese Schaltfläche.

❽ Verfügte die Ursprungsmail über Dateianhänge, lassen die sich mit dieser Taste in die neue Mail übernehmen.

❾ Möchten Sie Schriftart oder -typ in Ihrer E-Mail verändern, dann blenden Sie hier das dazugehörige Menü ein.

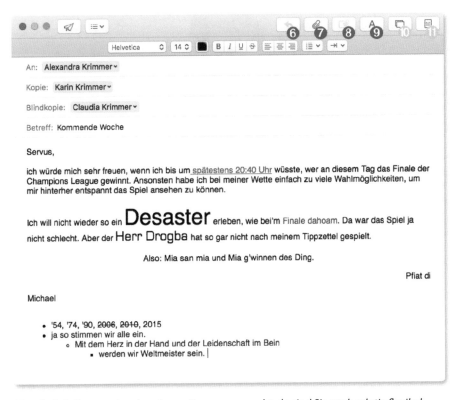

*Was die Schriftart und andere Formatierungen angeht, da sind Sie auch relativ flexibel.*

⑩ Über diese Schaltfläche blenden Sie die Fotoübersicht ein und aus. Dort erreichen Sie dann Ihre Bilder aus Fotos oder Aperture.

⑪ Sehr schnell gelangen Sie an optisch ansprechende E-Mails, indem Sie eine der Vorlagen auswählen. Klicken Sie dazu auf die Schaltfläche für die Vorlagen und wählen Sie eine passende aus.

*Die Vorlagen sind thematisch sortiert (»Geburtstag«, »Ankündigungen«, »Fotos« …). Sie legen eine Vorlage als Favorit fest, indem Sie sie in den Bereich »Favoriten« ziehen.*

Wenn Sie jetzt alle Empfänger eingetragen haben, die Mail einen Betreff und einen Text hat und sie auch nach optischen Gesichtspunkten gut ist, dann können Sie sie abschicken. Klicken Sie dazu auf das Senden-Symbol, das aussieht wie ein Papierflieger, und schon flattert die E-Mail in die Postfächer der Empfänger.

Die Funktionen, die wir bisher beschrieben haben, kommen Ihnen sicherlich bekannt vor, wenn Sie bereits Erfahrungen mit einer früheren Version von OS X oder einem anderen Mailprogramm haben. Daher stelle ich Ihnen an dieser Stelle noch zwei Funktionen vor, die Sie vielleicht noch nicht kennen:

## Mail Drop

Möchte man große Dateien versenden, disqualifiziert sich der Weg der E-Mail in der Regel von selbst. Entweder akzeptiert der Mailserver des Absenders nur Dateien bis zu einer bestimmten Größe (oft sind das nur 1 oder 2 MByte pro Nachricht) oder der Server des Empfängers lehnt die Mail ab, weil der Anhang zu groß ist. Kommt die Mail doch an, dann ist es oft so, dass sie das Postfach total verstopft. Entweder der Download dauert ewig oder das Postfach ist dann voll und nimmt keine weiteren Nachrichten an. Und das passiert oft schon bei Anhängen mit wenigen MByte Größe.

Mail in El Capitan erlaubt es Ihnen, wirklich riesige Anhänge zu verschicken. Und wir sprechen dabei nicht von 10 MByte oder 100 (was ja schon erstaunlich wäre). Sie können Dateien mit einer Größe von bis zu 5 GByte versenden. In der Praxis müssen Sie dabei nichts beachten. Hängen Sie die Nachricht einfach wie jede andere kleine Datei an die E-Mail. Sobald El Capitan den großen Anhang als zu groß identifiziert, nimmt die Datei einen alternativen Weg. Die Mail wird dabei ganz normal verschickt und der Anhang kommt über die iCloud.

Hat der Empfänger auch OS X Yosemite (den Vorgänger von El Capitan) oder El Capitan selbst bzw. Mail, so findet er die Datei wie gewohnt in der E-Mail vor. Kommt die Mail in einem anderen Programm an, so lässt sich der Anhang per Link herunterladen. In beiden Fällen wird aber nicht der Mailserver mit der Zustellung der großen Datei gefordert. Wir verschicken zum Test ein Video mit einer Größe von über 100 MByte.

*Im Bild oben ist zu sehen, dass im Mailprogramm »Thunderbird« der Link auf die iCloud-Datei angezeigt wird. Darunter in Mail liegt die Datei wie gewohnt direkt vor.*

## Aufgepasst

Im ersten Screenshot sehen Sie, dass der Link eine Art Haltbarkeitsdatum hat. Sie sollten daher mit dem Download nicht zu lange warten, weil die Datei nach vier Wochen nicht mehr verfügbar sein wird. Zum Archivieren und späteren Herunterladen von Dateien eignet sich dieses System daher nicht.

### Mail Drop aktivieren

Mail Drop aktivieren Sie für jedes Konto einzeln. So können Sie die Funktion mit einem Konto nutzen und mit einem anderen nicht. Oder Sie schalten es überall ein und kommen dann immer in den Genuss von Mail Drop.

Rufen Sie die Einstellungen von Mail auf (⌘ – ,) und wechseln Sie in den Bereich *Accounts*. Klicken Sie dann auf den gewünschten Mail-Account und dort auf *Erweitert*. Jetzt finden Sie in den dortigen Einstellungen den Punkt *Große Anhänge mit Mail Drop senden*.

*Mit dieser Einstellung wird das Konto »krimmer.cc« künftig beim Versand von großen Dateien »Mail Drop« nutzen.*

## Markierungen

Oft ist es so, dass man ein Bild per Mail verschickt, zu dem man gerne noch ein paar erklärende Worte verlieren möchte. Das passiert dann entweder je nach Anzahl der Worte mehr oder weniger umständlich im Text der Mail. Oder man öffnet das Foto zuerst in einer Bildbearbeitung, schreibt und zeichnet alles rein und verschickt dann das Werk im neuen Zustand. Oft werden diese Bilder dann aber sehr groß und lassen sich unter Umständen nicht mehr so einfach per Mail verschicken. Sehr praktisch ist das aber auch nicht.

Die »Markierungen« genannte Funktion löst dieses Problem und erlaubt das Bearbeiten von Bildern direkt in der E-Mail.

Fügen Sie das Bild so, wie es zu Beginn ist, in die Mail ein. In unserem Beispiel ist es ein Screenshot aus der »Karten«-App. Bewegen Sie den Mauszeiger am rechten oberen Eck, um das Pfeilsymbol einzublenden, über das Sie die Funktion *Markierungen* auswählen können.

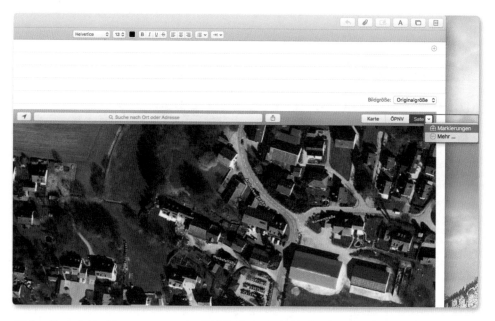

*Klicken Sie auf »Markierungen«, um das Bild direkt in der E-Mail zu bearbeiten.*

Nun werden Ihnen die verfügbaren Werkzeuge zur Bearbeitung eingeblendet.

*Diese Werkzeuge haben Sie beim Markieren von Bildern zur Verfügung.*

❶ Skizze: Damit malen Sie einfach in das Bild. Mail ist dabei in der Lage, Formen zu erkennen und zu verbessern. Malen Sie etwa einen Kreis, so kann Mail dabei helfen, diesen richtig rund zu machen. Auch bei einem Dreieck oder Viereck klappt das sehr gut.

*Die Palette links neben dem Kreis sorgt dafür, dass auf Wunsch aus dem nicht perfekten Kreis ein perfekter wird. Wollen Sie die gezeichnete Form dennoch behalten, so können Sie sie links auswählen.*

## Tipp

Sie können jede Form an den blauen Markern greifen und verändern, verschieben, vergrößern oder verkleinern. Mit der ←-Taste entfernen Sie ein Element auch wieder.

❷ Formen: Klicken Sie auf diese Fläche, um im nächsten Schritt eine Form auszuwählen, die dann auch gleich eingefügt wird. Passen Sie dann noch Größe, Ausrichtung etc. an.

*Formen wie diese lassen sich sehr einfach einfügen und anpassen.*

## Tipp

Möchten Sie Formen passgenau einfügen, so verschieben Sie die Form mit der Maus. Wenn Sie dann wie in unserem Beispiel den Stern genau in der Mitte der Form mit den abgerundeten Ecken haben, dann wird Ihnen das mit je einer Hilfslinie für die horizontale und vertikale Ausrichtung signalisiert.

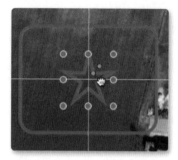

*Die beiden gelben Linien zeigen es an: Der Stern ist horizontal und vertikal genau mittig eingepasst.*

Hervorhebung oder Lupe einfügen: Unter den Formen finden Sie noch zwei weitere Symbole. Mit der einen können Sie eine helle Hervorhebung einfügen, mit der anderen eine Lupe, die bestimmte Inhalte vergrößert.

*Links im Bild sehen Sie die Lupe, rechts daneben die Hervorhebung.*

**Tipp**

Haben Sie die Lupe aktiviert, können Sie über den grünen Punkt den Zoomfaktor verändern. Der blaue Punkt passt die Größe der Lupenfläche an. Greifen Sie einen der beiden Regler und verschieben Sie ihn mit der Maus, um die gewünschte Veränderung zu erhalten.

*Über die beiden farbigen Punkte passen Sie die Größe und den Zoomfaktor der Lupe an.*

❸ Text: Möchten Sie ein Textfeld einbinden, um gewisse Teile des Fotos zu kommentieren, so können Sie das hier erledigen.

*Beschriftungen sind einfach, wenn Sie Textfelder einbinden.*

**④ Unterschreiben:** Benötigen Sie eine Unterschrift, so können Sie das über ein Trackpad machen, oder Sie unterschreiben auf einem weißen Blatt Papier und fotografieren es über die Webcam.

So sieht eine Unterschrift aus, die man auf das Trackpad gekritzelt hat.

**⑤ Formstil:** Geben Sie hier einer Form ein anderes Aussehen.

Ein Stern kann beispielsweise auch schraffiert dargestellt werden.

> **Tipp**
>
> Es funktionieren übrigens auch Kombinationen von mehreren Stilen. So könnte man eine Form erst dicker zeichnen und dann stricheln.

**⑥ Rahmenfarbe:** Über die Rahmenfarbe ändern Sie die Farbe von eingefügten Formen.

Per Rahmenfarbe geben Sie auch unserem Pfeil eine andere Farbe.

❼ Füllfarbe: Klicken Sie auf diese Schaltfläche, um einen Rahmen in der gewählten Farbe zu füllen.

*Möchten Sie eine Form füllen, funktioniert das auch problemlos.*

❽ Textformat: Schriftart, Schriftgröße, Schriftstil, Farbe und mehr verändern Sie hier.

Mit *Fertig* speichern Sie die Bearbeitungen am Bild ab.

*Und so kann eine Wegbeschreibung aussehen, die direkt in Mail entstanden ist.*

## Dateianhänge speichern

Wie Sie Dateianhänge versenden, haben Sie bereits gesehen. Wenn Sie eine Mail erhalten, an die eine Datei oder mehrere angehängt sind, dann erkennen Sie das an diesem Symbol:

*Das Büroklammersymbol signalisiert, dass an dieser Nachricht eine Datei hängt.*

Wenn Sie nun in der Mailansicht den Mauszeiger über den Kopf der Nachricht bewegen, erhalten Sie einige Optionen angezeigt.

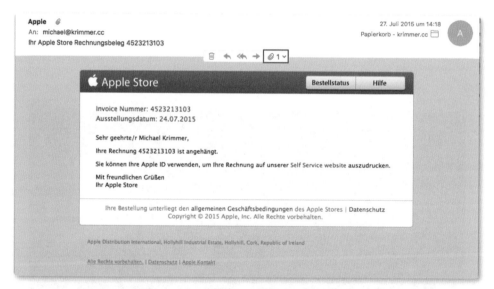

*Dieser Schalter zeigt Ihnen an, wie viele Dateien an der Mail hängen. Klicken Sie darauf, um weitere Optionen zu erhalten.*

In diesem Fall ist es eine PDF-Datei.

*Hier können Sie den Anhang sichern oder anzeigen (»Übersicht«).*

Handelt es sich um eine Mail, an die mehrere Dateien angehängt wurden, so können Sie jede einzeln speichern. Bei Bildern haben Sie zusätzlich die Möglichkeit, die Dateien an eine passende Anwendung weiterzureichen.

*Dateien können gesamt ❶ oder einzeln ❷ gespeichert oder an eine kompatible Anwendung weitergereicht werden ❸. Übersicht öffnet alle in der Vorschau.*

## Nachrichtenverläufe anzeigen mit »Conversations«

In Mail gibt es eine sehr praktische Art, wie Sie sich Unterhaltungen anzeigen lassen. Das sind mehrere E-Mails, die zu einer Konversation gehören. Wenn Sie beispielsweise eine Mail schreiben und darauf Antworten erhalten, dann gehören alle Nachrichten zu einer Konversation.

*Dieses Zeichen zeigt eine Konversation an. Die Zahl bedeutet: Zur Unterhaltung gehören 15 Nachrichten.*

Der Vorteil: Die komplette Unterhaltung braucht im Posteingang zunächst nur den Platz einer Nachricht. Erst wenn Sie sie auswählen, werden Ihnen im rechten Bereich alle Nachrichten der Unterhaltung untereinander angezeigt. Sie können aber auch auf den Doppelpfeil klicken, dann werden Ihnen alle Nachrichten mit den beteiligten Personen angezeigt. Das hilft dabei, die Antwort einer bestimmten Person zu finden.

*Diese Nachrichten gehören zur Unterhaltung. Klicken Sie auf einen Eintrag, um die Nachricht anzuzeigen.*

## Ausgewählte Einstellungen von Mail

Es gibt viele Einstellungen von Mail, die Sie am besten in einer ruhigen Minute durchsehen und ausprobieren. Einige Dinge möchten wir Ihnen aber besonders ans Herz legen. Sie gelangen in die Einstellungen mit ⌘ – , oder *Mail | Einstellungen …*

### Allgemein

In diesem Bereich finden Sie viele allgemeine Einstellungen zu Mail. Wichtig hierbei ist aber der Punkt »Nach neuen E-Mails suchen:«. Hier legen Sie fest, in welchem Zeitraum das Mail-Programm nach neuen Nachrichten suchen soll. *Automatisch* ist eine sehr gute Wahl, dabei erhalten Sie die Mails immer umgehend. Ist Ihnen das zu viel Unterbrechung, dann wählen Sie eines der angebotenen Intervalle oder *Manuell*. Dann werden Mails nur abgerufen, wenn Sie auf die entsprechende Taste in der Symbolleiste klicken.

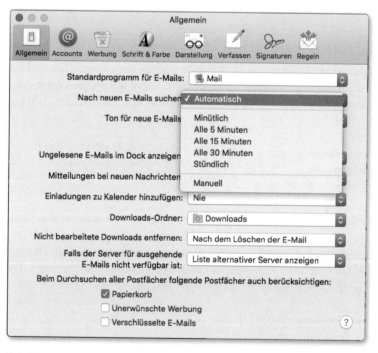

*Sehr interessant: Legen Sie fest, wie oft neue Nachrichten abgerufen werden.*

---

### Tipp

Die Reduzierung des Abrufintervalls kann im Urlaub auch bares Geld sparen. Wenn Sie im Ausland Ihre Datenabrufe per Volumen bezahlen, dann macht es schon einen großen Unterschied, ob Sie pro Tag 24 Mal Ihre Mails abrufen (*Stündlich*) oder 1.440 Mal (*Minütlich*).

## Accounts

Diesen Bereich kennen Sie bereits. Hier tragen Sie neue Mail-Accounts ein, löschen vorhandene oder verändern Dinge, die direkt mit den Accounts zu tun haben.

## Werbung

Hier aktivieren Sie den Filter für unerwünschte Werbung und legen fest, wie der Spam-Filter agieren soll.

## Signaturen

Signaturen ersparen unter Umständen viel Tipparbeit. Möchten Sie beispielsweise am Ende jeder E-Mail Ihre Kontaktdaten schreiben, dann wird das auf Dauer sehr mühsam. Legen Sie in diesem Fall lieber eine Signatur an, die Sie dann beim Verfassen einer Mail ganz einfach einfügen können. Das spart viel Tipperei und schließt Schreibfehler so gut wie aus.

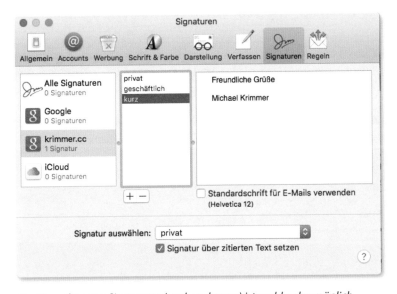

*Das Verwalten von Signaturen (auch mehreren) ist problemlos möglich.*

Über das + in der Mittelspalte legen Sie eine neue Signatur an (– löscht sie wieder), die Sie im Bereich rechts dann wunschgemäß ausformulieren können. Ziehen Sie die Signaturen mit der Maus in den Bereich links und dort in die Mail-Accounts, in denen die Signatur verfügbar sein soll.

*Sobald die Signatur eingetragen ist, können Sie sie mit nur zwei Klicks in Ihre E-Mail einfügen.*

## Regeln

Je mehr E-Mails Sie pro Tag bekommen, desto wahrscheinlicher wird es, dass Ihnen *Regeln* das Leben erleichtern können. Dort legen Sie im Format wenn – dann fest, was passieren soll, wenn eine E-Mail ein bestimmtes Kriterium erfüllt.

Es beginnt damit, dass Sie eine *Regel hinzufügen*. Dann legen Sie fest, was die Mail erfüllen muss, damit die Regel greift. Dabei haben Sie eine große Auswahl an Kriterien.

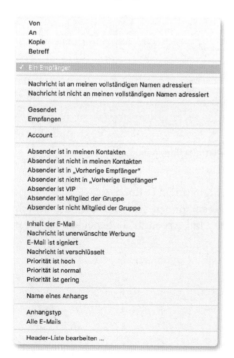

*Geben Sie zunächst ein, welche Mails Sie mit der Regel überhaupt meinen.*

Dann stellen Sie ein, was mit einer Mail passieren soll, die das Kriterium erfüllt.

*Und das soll mit der Mail passieren, wenn die Regel greift.*

Natürlich lassen sich Regeln auch kombinieren. Dann ist es erforderlich, dass Sie festlegen, ob eine Mail »Bei Erfüllen *einer* der folgenden Bedingungen« oder »Bei Erfüllen *aller* der folgenden Bedingungen« entsprechend der Regel behandelt wird. Eine fertige Regel mit mehreren Kriterien könnte dann so aussehen:

*In diesem Fall werden Mails, die an eine der beiden Adressen adressiert sind, rot eingefärbt. Man könnte sie natürlich auch in einen bestimmten Ordner verschieben oder löschen.*

Ein selbst gestrickter Spam-Filter, der alle Nachrichten löscht, die bestimmte Begriffe enthalten oder von bestimmten Mailadressen kommen, könnte dann so aussehen:

*In diesem Fall werden alle Mails gelöscht, die bestimmte Worte enthalten oder von bestimmten Mailadressen gesendet werden.*

---

**Tipp**

Setzen Sie in der Übersicht aller Regeln ein Häkchen in der Spalte *Aktiv*, um eine Regel zu aktivieren. Kein Häkchen bedeutet nicht aktiv.

---

## Wischgesten in Mail

Wenn Sie Mail an einem Mac nutzen, der über ein Trackpad verfügt, so können Sie per Wischgesten Aktionen starten, die Sie vielleicht schon vom iPhone/iPad kennen. Wischen Sie in der Liste mit zwei Fingern über eine E-Mail nach links, so passiert das:

*Per Wischgeste blenden Sie den Löschen-Dialog ein.*

Klicken Sie auf *Papierkorb*, um die Mail zu löschen.

Wischen Sie dagegen mit zwei Fingern nach rechts, so geschieht Folgendes:

*Jetzt können Sie die Mail mit einem Klick als gelesen oder ungelesen markieren.*

Ob Sie »Als ungelesen markieren« oder »Als gelesen markieren« erhalten, liegt natürlich daran, welchen Status die Mail beim Wischen hatte.

### Tipp

Wenn Sie die zweite noch ein Stück weiter nach rechts wischen, so erfolgt die Markierung automatisch. Sie müssen dann nicht extra noch einmal klicken.

## Neue Funktionen im Vollbildmodus

Auch im Vollbildmodus von Mail gibt es Neuerungen, die man vom iPhone/iPad her kennt. Wenn Sie sich im Vollbildmodus befinden und eine neue E-Mail erstellen, dann können Sie im Hintergrund auf andere Bereiche von Mail zugreifen.

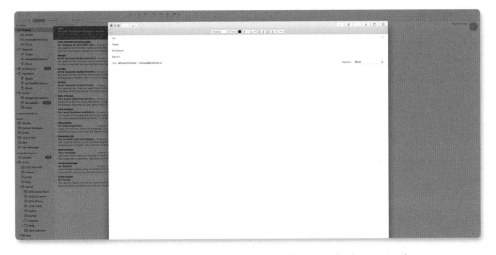

*Im Vordergrund sehen Sie die neue E-Mail, im Hintergrund die Oberfläche von Mail.*

Klicken Sie nun beispielsweise auf eine Nachricht im Posteingang, befördern Sie damit die neue Nachricht in den unteren Bereich. Dort wartet sie so lange auf Sie, bis Sie sie wieder mit einem Klick darauf in den Vordergrund holen.

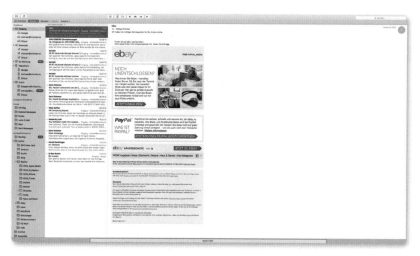

*Sie holen die rot markierte Mail ganz einfach wieder in den Vordergrund, indem Sie darauf klicken. Dann können Sie sie weiter bearbeiten.*

So können Sie beispielsweise zwischendrin etwas nachsehen oder Text bzw. Bilder aus anderen E-Mails kopieren und in die neue Nachricht einfügen.

### Tipp

Wenn Sie den Vorgang wiederholen und eine neue Mail erstellen, solange die erste noch im unteren Bereich wartet, so bekommt die neue Nachricht einen zusätzlichen Tab.

## E-Mails in Tabs

Die gerade im Tipp-Kasten genannte Funktion, mehrere neue E-Mails in Tabs zu organisieren, können Sie auch manuell anstoßen. Drücken Sie dazu ⌘ – N und Sie bekommen die neue Nachricht als Tab. Dabei wird die erste immer »normal« angezeigt, alle weiteren als Tabs.

*Im Vollbildmodus können Sie platzsparend viele neue Nachrichten in Tabs erstellen.*

# Nachrichten

Die Nachrichten-App von El Capitan ist dazu da, iMessage-Nachrichten von einem Mac zum anderen oder auch zwischen Macs und iOS-Geräten zu versenden. In Verbindung mit einem iPhone unter iOS 8 können Sie damit auch SMS-Nachrichten versenden und empfangen. Dazu wird die Telefonverbindung des iPhone genutzt.

## Nachrichten einrichten

Starten Sie die *Nachrichten*-App. Sofern noch nicht geschehen, melden Sie sich direkt in der Nachrichten-App mit Ihrer Apple-ID an. Wenn es noch keine eingetragene Apple-ID gibt, begrüßt Sie die Nachrichten-App mit diesem Bild:

*Ohne Apple-ID gibt es keinen Versand und Empfang von iMessage-Nachrichten. Daher ist die erste Aktion im Programm auch das Einrichten der Apple-ID.*

## Adressen festlegen

Am besten legen Sie gleich danach in den Einstellungen der Nachrichten-App im Bereich *Accounts* fest, unter welchen Adressen Sie erreichbar sein möchten (»Sie können für Nachrichten erreicht werden unter:«). Dabei haben Sie die Wahl zwischen der Apple-ID selbst und allen Adressen, die Sie in der Vergangenheit einmal mit der ID verknüpft haben. Deaktivieren Sie ungewünschte Adressen, indem Sie das Häkchen davor entfernen. Eine neue Adresse nehmen Sie über die Schaltfläche *Hinzufügen* auf.

*Lesebestätigungen senden*: Aktivieren Sie diesen Punkt, wenn Sie den Absendern von iMessage-Nachrichten erlauben wollen, dass sie sehen, wenn Sie eine Nachricht gelesen haben. Möchten Sie das nicht, dann lassen Sie den Punkt deaktiviert.

*Nach der Einrichtung startet »Nachrichten« mit einer zunächst leeren Oberfläche. Nun können Sie mit dem Versenden von iMessage-Nachrichten beginnen.*

**Tipp**

Sie können die Einstellungen zur Apple-ID und zu den Adressen auch später noch verändern. Sie erreichen die Einstellungen wie gewohnt mit ⌘ – , oder indem Sie auf *Nachrichten* | *Einstellungen* … klicken. Dort können Sie die eingetragene Apple-ID dann unter *Accounts* einsehen und verändern.

*Die Apple-ID und die dazugehörigen Empfangsadressen lassen sich in den Einstellungen auch nachträglich verändern.*

Interessant sind auch die Punkte *Blockiert* und *Neue Konversationen starten von:*. Unter *Blockiert* legen Sie Adressen fest, von denen Sie keine Nachrichten mehr bekommen möchten. Die Einstellung ganz unten besagt, mit welcher Adresse Sie eine Unterhaltung beginnen. Antworten darauf werden dann immer auch an diese Adresse geschickt.

> **Tipp**
>
> Wenn Sie hier beispielsweise eine andere Adresse angeben als am iPhone, dann können Sie diese Unterhaltung ausschließlich auf den Mac begrenzen und bekommen die Nachrichten nicht auch noch unterwegs. Ist das allerdings gewünscht, dann geben Sie an beiden Geräten dieselbe Adresse an.

## Eine Textnachricht erstellen

Um eine neue iMessage-Textnachricht zu erstellen, klicken Sie auf das Feld rechts neben der Suche (»Neue Nachricht erstellen«). Daraufhin erhalten Sie eine neue Konversation in Form eines dunkleren Felds (»Neue Nachricht«) ❶. Sobald Sie in das Adressfeld ❷ einen Empfänger eingetragen haben, wird der auch in das Feld links hinzugefügt (»Neue Nachricht an ...«).

*Geben Sie die Empfängeradresse und den zu sendenden Text ein.*

> **Grundlagen**
>
> In das Adressfeld geben Sie entweder die Adresse des Empfängers an (Apple-ID oder damit verknüpfte Adresse) oder einen Namen aus Ihrem Adressbuch. Das Adressbuch erreichen Sie auch direkt über das + rechts.

Der zu sendende Text gehört in das Feld ganz unten ❸. Möchten Sie Ihrer Nachricht noch einen Smiley hinzufügen, so können Sie das auch machen. Klicken Sie dazu auf das Feld ❹.

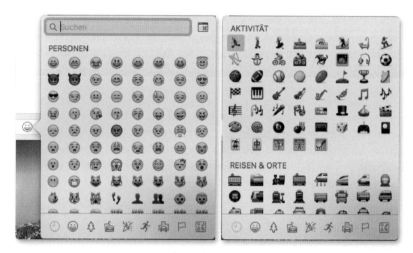

*Sie können Ihrer Nachricht mit einer Vielzahl an Smileys eine persönliche Note geben. Die Leiste am unteren Rand bietet Ihnen eine thematische Sortierung.*

## Textnachrichten diktieren

Haben Sie an Ihrem Mac die Diktatfunktion aktiviert (drücken Sie dazu zweimal auf die fn-Taste), so lässt sich der Text auch einsprechen. Solange das Mikrofon angezeigt wird, können Sie den Text diktieren. Wenn Sie die Aufnahme beenden wollen, klicken Sie auf Fertig.

*Solange das Mikrofon zu sehen ist, können Sie den gewünschten Text einsprechen. El Capitan wandelt Ihre Sprache dann in Text um.*

## SMS-Nachrichten versenden

Wenn Sie ein iPhone haben, dann können Sie am Mac nicht nur iMessage-Nachrichten an andere Apple-Nutzer versenden und empfangen. Auch der Austausch von SMS-Nachrichten ist dann möglich. Aktivieren Sie diese Funktion, indem Sie am iPhone in den *Einstellungen | Nachrichten* im Bereich *SMS-Weiterleitung* Ihren Mac aktivieren.

*Wenn Sie möchten, können Sie am Mac auch SMS-Nachrichten versenden und empfangen.*

### Aufgepasst

Im Gegensatz zu iMessage-Nachrichten können SMS-Texte Extrakosten verursachen. Auch wenn Sie eine SMS am Mac schreiben und von dort aus versenden, ist es immer noch eine SMS, die Ihr iPhone versendet. Und wenn Sie dafür kein Freikontingent haben, müssen Sie diese Nachrichten extra bezahlen.

## Nachrichten erneut versenden

Es kann aus verschiedenen Gründen vorkommen, dass eine Nachricht nicht zugestellt werden kann, beispielsweise dann, wenn die Apple-ID falsch eingegeben wurde.

Oder aber der Empfänger hat seine iMessage-Funktion deaktiviert. Im zweiten Fall kann es sinnvoll sein, die Nachricht später noch einmal zu senden. Klicken Sie dazu auf das rote Ausrufezeichen und dann auf *Erneut versuchen*.

*Diese Nachricht konnte nicht zugestellt werden. Sie haben aber die Möglichkeit, mit wenigen Klicks einen erneuten Versand in die Wege zu leiten.*

*Im zweiten Versuch hat es dann geklappt.*

Ein- und ausgehende Nachrichten werden Ihnen übrigens als Unterhaltungen angezeigt. Das bedeutet: Ihre Nachrichten stehen immer rechts, die Antworten darauf immer links. Sobald Sie eine Antwort erhalten haben, könnte das so aussehen:

*Hier sehen Sie auch, was es bewirkt, wenn Lesebestätigungen aktiviert sind. Die Nachricht wurde acht Minuten nach dem Absenden gelesen.*

## Weitere Unterhaltungen starten

Möchten Sie eine neue Unterhaltung mit einer anderen Person starten, so klicken Sie auf das Erstellen-Symbol rechts neben dem Suchfeld.

*Dieses Feld legt eine neue Unterhaltung an.*

## Nachrichten durchsuchen

Apropos Suchfeld. Geben Sie in dieses Feld einen Suchbegriff ein, so werden alle Nachrichten (und Empfänger) nach Treffern durchsucht und angezeigt.

*Im Beispiel oben wurde der Text einer Nachricht gefunden, gleich darunter ein Empfängername.*

## Gruppennachrichten

Auch wenn in unserem Beispiel nur eine Person die Nachricht erhalten hat, sind Sie bei der Anzahl der Empfänger nicht eingeschränkt. Geben Sie einfach weitere Empfänger in die Adresszeile ein, um die Nachrichten auch an deren Geräte zu senden. Der Vorteil: Sie bekommen dann auch die Antworten von allen Personen in dieser Unterhaltung angezeigt.

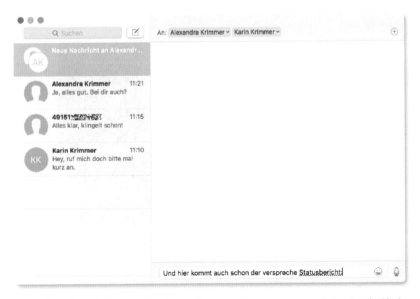

*Dass diese Nachricht an mehr als eine Person geht, sehen Sie auch am Symbol links.*

# Bilder und Videos als Nachricht versenden

Möchten Sie einer Nachricht Bilder oder Videos hinzufügen, so ziehen Sie die Medien mit der Maus in das Textfeld der Nachricht. Daraufhin wird die Datei eingefügt und kann versendet werden.

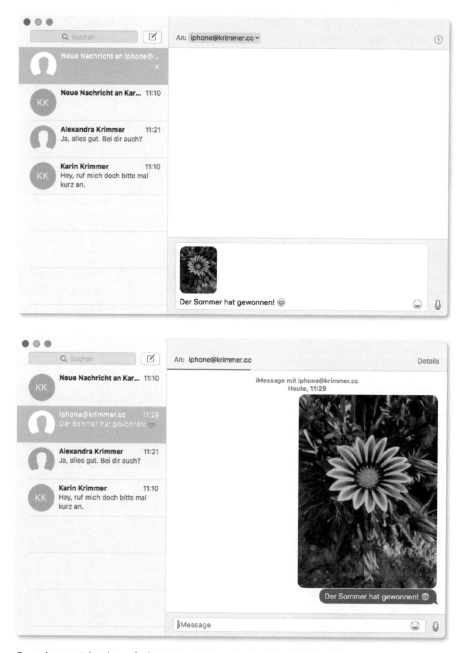

*Fotos lassen sich sehr einfach per Drag & Drop in eine Nachricht einbinden.*

Bei Videos gehen Sie ebenso vor. Ziehen Sie den Clip in das Fenster und schicken Sie ihn ab.

Der Sommer hat gewonnen! ☺

*Und auch ein Video lässt sich per iMessage verschicken.*

## Aufgepasst

Um die Dateigröße und die damit verbundene Ladezeit zu verringern, behält sich die Nachrichten-App das Recht vor, die Videoqualität zu verringern. Im Falle unseres Beispielvideos wurde die Auflösung von $1920 \times 1080$ auf $1280 \times 720$ Pixel verringert. Die Datei wurde dadurch deutlich kleiner (von 44,3 auf 7,2 MByte).

## Dateien weiterverwenden

Möchten Sie verschickte oder empfangene Dateien weiterverwenden (z. B. um ein Foto als Schreibtischhintergrund zu nutzen), dann klicken Sie mit der rechten Maustaste auf das Objekt. Daraufhin erscheint ein Menü, das Ihnen unter anderem diese Möglichkeit gibt.

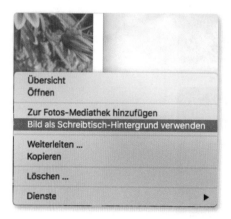

*Ein Rechtsklick auf ein Bild oder Video ermöglicht weitere Aktionen.*

### Tipp

Möchten Sie alle Medien einer Konversation auf einen Blick erhalten, so klicken Sie rechts oben auf Details. Dann werden Ihnen alle Fotos und Videos zentral angezeigt.

*In den »Details« finden Sie die Medien an einem zentralen Ort.*

# Safari

Safari ist der Internetbrowser von OS X. Wann immer Sie eine Webseite aufrufen oder Daten von einer Internetseite herunterladen möchten, dann ist Safari die Software dafür. Aber Safari kann noch mehr.

*So sieht Safari beim ersten Start aus.*

Sehen wir uns die Funktionsleiste von Safari genauer an. Darüber steuern Sie alle Funktionen.

❶ In dieses Feld geben Sie eine Internetadresse ein oder die Begriffe, nach denen Sie im Internet suchen möchten.

❷ Haben Sie bereits mehrere Seiten besucht, können Sie über die beiden Pfeiltasten nach links und rechts im Verlauf zurück und wieder vor navigieren.

❸ Hierüber blenden Sie die Seitenleiste ein oder aus.

❹ Um Seiten zu senden, klicken Sie auf die Freigabetaste.

❺ Diese Schaltfläche blendet alle Tabs ein.

❻ Klicken Sie auf das + rechts am Rand, um neue Tabs anzulegen.

## Im Internet surfen

Wissen Sie die Adresse einer Internetseite bereits, dann geben Sie sie in die Adresszeile
❶ ein und drücken Sie anschließend die ↩-Taste. Daraufhin öffnet Safari die Seite und
zeigt die Inhalte an.

*Geben Sie in die Adresszeile von Safari eine Webadresse ein, um die Seite aufzurufen.*

### Grundlagen

Bei der Anzeige der Webadresse gibt es eine Sache zu beachten: Safari zeigt Ihnen
auf den ersten Blick immer nur die Hauptadresse (z. B. »apple.com«) an, unabhängig davon, welche Seite auf dem Server tatsächlich angezeigt wird. Möchten Sie
die gesamte Adresse der aktuellen Seite einsehen, so klicken Sie in das Adressfeld.

*Safari zeigt der Einfachheit halber zunächst nur die Hauptdomain einer Seite an. Wenn Sie in die Adresszeile klicken, wird Ihnen die gesamte Adresse angezeigt.*

## Eine Seite neu laden

Am rechten Rand der Adresszeile sehen Sie einen runden Pfeil. Darüber laden Sie die aktuelle Seite neu. Das kann hilfreich sein, wenn Sie beispielsweise vor einiger Zeit eine Sport- oder Nachrichtenseite aufgerufen haben und nun nachsehen wollen, was sich seitdem auf der Seite verändert hat.

*Während die Seite (neu) lädt, sehen Sie anstelle des runden Pfeils ein X und unter der Adresse einen Fortschrittsbalken.*

## Im Internet nach Informationen suchen

Das Adressfeld von Safari eignet sich nicht nur für die Eingabe von Internetadressen. Auch eine Websuche lässt sich damit direkt vollziehen. Geben Sie die Suchbegriffe dort ein und schicken Sie sie ab. Daraufhin erhalten Sie gleich die Treffer von Google.

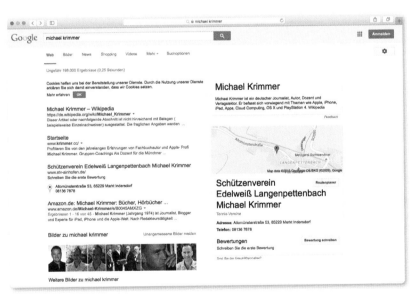

*Geben Sie den Suchbegriff in die Adresszeile ein, verhält sich Safari, als hätten Sie direkt bei Google danach gesucht, und liefert mehr oder weniger relevante Infos.*

## Den Suchanbieter festlegen

Dass Sie bei der Suche nach Informationen im Internet zunächst die Treffer von Google erhalten, liegt daran, dass Google zu Beginn die Standardsuchmaschine ist. Wenn Sie *Safari | Einstellungen …* aufrufen (oder ⌘ – , drücken) und in den Bereich *Suchen* wechseln, dann haben Sie dort die Wahl zwischen den drei Alternativen *Yahoo*, *Bing* und *DuckDuckGo*.

*Auch wenn Google zu Beginn Safaris standardmäßige Suchmaschine ist, können Sie das auf Wunsch noch anpassen.*

# Der Verlauf

In der Funktionsleiste von Safari haben Sie bereits die beiden Pfeile nach links und rechts gesehen. Klicken Sie auf einen der Pfeile, gelangen Sie im Verlauf vor und zurück. Das klappt gut mit Seiten, auf denen man gerade schon war und die man noch einmal besuchen möchte. Es gibt in Safari aber auch einen Verlauf, der weiter zurückgeht und bei dem Sie vorab sehen können, auf welchen Seiten Sie waren. Klicken Sie dazu in der Menüleiste oben auf *Verlauf.*

### Im Verlauf der aktuellen Session navigieren

Wie eingangs beschrieben, können Sie auf die Pfeile nach links und rechts klicken, um zur Seite davor oder danach zu gelangen. Wenn Sie auf die Pfeiltaste klicken und die Maustaste gedrückt halten, dann bekommen Sie auch hier die wenigen Seiten mit weiteren Infos angezeigt.

*Halten Sie die Pfeiltasten gedrückt, werden Ihnen die Seitennamen angezeigt. Der Verlauf in der Menüleiste hat aber deutlich mehr Informationen für Sie parat.*

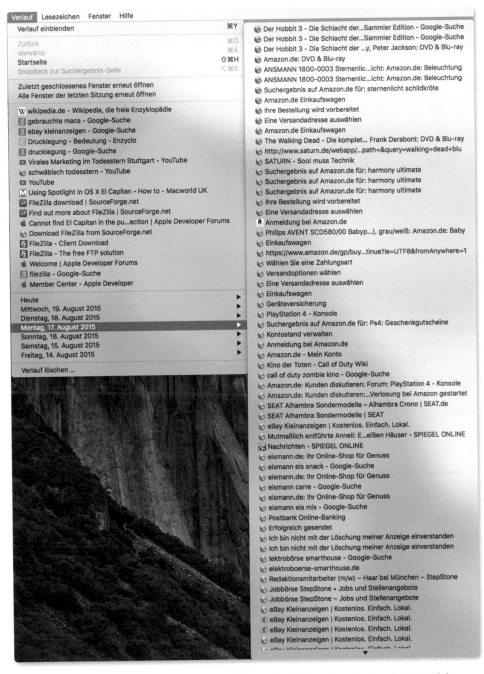

*Der erweiterte Verlauf von Safari zeigt Ihnen die besuchten Seiten des aktuellen Tages und der Tage davor an. Klicken Sie auf einen der Einträge, um erneut zu dieser Seite zu gelangen.*

## Den Verlauf (und weitere Daten) löschen

Es kann aus verschiedenen Gründen sinnvoll sein, dass man seinen Verlauf löscht. Sie können das ganz einfach bewerkstelligen, indem Sie wieder auf *Verlauf* klicken und dann ganz unten den Punkt *Verlauf und Websitedaten löschen...* auswählen. Legen Sie dann noch fest, ob Sie den *gesamten Verlauf, heute und gestern, heute* oder *der letzten Stunde* löschen möchten. Um die Aktion auszuführen, klicken Sie auf *Verlauf löschen*.

*Der Verlauf lässt sich für den gewünschten Zeitraum auch löschen.*

## Lesezeichen anlegen und verwalten

Lesezeichen (auch Bookmarks genannt) ersparen viel Tipparbeit. Wenn Sie eine Seite regelmäßig aufrufen, müssen Sie nicht jedes Mal aufs Neue die Adresse eingeben. Es reicht, wenn Sie sie einmal eintippen und dann ein Lesezeichen davon machen. Dann müssen Sie beim nächsten Mal nur noch auf das Lesezeichen klicken und gelangen direkt zur gewünschten Seite.

Um ein Lesezeichen hinzuzufügen, laden Sie die Seite und drücken Sie dann ⌘ – D. Mit *Hinzufügen* speichern Sie das Lesezeichen ab.

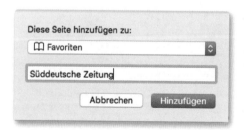

*Speichern Sie eine Internetadresse als Lesezeichen ab, damit Sie später schnell wieder darauf zugreifen können.*

Alle Ihre Lesezeichen finden Sie dann im Menü *Lesezeichen* unter *Favoriten*. In diesem Fall wurde als Speicherort *Favoriten* ausgewählt. Haben Sie bereits einen weiteren Lesezeichenordner erstellt (*Lesezeichen | Lesezeichenordner hinzufügen*), so lässt sich auch dieser Alternativort auswählen.

*Das Lesezeichen befindet sich dann am ausgewählten Ort, in diesem Fall in dem Ordner »Favoriten«.*

## Tipp

Ihre Lesezeichen werden Ihnen auch eingeblendet, wenn Sie die Adresszeile von Safari anklicken. Sie können dann in die Leiste die Adresse oder eine Suchanfrage eingeben. Oder Sie klicken auf einen Ihrer Favoriten.

*Das erste abgespeicherte Lesezeichen finden Sie auch unter der Adresszeile. Mit der Zeit wird dann diese Liste umfangreicher, wenn Sie weitere Lesezeichen hinzufügen.*

## Lesezeichen bearbeiten

Um Ihre Lesezeichen zu bearbeiten, klicken Sie auf *Lesezeichen | Lesezeichen bearbeiten* (⌥ – ⌘ – B). Dort lassen sich Lesezeichen umbenennen, die Webadresse ändern oder auch Einträge löschen.

## Favoritenleiste einblenden

Eine weitere Möglichkeit, wie Sie elegant Ihre Favoriten erreichen können, ist das Einblenden einer Favoritenleiste. Klicken Sie auf *Darstellung | Favoritenleiste einblenden* (oder ⇧ – ⌘ – B) und eine Leiste mit all Ihren Favoriten(-ordnern) wird gleich unter der Symbolleiste eingeblendet.

## Hinweis auf iCloud

In Kapitel 6 erfahren Sie, wie Sie über die iCloud Lesezeichen auf allen Ihren Geräten aktuell und synchron halten können. Das geht sehr bequem und vollautomatisch über den Safari-Abgleich der iCloud.

## Die Leseliste

Die Leseliste ist ebenfalls eine praktische Funktion, um sich Seiten für später vorzumerken. Drücken Sie dazu ⇧ – ⌘ – D. Der Unterschied zu einem Lesezeichen ist der, dass Safari eine Seite aus der Leseliste gleich komplett herunterlädt. Das bedeutet in der Praxis, dass Sie beim späteren Lesen keine Internetverbindung mehr benötigen. So können Sie beispielsweise unterwegs im Zug zuvor gesicherte Seiten lesen, die Sie zu Hause noch gesichert haben. Der Nachteil: Eventuell später eingepflegte Neuerungen innerhalb der Webseite werden Ihnen dann nicht angezeigt, weil die Seite immer den Stand vom Speicherzeitpunkt hat.

*Sobald der Hinweis »Zum Offline-Lesen sichern ...« verschwunden ist, können Sie die Seite in der Leseliste auch ohne Internetverbindung aufrufen.*

### Tipp

Und auch Einträge Ihrer Leseliste werden über die iCloud abgeglichen. Wenn Sie dann am Mac eine Seite abspeichern, ist sie auch an iPhone & Co. verfügbar. Wie das geht, erfahren Sie in Kapitel 6.

## Seiten freigeben

Finden Sie eine Webseite so interessant, dass Sie deren Inhalt mit einer anderen Person teilen möchten, so können Sie die Seite über die Freigabetaste verschicken.

*Beim Senden einer Webseite haben Sie einige Möglichkeiten.*

## Tabs vs. Fenster

Möchte man zur aktuell angezeigten Webseite noch eine weitere Internetadresse aufrufen, so kann man mit ⌘ – N ganz einfach ein neues Safari-Fenster aufrufen. Aber: Je mehr Fenster Sie parallel anzeigen, desto unübersichtlicher wird es.

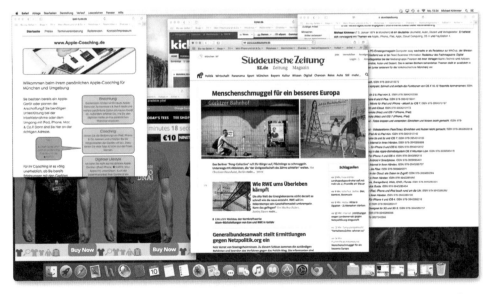

*Hat man viele Seiten als eigene Fenster in Safari geöffnet, kann es schnell unübersichtlich werden.*

## Tabs erstellen

Besser ist es, wenn man mit Tabs arbeitet. So können Sie alle Ihre Webseiten in einem einzigen Safari-Fenster öffnen, und wenn Sie den Inhalt einer anderen Seite sehen möchten, klicken Sie einfach auf das entsprechende Tab. Ein neues Tab erstellen Sie mit ⌘ – T.

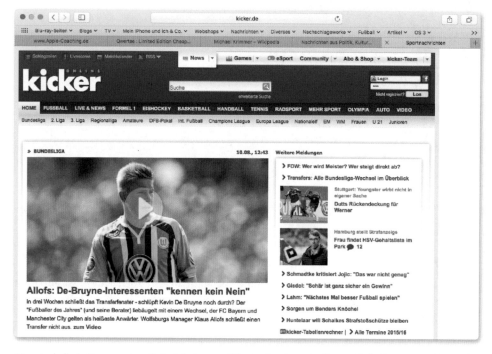

*Hier sind alle Seiten aus dem Beispiel oben geöffnet, allerdings in diesem Fall platzsparend als Tabs.*

Tabs werden Ihnen in der Tab-Leiste angezeigt, die erscheint, sobald Sie mindestens zwei Tabs aktiv haben. Das sieht dann so aus:

*Klicken Sie auf ein Tab, um zur entsprechenden Seite zu wechseln. Das + am rechten Rand erstellt ebenfalls ein neues Tab.*

### Tipp

Sie können die Reihenfolge der Tabs verändern, indem Sie ein Tab mit der Maus greifen und es nach links oder rechts an die gewünschte Stelle in der Leiste ziehen. Möchten Sie aus einem Tab ein eigenes Fenster machen, so ziehen Sie das Tab mit der Maus aus dem Safari-Fenster heraus.

## Tabs löschen

Um Tabs zu löschen, bewegen Sie den Mauszeiger auf das zu löschende Tab. Daraufhin erscheint ein kleines x, auf das Sie zum Löschen klicken.

*Per Klick auf das X entfernen Sie ein Tab aus der Leiste.*

## Tabs ein- und ausblenden

Mit der Schaltfläche ⬚ lassen sich alle Tabs ein- und ausblenden. Klicken Sie drauf, um eine Übersicht aller gerade geöffneten Tabs anzuzeigen. Klicken Sie erneut drauf, um wieder zur Ansicht davor zu gelangen.

## Verweis auf iCloud-Tabs

Wie schon bei Lesezeichen und der Leseliste kann man bei den Tabs auf die iCloud zurückgreifen. Hat man den Abgleich aktiviert (mehr dazu in Kapitel 6), dann finden Sie in Safari all die Tabs und Seiten, die auf den anderen Apple-Geräte gerade geöffnet sind. So lässt sich im Handumdrehen eine Seite am Mac aufrufen, die man zuvor am iPad oder iPhone angesehen hat.

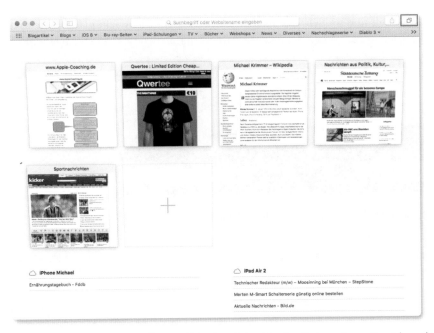

*Neben den gerade lokal geöffneten Webseiten (oben) finden Sie im unteren Bereich nach Geräten sortiert alle Seiten, die dort offen sind.*

Die fünf Vorschaubilder sind auf diesem Mac geöffnet. Über das + daneben legen Sie ein neues Tab an. Im Bereich darunter sehen Sie die Webseiten, die auf iPhone und iPad und – falls vorhanden – anderen Macs geöffnet sind. Klicken Sie auf eine der Seiten, um sie zu öffnen.

Noch ein abschließender Tipp zu Tabs: Klicken Sie mit der rechten Maustaste auf ein Tab, um weitere sehr hilfreiche Optionen zu erhalten.

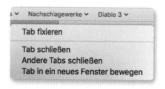

*Der Rechtsklick auf Tabs bringt Ihnen viele bekannte Möglichkeiten, aber auch sinnvolle neue Dinge, die Sie damit anstellen können.*

## Tabs fixieren

Sie haben es vielleicht bereits im Screenshot gesehen: Tabs lassen sich auch fixieren, Apple spricht dabei von »Pins« (Das erwähne ich hier nur, damit Sie es schon mal gehört haben). Das ist bei Webseiten sinnvoll, die man häufig benutzt und deren Adresse man nicht jedes Mal neu eingeben will. Klar, das könnte man auch mit Lesezeichen machen, aber ein fixierter Tab ist schneller zu erreichen.

Um einen Tab zu fixieren, gibt es zwei Möglichkeiten: Entweder Sie klicken mit der rechten Maustaste drauf und wählen *Tab fixieren*. Oder Sie greifen den Tab in der Leiste und schieben ihn nach links, bis sich das Feld verkleinert und in den linken Bereich einpasst.

*Ein fixierter Tab wird links an die Tab-Leiste angepinnt und bleibt so dauerhaft stehen.*

Fixierte Tabs bleiben auch nach dem Schließen und Neuöffnen von Safari bestehen. Wenn Sie also Safari schließen, werden Sie beim nächsten Öffnen Ihre fixierten Tabs wieder zur Verfügung haben.

Um einen fixierten Tab wieder zu entfernen, klicken Sie mit der rechten Maustaste drauf und wählen Sie *Tab loslösen*. Oder greifen Sie den Pin und schieben ihn wieder nach rechts in die Tab-Leiste.

Sie haben auch die Möglichkeit, die Reihenfolge der Pins zu verändern, indem Sie sie mit der Maus greifen und an die gewünschte Stelle schieben. Das funktioniert wie bei normalen Tabs auch.

### Tabs stumm schalten

Beim Arbeiten mit Tabs kann es durchaus passieren, dass plötzlich Musik oder eine andere Art von Ton losgeht. Beispielsweise dann, wenn auf einer der per Tabs geöffneten Webseiten ein Video losgeht. Wollte man den Ton abschalten, musste man bisher immer jeden Tab einzeln überprüfen und – nachdem man fündig geworden war – die Tonquelle ausschalten. Das kann je nach Anzahl der geöffneten Tabs und je nach Größe der Webseite mehr oder weniger lange dauern. Safari in El Capitan hat dafür eine neue Funktion.

Sobald auf einer der geöffneten Webseiten Ton abgespielt wird, blendet Safari in der Adressleiste ein Lautsprechersymbol ein.

*Safari hat festgestellt, dass in einem der aktuell geöffneten Tabs Ton abgespielt wird.*

### Tipp

Befinden Sie sich aktuell im betreffenden Tab, wird das Lautsprechersymbol farbig ausgefüllt. Betrachtet man aktuell eine andere Seite, ist es lediglich umrandet wie in unserem Beispiel.

Klicken Sie nun auf das Lautsprechersymbol, um den Ton abzuschalten. Daraufhin verändert sich auch das Symbol.

*Am durchgestrichenen Lautsprechersymbol erkennen Sie, dass der Ton ausgeschaltet wurde.*

175

Wenn Sie wissen möchten, wo sich der Übeltäter versteckt hat, dann halten Sie die Maustaste gedrückt und schon wird Ihnen der Name des Tabs bzw. der Webseite angezeigt.

*Hier sehen Sie, welche Website den Ton liefert.*

## Dateien aus dem Internet laden

Natürlich können Sie mit Safari nicht nur Internetseiten betrachten. Auch das Herunterladen von Dateien klappt damit hervorragend. Wann immer Sie den Link zu einer Datei auf einer Webseite entdecken, müssen Sie nur darauf klicken und schon beginnt der Download.

> **Tipp**
>
> Das kleine Safari-Symbol fliegt übrigens genau dorthin, wo Sie die Datei nach erfolgtem Download auch finden können: in den Download-Ordner im Dock. Ihn finden Sie auch im Finder in der Seitenleiste.

*Alle heruntergeladenen Dateien finden Sie im Ordner »Downloads«.*

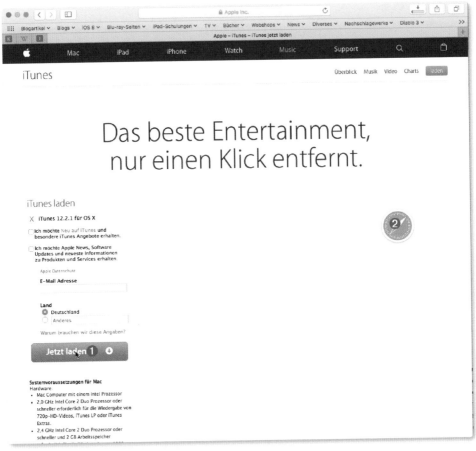

*Dass ein Download gestartet wurde, erkennen Sie daran, dass nach dem Klick auf die Schaltfläche ❶ ein kleines Symbol nach unten in das Dock fliegt ❷.*

# Kontakte

Die Kontakte-App ist das Adressbuch Ihres Mac. Dort lassen sich Kontakte mit beinahe unendlich vielen Informationen abspeichern, die weit über Name, Adresse und Telefonnummer hinausgehen. Wenn Sie das Programm Kontakte zum ersten Mal starten und noch keine Adressen über die iCloud synchronisiert haben (das geht nämlich auch, siehe Kapitel 6), dann ist Ihr Adressbuch zunächst sehr leer. Wobei – ganz leer ist es nicht. Zu Beginn gibt es bereits zwei Einträge: einen für Apple und Ihre eigene Visitenkarte. Die haben wir in unserem Beispiel aber aufgrund der mangelnden Relevanz gelöscht.

*Das Adressbuch ist unter Umständen am Anfang sehr leer. Das macht aber nichts, es kann gleich damit begonnen werden, Daten einzutragen.*

## Neue Visitenkarten hinzufügen

Kontakte im Adressbuch werden unter El Capitan »Visitenkarten« genannt. Um eine neue Visitenkarte hinzuzufügen, klicken Sie auf das + rechts unten und wählen Sie *Neuer Kontakt* aus. Wie Sie es gewohnt sind, geht das auch mit ⌘ – N oder *Ablage | Neue Visitenkarte*. Alle drei Wege führen an dasselbe Ziel: eine neue leere Visitenkarte.

Beachten Sie hierbei die blauen Beschriftungen der einzelnen Felder. Die helfen dabei, mehrere Einträge eines Typs (z.B. Telefonnummern) eindeutig zu benennen, indem Sie die Privat- von der Mobilfunknummer unterscheiden etc. Wann immer Sie das letzte Feld eines Typs gefüllt haben, erhalten Sie gleich ein neues dazu, das aber später nur dann in der fertigen Visitenkarte angezeigt wird, wenn es befüllt wurde. Möchten Sie einen Eintrag löschen, tippen Sie auf den roten Kreis links daneben. Haben Sie alle Infos eingegeben, speichern Sie die Visitenkarte mit *Fertig* ab.

*Die leere Visitenkarte (links) befüllen Sie dann mit allen relevanten Daten zu dieser Person.*

## Tipp

Sollte Ihnen ein bestimmtes Feld in der Visitenkarte fehlen (Mondkalender, Position etc.), dann lassen sich einige weitere Felder einfach hinzufügen. Klicken Sie dazu auf *Visitenkarte | Feld hinzufügen* und wählen Sie den gewünschten Eintrag aus. Sollte Ihnen dagegen ständig das eine oder andere Feld fehlen, so sehen Sie etwas weiter oben nach, wie Sie den Visitenkartenrohling dauerhaft ändern können.

*Die erste Visitenkarte wurde erstellt und ist nun auch in der Liste unter dem Suchfeld gelistet.*

> **Tipp**
>
> Ein Geburtstag, der in einer Visitenkarte eingetragen ist, wird Ihnen automatisch im Kalender angezeigt.

## Visitenkartenrohling ändern

Dieser Visitenkartenrohling kann auf Wunsch auch angepasst werden, wenn Sie zum Beispiel immer zusätzlich noch andere Felder benötigen. Rufen Sie dazu die *Einstellungen* von *Kontakte* auf und verändern Sie diesen Rohling unter *Vorlage*.

*Wie die Vorlage einer neuen Visitenkarte aussehen soll, kann in den Einstellungen angepasst werden. Löschen Sie bestehende Elemente oder fügen Sie neue Felder hinzu.*

## Bestehende Visitenkarten ändern

Möchten Sie eine Visitenkarte nachträglich verändern, wählen Sie sie aus und klicken Sie auf *Bearbeiten*. Ein Rechtsklick auf den Namen gefolgt von *Visitenkarte bearbeiten* erfüllt diesen Zweck auch. Daraufhin gelangen Sie wieder in die Ansicht, die Sie vom Erstellen der Visitenkarte kennen. Hier können Sie nun Informationen ändern, neue hinzufügen oder bestehende auch löschen.

## Eine Visitenkarte löschen

Um eine Visitenkarte zu löschen, können Sie mit der rechten Maustaste auf den Namen in der Liste klicken und *Visitenkarte löschen* auswählen. Oder Sie wählen *Bearbeiten | Visitenkarte löschen* aus.

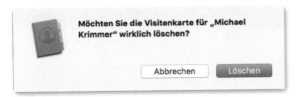

*Damit Visitenkarten nicht irrtümlich gelöscht werden, ist vorher noch eine Bestätigung erforderlich.*

---

**Tipp**

Sie können die Visitenkarte auch markieren und über die Entfernen-Taste löschen.

---

## Visitenkarte senden

Möchten Sie eine Visitenkarte versenden, so haben Sie dazu mehrere Möglichkeiten. Klicken Sie dazu rechts unten auf die *Senden*-Schaltfläche und wählen Sie die gewünschte Option aus. So wird die Visitenkarte je nach Wahl zum Beispiel in eine E-Mail oder eine Kurznachricht eingefügt. Oder Sie wählen AirDrop aus und verschicken die Visitenkarte über diesen Weg.

*Sie haben die Möglichkeit, eine Visitenkarte über mehrere Kanäle zu versenden.*

---

**Tipp**

Es geht aber auch noch einfacher: Greifen Sie die Visitenkarte aus der Liste und ziehen Sie sie in eine E-Mail oder das Textfeld in der Nachrichten-App. Auch so fügt El Capitan die Visitenkarte ein.

---

## Kontakte über Gruppen verwalten

Gerade dann, wenn sich mit der Zeit eine Vielzahl an Visitenkarten in der Kontakte-App tummelt, kann es sinnvoll sein, mit Gruppen zu arbeiten. Dann legt man beispielsweise für die Familie oder die Kollegen in der Arbeit eine neue Gruppe an, verfrachtet die dazu passenden Visitenkarten in diese Gruppen und muss von nun an nicht mehr alle Kontakte durchsuchen, wenn man beispielsweise einen seiner Kollegen sucht. Möchten

Sie eine neue Gruppe anlegen, klicken Sie auf *Ablage | Neue Gruppe* (⇧ – ⌘ – N) und vergeben Sie gleich einen eindeutigen Namen.

*Eine neue Gruppe mit dem Namen »Familienmitglieder« wurde hinzugefügt und kann künftig zur Verwaltung der Visitenkarten genutzt werden.*

Wann immer Sie nun eine neue Visitenkarte anlegen, während Sie diese Gruppe ausgewählt haben, wird die Karte dort abgelegt. Bestehende Visitenkarten aus »Alle Kontakte« lassen sich einfach mit der Maus in die Gruppe ziehen.

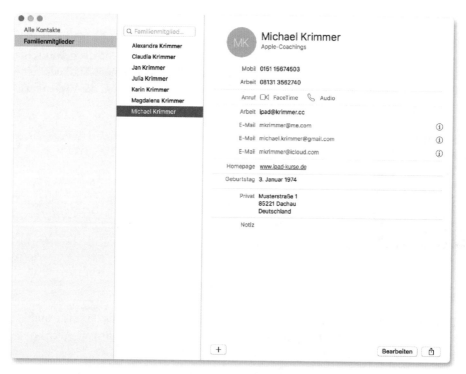

*Nun wurden bestehende und neue Visitenkarten in die Gruppe eingefügt.*

Ebenfalls sinnvoll ist die Verwaltung von Kontakten über eigene Gruppen, wenn Sie E-Mails an alle Mitglieder einer Gruppe versenden möchten. Sie können dann in Mail als Empfänger direkt den Namen der Gruppe eingeben und Mail fügt dann die Adressen automatisch hinzu. Oder Sie klicken mit der rechten Maustaste auf den Gruppennamen und wählen dort *E-Mail an »Gruppenname« senden* aus.

*E-Mails lassen sich sehr einfach an alle Mitglieder einer Gruppe versenden.*

## Grundlagen

Eine intelligente Gruppe unterscheidet sich von einer »normalen« Gruppe dadurch, dass Kriterien festgelegt werden, die über die Mitgliedschaft in einer Gruppe entscheiden. Kommt eine neue Visitenkarte hinzu, die die Kriterien erfüllt, so wird die Person automatisch auch dieser Gruppe hinzugefügt.

*Mit dieser intelligenten Gruppe würde jede Visitenkarte, die den Namen »Krimmer« enthält, automatisch hinzugefügt.*

## Visitenkarten durchsuchen

Wenn Sie aus der Fülle Ihrer Visitenkarten einen bestimmten Kontakt suchen, dann nutzen Sie die Suchfunktion der Kontakte-App. Geben Sie dazu den gesuchten Begriff in das Suchfeld ein, und schon erhalten Sie die dazugehörigen Treffer.

*Bei der Suche innerhalb Ihrer Kontakte werden nicht nur die Felder Name und Telefonnummer oder Adresse durchsucht. Auch Treffer in anderen Feldern wie hier der Notiz fließen in das Ergebnis ein.*

## Kontakt-Ansicht grundsätzlich anpassen

Wenn Ihnen die Art nicht gefällt, wie die Kontakte-App Ihre Visitenkarten anzeigt und sortiert, dann statten Sie doch den Einstellungen (⌘ –,) noch einen Besuch ab. Im Bereich *Allgemein* geben Sie an, ob der Vorname vor oder nach dem Nachnamen angezeigt wird, wie die Einträge sortiert werden sollen und mehr.

*Die grundsätzliche Darstellung der Visitenkarten legen Sie in den Einstellungen fest.*

## Kontakte mit der iCloud synchronisieren

Auch beim Abgleich von Kontakten kann die iCloud helfen. Aktivieren Sie dazu in den *Systemeinstellungen | iCloud* den Punkt *Kontakte*. Damit synchronisieren Sie Ihr Adressbuch per iCloud an allen Geräten mit derselben Apple-ID.

*Wenn Sie diesen Punkt aktivieren, können Sie an allen Ihren iCloud-Geräten auf Ihr Adressbuch zugreifen.*

Welche sinnvollen Funktionen Ihnen die iCloud außerdem noch bieten kann, erfahren Sie in Kapitel 6.

# Kalender

Wer viele Termine hat, die er besser nicht vergisst (Hochzeitstag, Gerichtsverhandlung, Gehaltsgespräch etc.), sollte die Verwaltung dieser Events am besten einem Kalender überlassen. Wer einen Mac hat, kann das mit der in El Capitan integrierten Kalender-App machen. Dabei haben Sie nicht nur die Möglichkeit, Termine einzutragen und sich daran erinnern zu lassen. Auch gemeinsame Kalender oder Kalenderabos werden unterstützt. Auch wenn Sie derzeit noch Ihre Termine händisch (also mit Stift) in einen Papierkalender eintragen, werden Sie sehr schnell von den Vorteilen eines digitalen Kalenders überzeugt sein.

*Wie die meisten Programme ist auch der Kalender zunächst leer. Sofern Sie aber bereits Kontakte mit Geburtstagen eingetragen haben, befinden die sich schon in Ihrem Kalender.*

## Kalender-Ansichten

Der Kalender, den Sie oben sehen, zeigt die Monatsansicht an. Die ist gut, um einen generellen Überblick über die kommenden Wochen zu erhalten. Sie haben über die Schaltflächen oben ❶ aber auch die Möglichkeit, die Ansicht auf *Tag*, *Woche* oder *Jahr* umzustellen. Mit den beiden Pfeilen nach links und rechts ❷ kommen Sie dann jeweils einen Monat, einen Tag, eine Woche oder ein Jahr vor oder zurück. Mit *Heute* ❸ kehren Sie immer wieder zum aktuellen Zeitraum zurück.

> **Tipp**
>
> Wenn Sie in der Jahresansicht doppelt auf einen Monat tippen, wechselt die Ansicht auf diesen Monat (also zur Monatsansicht). Klicken Sie dann doppelt auf das Datum eines Tages, gelangen Sie dorthin (zur Tagesansicht).

## Einen neuen Termin eintragen

Möchten Sie einen neuen Termin anlegen, klicken Sie auf das +. Das öffnet ein Feld zur schnellen Eingabe eines Termins. Geben Sie dann dort alle relevanten Dateien ein und die Kalender-App fasst alles schon mal zu einem Vorschlag zusammen. »3.12.2015 19:00 bis 22:00 Abendessen« ergibt dann beispielsweise diesen Termin:

*Die Infos aus der Schnelleingabe werden sofort in einen Termin umgewandelt.*

Wenn alles passt, können Sie den Termin mit der Eingabetaste abschicken. Oder Sie klicken auf den Vorschlag. In beiden Fällen wird der neue Termin eingetragen.

*Der Termin wurde eingetragen und kann mit einem Doppelklick darauf auch gleich noch angepasst werden.*

## Termin per Maus eintragen

Ein neuer Termin lässt sich auch dadurch eintragen, dass Sie mit der Maus an die gewünschte Startzeit klicken, die Maustaste gedrückt halten und den Termin dann bis zur Endzeit aufziehen. Das geht auch tagübergreifend. Lassen Sie die Maustaste dann los, haben Sie den gewünschten Termin eingefügt. Geben Sie danach gleich im Bereich rechts alle nötigen Infos an, mindestens den Namen des Ereignisses.

## Termine ändern

Sie haben an dieser Stelle auch gleich die Möglichkeit, Daten zu ändern oder neue Informationen hinzuzufügen. Soll der Termin in einen anderen Kalender eingetragen werden, so klicken Sie auf das Feld rechts oben. Derzeit ist der blaue Kalender ausgewählt. Auch der Ort lässt sich hier bestimmen oder all die anderen angezeigten Details wie Hinweise, Wiederholungen, Wegzeit, Teilnehmer, Notizen, Webadressen oder Anhänge.

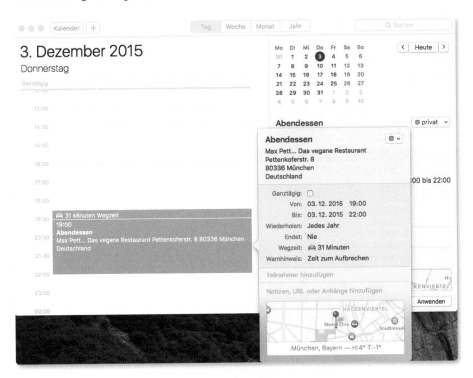

*So sieht ein Termin aus, der über weitere Details verfügt.*

In diesem Fall gibt es eine Adresse und der Termin soll jedes Jahr erneut im Kalender angezeigt werden. Die Wegzeit wurde aktuell vom Kalender errechnet, dazu gleich mehr. Interessant: Ganz unten befindet sich ein Kartenausschnitt, der die eingetragene Adresse zeigt. Und selbst die Informationen zum Wetter vor Ort finden Sie hier. Wenn Sie auf die Karte klicken, öffnet sich die Karten-App und zeigt den dazu passenden Kartenausschnitt an.

Tipp

Beim Ort müssen Sie nicht unbedingt eine Adresse eingeben. Auch Dinge wie »Hofbräuhaus« oder »Allianz Arena« erkennt das Programm und bietet Ihnen die entsprechende Adresse an.

## Die Wegzeit eingeben

Findet ein Termin nicht bei Ihnen vor Ort statt, dann müssen Sie auch erst einmal dorthin kommen, wo das Ereignis stattfindet. Dabei müssen Sie Zeit aufwenden, die meistens aber erst einmal nicht im Kalender steht. Man kann das natürlich im Kopf behalten und dann einfach kurz vorher nichts mehr ausmachen. Besser ist es, wenn Sie das Wegzeit-Feature des Kalenders nutzen. Damit wird Ihnen dann vor den Termin noch die Zeit eingetragen, die Sie zur Anreise benötigen. Und das Beste: Haben Sie eine Adresse eingegeben, ermittelt der Kalender die Fahrtzeit mit dem Auto automatisch.

*Die Wegzeit kann automatisch oder manuell festgelegt werden. In diesem Fall dauert die Fahrt mit dem Auto 31 Minuten.*

Grundlagen

In den Bearbeiten-Modus eines Termins kommen Sie auch später noch, indem Sie doppelt darauf klicken.

## Warnhinweise: An Termine erinnern lassen

Möchten Sie sich vorab an einen Termin erinnern lassen, geben Sie im Bereich der Uhrzeit einen Warnhinweis an. Der kann fünf Minuten vorher erfolgen oder auch einen Tag zuvor. Auch wenn es *Zeit zum Aufbrechen* ist, kann eine Warnung erfolgen. Warnhinweise sind ein gutes Werkzeug, damit man rechtzeitig informiert ist und eventuell am Tag davor auch noch Blumen kaufen kann.

## Ganztägige Termine

Ein ganztägiger Termin wird nicht zu irgendeiner Uhrzeit angezeigt. Er steht in der Zeile über den Zeiten und kann so ganz einfach als solcher erkannt werden. Möchten Sie ein Ereignis als ganztägig eintragen, so setzen Sie das Häkchen nach *Ganztägig*.

*Ein ganztägiger Termin wird im oberen Bereich des Tages angezeigt und kann so von anderen Terminen gut unterschieden werden.*

## Termine verschieben

Möchten Sie einen Termin am selben Tag verschieben oder von einem Tag auf den anderen, dann müssen Sie nicht im Bearbeiten-Modus das Datum anpassen. Es reicht, wenn Sie den Termin mit der Maus greifen und an die neue Stelle verschieben. Sie können einen Termin von einer bestimmten Uhrzeit aus auch direkt mit der Maus in die Leiste oben ziehen und ihn so ganztägig machen.

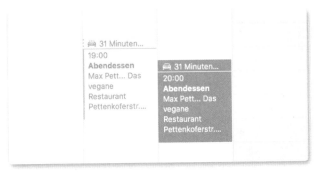

*Ein Termin lässt sich ganz einfach mit der Maus verschieben.*

## Wiederkehrende Termine verwalten

Ein wiederkehrender Termin ist dann sinnvoll, wenn das Ereignis an jedem Tag der Woche, jedem Datum des Monats oder sonst wie regelmäßig wiederkehrend stattfinden soll. Sie können dabei die bereits vorgegebenen Intervalle auswählen oder *Eigene ...* definieren.

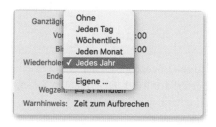

*Gängige Wiederholungen bietet der Kalender an, andere lassen sich persönlich definieren.*

Wählen Sie *Eigene ...* aus, so ist beispielsweise eine Wiederholung »Alle drei Monate am 3. des Monats« oder »Jeden Monat am ersten Montag« möglich.

Bei der Änderung von wiederkehrenden Terminen müssen Sie dem Kalender dann aber mitteilen, ob sich nur der eine Termin ändert oder ob auch alle Folgeereignisse auf den neuen Zeitpunkt verschoben werden sollen.

*Legen Sie an dieser Stelle fest, ob nur ein Termin geändert werden soll oder alle folgenden auch.*

## Termine löschen

Um einen Termin zu löschen, klicken Sie ihn an und drücken Sie die ←- oder Entf-Taste. Alternativ dazu können Sie auch rechts auf den Termin klicken und *Löschen* wählen.

*Der Rechtsklick auf einen Termin bringt neben dem Löschen noch weitere Funktionen mit sich, beispielsweise das Kopieren (und Einsetzen) über die Zwischenablage.*

**Grundlagen**

Und auch hier gilt: Löschen Sie einen Termin, der eingetragene Wiederholungen hat, so müssen Sie erst noch entscheiden, ob der Löschauftrag für alle Termine gilt oder nur den einen.

## Mit mehreren Kalendern arbeiten

Sie sollten über den Einsatz von mehreren Kalendern nachdenken, wenn Sie beispielsweise Ihre Termine für die Arbeit und die Freizeit getrennt voneinander verwalten möchten. Dann können Sie im Urlaub ganz einfach den beruflichen Kalender ausblenden und werden an den freien Tagen nicht ständig an Geschäftstermine erinnert. Oder Sie führen einen eigenen Kalender und einen für die Familie. Dann erkennen Sie bereits auf den ersten Blick, welche Termine Sie direkt betreffen und welche vielleicht nur zur Info dastehen. Welchen Grund Sie auch immer dafür haben, Sie legen einen neuen Kalender ganz einfach an.

*Ein neuer Kalender ist im Handumdrehen angelegt.*

Wenn nicht schon geschehen, blenden Sie die Übersicht aller Kalender mit einem Klick auf *Kalender* ein ❶. Klicken Sie dann mit der rechten Maustaste in das graue Feld mit den bestehenden Kalendern und wählen Sie *Neuer Kalender* aus ❷. Geben Sie ihm dann gleich einen aussagekräftigen Namen, und schon ist der neue Kalender verfügbar.

*Der neue Kalender ist verfügbar und kann ausgewählt werden.*

Von nun an können Sie den neu angelegten Kalender bei neuen Terminen nutzen oder bestehende nachträglich abändern.

**Tipp**

Wenn Sie dann auf den neuen Kalender rechtsklicken, können Sie ganz unten im Menü auch gleich eine andere Farbe vergeben. Wählen Sie stattdessen *Informationen* aus, lässt sich der Kalender umbenennen oder *Veröffentlichen*. Und auch das *Löschen* ist hier möglich.

*Die Informationen eines Kalenders erlauben das Verändern von Name und Farbe. Hier können Sie auch eine Beschreibung eintragen oder den Kalender veröffentlichen.*

## Kalender durchsuchen

Die Suchfunktion des Kalenders ist schnell erklärt: Geben Sie in das Suchfeld den gewünschten Begriff ein und Sie erhalten sofort alle passenden Treffer aus Ihren Kalendern angezeigt.

*Geben Sie in das Suchfenster einen Begriff ein und Sie erhalten alle passenden Treffer angezeigt.*

### Tipp

Anstelle von »Titel« können Sie die Suche auch auf andere Bereiche im Kalender anwenden. Hier können Sie beispielsweise auch »Ort« angeben, wenn Sie nach den Orten Ihrer Termine suchen. Klicken Sie darauf, um mit »Beliebig« in allen Feldern zu suchen.

## Kalender abonnieren

Einen Kalender zu abonnieren ist eine einfache Möglichkeit, beispielsweise den Spielplan Ihres Lieblingsvereins in den Kalender einzutragen. Diese Daten gibt es kostenfrei im Internet, sie werden regelmäßig gepflegt und ein solches Abo spart damit viel Arbeit. Um die Kalenderdaten zu finden, starten Sie in Safari eine Google-Suche, beispielsweise nach »Kalenderabo Bayern München iCal«. Damit erhalten Sie Links zu einer Vielzahl von Seiten, die genau das anbieten.

### Grundlagen

Wir suchen daher nach »iCal«, weil das früher der Name des Kalenders war und wir damit sicher Treffer für den Kalender von OS X bekommen. Würden wir stattdessen nach »Kalender« suchen, wäre das unter Umständen nicht präzise genug.

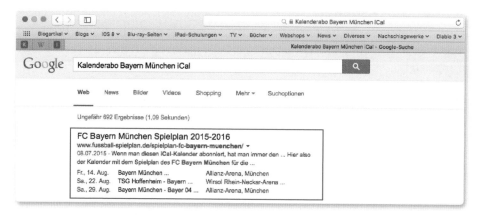

*Der erste Treffer sieht vielversprechend aus. Hier finden wir unser Kalenderabo.*

Rufen Sie die Seite auf und suchen Sie nach der Stelle, an der Sie die Kalenderdaten herunterladen können.

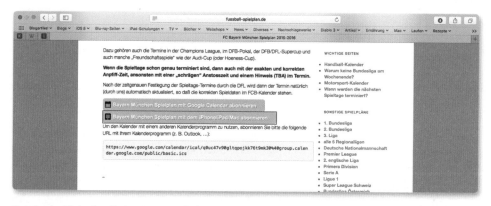

*Das ist der Link, den Sie benötigen. Klicken Sie darauf, um die Datei zu laden.*

Nun kommt auch schon der Kalender ins Spiel und bietet das Abo der Kalenderadresse an.

*Die Adresse des Kalenders haben Sie von der Internetseite geladen. Sie müssen sie hier also nur
noch mit einem Klick auf »Abonnieren« bestätigen.*

Nun sind noch ein paar Anpassungen möglich. Geben Sie auf Wunsch noch einen anderen Namen ein, bestimmen Sie den Ort, an dem das Kalenderabo gespeichert wird (das könnte z. B. auch die iCloud sein), und legen Sie fest, wie oft der Kalender abonniert werden soll. Mit *OK* schließen Sie den Vorgang ab.

*Noch ein paar optionale Einstellungen, und schon ist das Abo in Ihrem Kalender angekommen.*

Und schon ist das Kalenderabo eingebaut und die Ereignisse werden angezeigt.

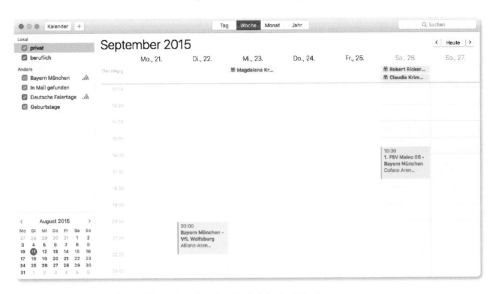

*Das Kalenderabo ist da und Sie sehen bereits die Spiele der Woche.*

> **Tipp**
>
> Sie können bei Google natürlich auch nach anderen Dingen suchen, indem Sie beispielsweise »Bayern München« durch »Schulferien« oder Ähnliches ersetzen. Auch das bringt Sie zu den gewünschten Abos.

## Kalender mit der iCloud abgleichen

Auch die Termine aus Ihren Kalendern lassen sich über die iCloud synchronisieren. Aktivieren Sie dazu in den *Systemeinstellungen | iCloud* den Punkt *Kalender*. Damit synchronisieren Sie Ihre Termine per iCloud an allen Geräten mit derselben Apple-ID.

*Wenn Sie diesen Punkt aktivieren, erhalten Sie an allen Ihren iCloud-Geräten Ihre Kalender synchron.*

Welche sinnvollen Funktionen Ihnen die iCloud außerdem noch bieten kann, erfahren Sie in Kapitel 6.

# App Store

In Kapitel 3 beim Thema »DVDs brennen« haben wir bereits kurz darüber gesprochen, dass aktuelle Macs nicht mehr über ein DVD-Laufwerk verfügen. Neben der gestiegenen Akzeptanz von Musikdownloads ist einer der weiteren Gründe der App Store von Apple. Zwar lassen sich am Mac natürlich auch Programme aus anderen Quellen installieren. Der Mac Store von OS X ist allerdings ein ganz besonders komfortabler Ort, um neue Software für den Mac zu beziehen.

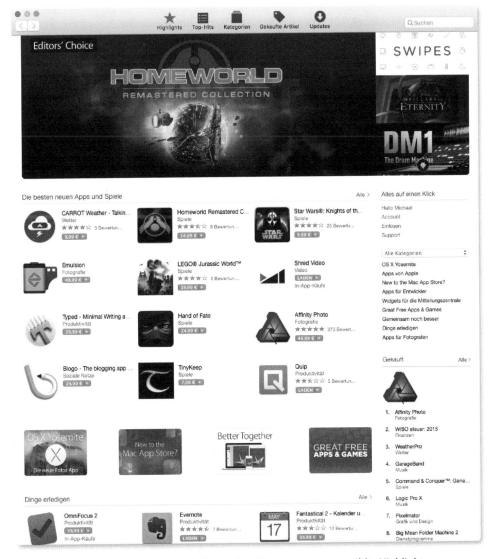

*Sobald Sie den »App Store« gestartet haben, sehen Sie ein paar ausgewählte Highlights.*

## Nach Software stöbern

Bereits in den Highlights sehen Sie eine Vielzahl von Apps nach verschiedenen Kriterien sortiert. Sie sehen im Beispiel oben »Die besten neuen Apps und Spiele«, »Dinge erledigen« und in der Spalte rechts die Charts der kostenpflichtigen (»Gekauft«) und kostenlosen (»Gratis«) Anwendungen. Wenn Sie an irgendeiner Stelle auf *Alle* klicken, bekommen Sie noch weitere Inhalte der entsprechenden Auswahl angezeigt. Sie haben aber auch die Möglichkeit, über die Menüleiste des App Store direkt in einen der Bereiche zu wechseln.

*Neben den »Highlights«* ❶ *gibt es einen eigenen Bereich für die beliebtesten Programme* ❷, *thematisch sortierte Apps* ❸, *Ihre bereits gekauften Programme* ❹ *und »Updates«* ❺.

Wenn Sie nicht stöbern, sondern nach einem bestimmten Namen oder bestimmten Begriffen suchen möchten, dann finden Sie am rechten Rand das Suchfeld ❻.

*Ganz oben (»Top (gekauft)«) sehen Sie die Charts der kostenpflichtigen Apps. Gleich darunter (»Meistgeladen«) folgen die Apps, die Sie kostenlos laden können.*

## Top-Hits ansehen

Klicken Sie auf *Top-Hits*, um sich die derzeit beliebtesten Apps anzeigen zu lassen. Dort erhalten Sie die Apps, die zurzeit am häufigsten geladen wurden. Diese Charts unterscheiden sogar zwischen kostenfreien und kostenpflichtigen Anwendungen.

Wenn Sie hier auf *Alle* klicken, bekommen Sie ebenfalls eine erweiterte Liste der gewünschten Rubrik angezeigt. In der Randspalte rechts (*Top-Hits Kategorien*) haben Sie außerdem die Möglichkeit, sich die Charts der angezeigten Kategorien ausgeben zu lassen.

## Details zu einer App ansehen

Wir werden exemplarisch am Beispiel einer kostenfreien App den Download-Vorgang zeigen. Möchten Sie eine andere App laden oder eine kostenpflichtige Anwendung kaufen, so funktioniert das analog.

Mal angenommen, Sie interessiert die App »Dr. Cleaner«. Um weitere Informationen zu erhalten, klicken Sie auf das Programm.

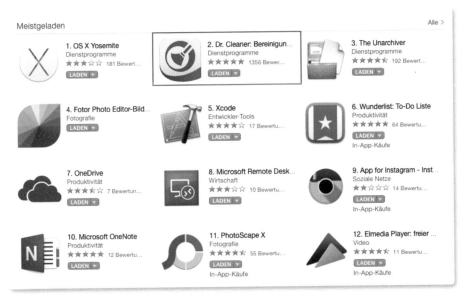

*Diese App klingt vielversprechend, wir möchten mehr darüber erfahren.*

Wenn Sie an irgendeiner Stelle im App Store auf eine App klicken, gelangen Sie zur Infoseite. Dort erfahren Sie alles Wissenswerte zum Programm und zum Entwickler.

*So sieht die Detailseite einer App aus. Hier erfahren Sie alles, was zum Programm oder zum Entwickler interessant ist.*

❶ Ganz oben gibt es die Infos zum Programm selbst. Klicken Sie auf ...*Mehr*, um die Infos aufzuklappen und weitere Details anzuzeigen.

❷ Hier sehen Sie noch einmal, dass es sich bei dieser App um ein kostenloses Programm handelt. Anstelle von »Laden« könnte hier auch der Preis einer Anwendung stehen.

❸ Screenshots sind eine gute Möglichkeit, sich bereits vor der Installation ein Bild von der App zu verschaffen. Hier sehen Sie in der Regel schon einmal, wie das Programm aussieht.

> **Tipp**
>
> Klicken Sie auf eines der Vorschaubilder in der Bilderleiste, um weitere Screenshots groß anzuzeigen.

❹ Kundenbewertungen sind auch ein wichtiges Werkzeug bei der Einschätzung von Apps. Hier können Sie lesen, was andere zu dieser App zu sagen haben. Ist irgendwas besonders gut oder besonders schlecht, so wird das in den allermeisten Fällen hier zu lesen sein. Anhand der Sterne lässt sich auch auf einen Blick erkennen, wie die bisherigen Bewertungen ausgefallen sind. Die Skala reicht dabei von einem Stern (»schlecht«) bis zu fünf Sternen (»echt super«). Möchten Sie eine App selbst bewerten, so klicken Sie rechts bei »App bewerten« auf die gewünschte Anzahl der Sterne.

❺ In der Spalte rechts erhalten Sie noch eine Vielzahl an Infos zum Entwickler des Programms.

## Ein Programm herunterladen

Möchten Sie das Programm laden, klicken Sie auf *Laden*, bei einer kostenpflichtigen App auf das Preisschild. Daraufhin wechselt das Schildchen auf »App installieren« (bzw. »App kaufen«). Das funktioniert übrigens auch außerhalb der Detailseite einer App. Wenn Sie bereits in der Auflistung wissen, dass Sie eine App laden möchten, können Sie auch dort schon auf *Gratis* oder das Preisschild klicken. Klicken Sie also auf das veränderte Schild, um fortzufahren.

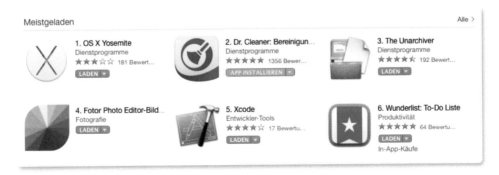

*Apps lassen sich auch direkt aus der Liste heraus installieren.*

Da jede App an eine Apple-ID gekoppelt wird, ist im folgenden Schritt die Eingabe Ihrer Apple-ID erforderlich. Wenn Sie zum ersten Mal eine App laden, müssen Sie dazu die ID und das Kennwort eingeben. Bei weiteren Einkäufen reicht das Kennwort.

*Geben Sie Ihre Apple-ID und das Kennwort ein, damit der Download der App gestartet werden kann.*

**Tipp**

Wenn Sie an dieser Stelle noch keine Apple-ID haben, können Sie auch eine *Apple-ID erstellen*.

Nachdem Sie auf *Anmelden* geklickt haben, wird der Download gestartet. Sie können sich über den Fortschritt informieren, indem Sie in der Leiste oben auf *Einkäufe* klicken.

*Die Datei wird aktuell geladen und ist in Kürze verfügbar.*

Dass eine App gerade geladen wird, erkennen Sie auch am Icon für das Launchpad. Dort wird ein Ladebalken angezeigt, der Sie ebenfalls über den Fortschritt informiert.

*Dass eine App geladen wird, erkennen Sie am Ladebalken unter der Launchpad-App. Bei größeren Dateien lohnt es sich, den aktuellen Stand einzusehen. Bewegen Sie dazu den Mauszeiger über das Icon.*

Sobald die App vollständig geladen wurde, finden Sie sie im Launchpad vor. Alternativ dazu können Sie sie auch im Programme-Ordner des Finders ausfindig machen und dort starten.

*Die neue App wird Ihnen per Sternchen markiert, damit Sie sie schnell finden.*

## Gekaufte Programme erneut herunterladen

Dort, wo Sie den Ladestand der App überprüft haben, werden Ihnen auch alle Ihre in der Vergangenheit geladenen oder gekauften Apps angezeigt. Dort haben Sie auch die Möglichkeit, Apps noch einmal zu laden, wenn Sie sie gelöscht haben oder auf einem anderen Mac nutzen möchten. Das erspart Ihnen die manuelle Suche im App Store.

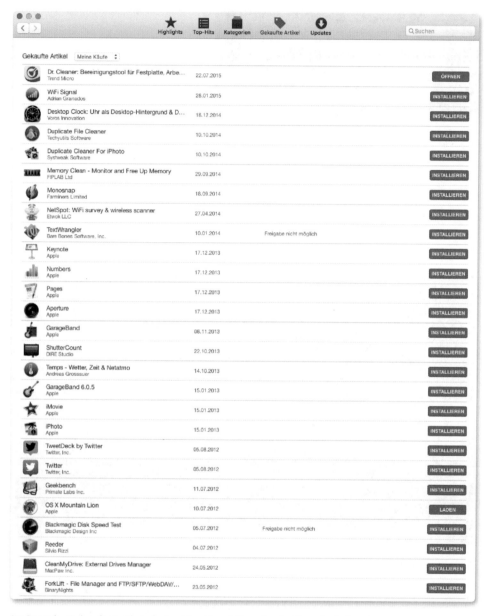

*Im Bereich »Gekaufte Artikel« finden Sie alle mit Ihrer Apple-ID verknüpften Apps.*

Bereits auf diesem Mac installierte Apps erkennen Sie an der Schaltfläche »Öffnen«. Klicken Sie darauf, wird die App gestartet. Alle anderen Anwendungen lassen sich auch hier direkt »Laden« und »Installieren«.

## Apps und System aktuell halten

Der letzte Bereich in der App-Store-Leiste ist »Updates«. Klicken Sie darauf, um sich anzeigen zu lassen, zu welchen Apps es Aktualisierungen gibt. Hier sehen Sie auch, welche Apps kürzlich aktualisiert wurden.

*Im Bereich oben sehen Sie, welche Updates gerade zur Verfügung stehen. Darunter erhalten Sie eine Liste der erfolgten Aktualisierungen der vergangenen 30 Tage.*

Klicken Sie rechts neben einem Update auf *Aktualisieren*, um einzelne Updates zu starten. *Alle aktualisieren* erledigt alle Updates in einem Rutsch.

*Und sobald das Update fertig ist, wandert es vom oberen (zu erledigen) in den unteren Bereich (erledigt).*

## Automatische Updates

Sie können das Aktualisieren von Apps auch El Capitan überlassen. Rufen Sie dazu die *Systemeinstellungen* auf und wechseln Sie in den Bereich *App Store*. Dort haben Sie nun die Möglichkeit, sehr genau festzulegen, was das System automatisch machen soll und was Sie selbst erledigen möchten.

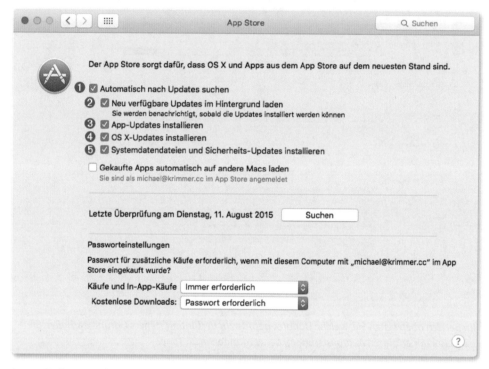

*Legen Sie fest, was das System automatisch machen soll und was Sie selbst erledigen möchten.*

In diesem Fall ist es so, dass El Capitan selbst automatisch nach Updates sucht ❶. Gibt es Aktualisierungen, werden diese automatisch geladen ❷. Handelt es sich bei der Aktualisierung um das Update einer App, so wird sie auch gleich installiert ❸. Auch Aktualisierungen für das Betriebssystem installiert das System automatisch ❹. Systemdateien und Sicherheits-Updates sind davon ausgenommen und finden ebenfalls automatisch den Weg in das System ❺. Passen Sie die genannten Optionen so an, dass es Ihren persönlichen Wünschen entspricht. Möchten Sie außerhalb des automatischen Intervalls nach Updates suchen, so klicken Sie auf *Suchen*.

## Weitere App-Store-Funktionen

In den Bereichen »Highlights«, »Top-Hits« und »Kategorien« finden Sie immer auch den Bereich »Alles auf einen Klick« vor. Dort bringt Sie »Hallo (Name)« oder »Account« zu Ihren Account-Infos. Dieser Bereich ist zur Verwaltung Ihrer Apple-ID gedacht.

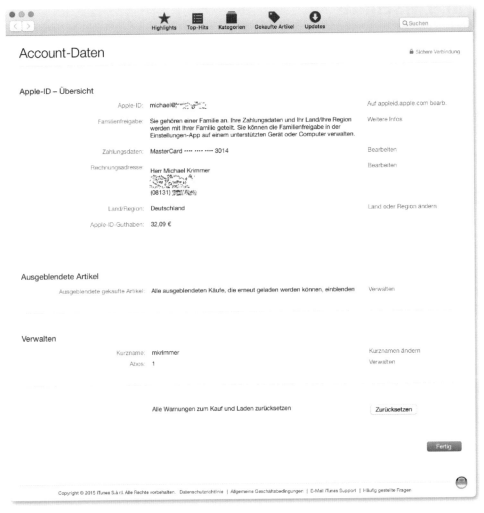

*Neben den Infos zu Ihrer Apple-ID lassen sich hier auch gekaufte Artikel ausblenden. Sehr interessant: Haben Sie Dienste abonniert, können die hier verlängert oder auch beendet werden (»Verwalten«).*

Mit *Fertig* kommen Sie wieder zurück zum App Store.

Haben Sie einen Geschenkgutschein, so können Sie den »Einlösen«. Benötigen Sie weitere Hilfe zum App Store, so kommen Sie mit einem Klick auf »Support« zur dafür vorgesehenen Webseite.

# Time Machine

 Kommt im Gespräch unter Computernutzern das Thema Backups zur Sprache, sehen die meisten betreten zu Boden. Der Grund: Zwar weiß jeder, dass man regelmäßige Backups erstellen sollte, die wenigsten machen das aber zuverlässig. Unter El Capitan gibt es aber keinen Grund, den Datenverlust dadurch zu riskieren, dass es keinen Backup gibt oder nur unregelmäßige, weil händisch erstellte Datensicherungen. Mit »Time Machine« haben Sie eine Backup-Lösung mit an Bord, die alles automatisch erledigt und zur Not mit einer Datensicherung parat steht, wenn es einmal zum schlimmsten Fall kommt und Ihre Daten weg sind.

## Time Machine konfigurieren

Von einer Konfiguration zu sprechen ist bei Time Machine fast schon übertrieben. Es geht damit los, dass Sie eine externe Festplatte an Ihren Mac anschließen. El Capitan erkennt daraufhin diese Festplatte als geeignetes Medium für Backups und startet Time Machine mit dieser Abfrage:

*Time Machine bietet an, auf der externen Festplatte die Backups zu speichern.*

### Aufgepasst

Gibt es mehr als eine Festplatte, die für das Backup infrage kommt, erhalten Sie ein Auswahlmenü, aus dem Sie das gewünschte Laufwerk auswählen können.

Sie können nun entscheiden, ob Sie diese Festplatte für Time-Machine-Backups nutzen möchten (*Als Backup-Volume verwenden*) oder nicht (*Nicht verwenden*). Möchten Sie die Entscheidung zu einem späteren Zeitpunkt treffen, klicken Sie auf *Später entscheiden*.

### Grundlagen

Wenn Sie sich dafür entscheiden und das Backup verschlüsseln möchten, setzen Sie das Häkchen vor »Backup-Volume verschlüsseln«. Dann ist es im nächsten Schritt erforderlich, dass Sie ein Kennwort festlegen, das Sie zum Wiederherstellen Ihrer Daten benötigen.

*Dieses Kennwort merken Sie sich besser gut. Ansonsten kann es sein, dass Sie nicht mehr auf Ihre Backups zugreifen können.*

## Backups erstellen

Sobald Sie eine Festplatte für Ihre Backups festgelegt haben, beginnt Time Machine mit der ersten Sicherung. Da es sich beim ersten Mal um eine komplette Sicherung Ihrer Festplatte handelt, kann das durchaus mehrere Stunden in Anspruch nehmen. Am besten lassen Sie Ihren Rechner das über Nacht erledigen, dann haben Sie am nächsten Morgen Ihr Backup fertig.

*Time Machine beginnt mit der ersten Sicherung und braucht dafür je nach Datenmenge mehr oder weniger lang. Aber auch eine Dauer von mehreren Stunden ist beim ersten Mal durchaus möglich.*

*Ist die Funktion aktiviert, haben Sie über die Menüleiste Zugriff auf wichtige Time-Machine-Funktionen.*

Time Machine legt übrigens für die vergangenen 24 Stunden stündliche Backups an. Für den vergangenen Monat können Sie auf tägliche Datensicherungen zurückgreifen. Die Monate davor sind noch wöchentlich vorhanden. Das geht so lange, bis die Time Machine-Festplatte fast voll ist. Dann wird für neue Sicherungen dadurch Platz geschaffen, dass Time Machine ältere Daten löscht.

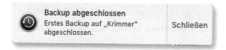

*Fertig! Der erste Backup ist erstellt. Im Falle eines Falles können so wichtige Daten wiederhergestellt werden.*

## Backups finden und wiederherstellen

Time Machine erledigt seine Arbeit diskret im Hintergrund. Solange die Festplatte angesteckt ist, werden ständig stündliche, tägliche und wöchentliche Backups erstellt. Sie müssen nur dann eingreifen, wenn Ihnen Daten abhandengekommen sind und Sie sie wieder herstellen möchten. Um die Daten wieder zu bekommen, starten Sie das Programm *Time Machine*.

*Die Oberfläche von Time Machine sieht so ähnlich aus wie der Finder und startet in der aktuellen Ansicht.*

Rufen Sie nun in Time Machine den Ordner auf, in dem Sie Daten vermissen. Da es sich zunächst um die aktuelle Ansicht handelt, wird die Datei auch hier fehlen. Wir haben in diesem Beispiel irrtümlich einen Ordner gelöscht, der »Kapitel 4« heißt, und möchten den aus dem Backup wiederherstellen.

### Wiederherstellungszeitraum festlegen

Nun geht es darum, den richtigen Wiederherstellungszeitpunkt zu wählen. Ziel 1 ist es, die Dateien überhaupt wieder zu bekommen. Ziel 2 kann es sein, die Daten mit einem ganz bestimmten Stand wieder zu erhalten. Wenn Sie beispielsweise vor dem Löschen noch Daten sagen wir unvorteilhaft modifiziert haben, dann können Sie mit Time Machine auch ein Backup wählen, das deutlich weiter zurückliegt als der Löschzeitpunkt. Dazu haben Sie zwei Möglichkeiten:

Über die Pfeiltasten (im Bild rot markiert) können Sie die einzelnen Sicherungen nach oben (älter) und nach unten (aktueller) durchklicken. Sie bekommen dabei immer den Sicherungszeitpunkt angezeigt.

Am rechten Bildschirmrand gibt es eine Zeitleiste. Bewegen Sie dort den Mauszeiger nach oben oder unten, werden Ihnen die entsprechenden Zeitstempel ebenfalls angezeigt.

*Die Zeitleiste am rechten Rand erlaubt eine schnelle Reise in die Vergangenheit und wieder zurück.*

Wann immer Sie einen anderen Zeitpunkt auswählen, bekommen Sie im Hauptbereich in der Mitte den ausgewählten Ordner so angezeigt, wie er zu genau diesem Zeitpunkt ausgesehen hat.

Da wir sehr bald nach dem Löschvorgang Time Machine gestartet haben, müssen wir nicht allzu weit zurückgehen, um den gesuchten Ordner zu finden.

*Nach wenigen Klicks präsentiert uns Time Machine eine Sicherung, die den verlorenen Ordner enthält.*

Möchten Sie den Ordner mit einem noch früheren Stand suchen, navigieren Sie weiter in die Vergangenheit. Soll der Ordner wieder hergestellt werden, klicken Sie auf *Wiederherst.* Und schon werden die Daten zurückkopiert.

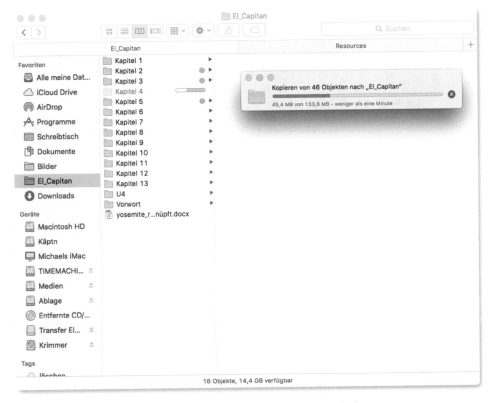

*Auch das Wiederherstellen von umfangreichen Daten kann eine Weile dauern.*

Warten Sie den Kopiervorgang ab und Sie können wieder wie vorher über die Daten verfügen.

## Grundlagen

Was wir mit einem Ordner gezeigt haben, geht natürlich auch mit einzelnen Dateien. Wählen Sie dazu einfach die Datei und starten Sie dann den Wiederherstellungsvorgang. Möchten Sie eine Datei wiederherstellen, die es bereits gibt (beispielsweise weil Sie eine frühere Version haben möchten), so müssen Sie entscheiden, ob Sie das *Original behalten*, *Beide behalten* oder die vorhandene Datei durch die aus dem Backup *Ersetzen* möchten. Möchten Sie beide Versionen der Datei behalten, bekommt das Original den Zusatz »(original)«.

## Einstellungen zu Time Machine

Auch für *Time Machine* gibt es *Systemeinstellungen*. Dort angelangt sehen Sie dieses Fenster:

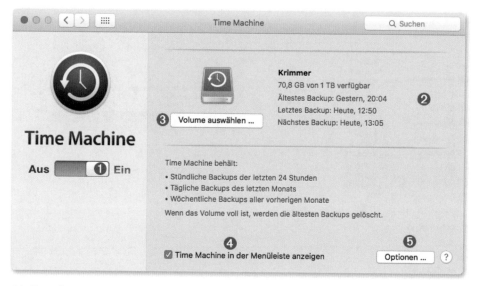

*Die Einstellungen von Time Machine*

❶ Schalten Sie Time Machine hier aus und wieder ein. Eine Backup-Software sollte zwar immer aktiv sein. Möchten Sie aber aus irgendeinem triftigen Grund mal keine Backups machen, dann können Sie das hier festlegen.

❷ Hier finden Sie den Status Ihrer Backups. Sie sehen, wie viel Platz noch auf der Festplatte vorhanden ist, welcher Backup der älteste ist und welcher der aktuelle. Außerdem können Sie auf einen Blick erkennen, wann die nächste Sicherung geplant ist.

❸ Mit *Volume auswählen...* verwalten Sie die Time-Machine-Festplatten. Dort lassen sich vorhandene Festplatten entfernen oder neue hinzufügen.

❹ Aktivieren Sie diesen Punkt, um das Time Machine-Symbol in die Menüleiste aufzunehmen. Dann können Sie einige Funktionen direkt dort aufrufen und müssen nicht erst in die Einstellungen.

*Am besten eignet sich Time Machine in der Menüleiste zum schnellen Erstellen eines manuellen Backups. Aber auch das Öffnen geht schnell oder der Wechsel in die Systemeinstellung.*

**❺** In den *Optionen* lassen sich gewisse Speicherorte vom Backup ausnehmen (»Folgende Objekte nicht sichern«). Sie erhalten einen Überblick über die *Geschätzte Größe des vollständigen Backups* und können die *Benachrichtigung nach dem Löschen alter Backups* aktivieren oder deaktivieren. Dann erfahren Sie, wenn alte Backups gelöscht werden, um Platz zu schaffen für neue.

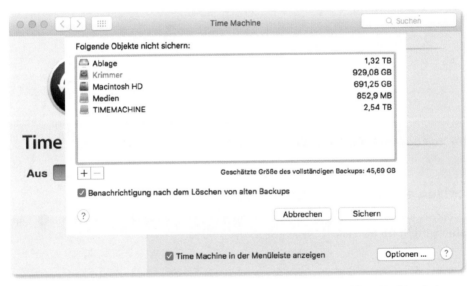

*Was gesichert werden soll und was nicht, legen Sie in den Optionen von Time Machine fest.*

Bis zu dieser Stelle haben Sie die wichtigsten El Capitan-Apps im Detail kennengelernt. Auf den folgenden Seiten stellen wir Ihnen noch weitere bereits auf Ihrem Rechner vorhandene Anwendungen im Überblick vor.

# Notizen

Die Notizen-App eignet sich gut, um Gedanken schnell und einfach auf das digitale Papier zu bringen.

Wenn Sie die App zum ersten Mal starten, erwartet Sie ein solches Bild:

*So sieht die Notizen-App zu Beginn aus.*

## Notizen erstellen, bearbeiten, löschen

Um eine erste Notiz anzulegen, klicken Sie auf das Symbol für »Notiz erstellen« ❶. Daraufhin wird Ihnen die erste Notiz angelegt.

*Die neue Notiz erhält einen Zeitstempel. Mehr ist noch nicht zu sehen.*

Tippen Sie den gewünschten Text in das Hauptfeld der App ❷ ein. Hier können Sie bestehende Texte auch verändern. Beachten Sie hierbei, dass die jeweils erste Zeile einer Notiz für den Titel in der Liste verantwortlich ist. Beginnen Sie also beispielsweise Ihre Einkaufsliste nicht mit dem ersten zu kaufenden Artikel, sondern stellen Sie eine »Einkaufsliste« voran.

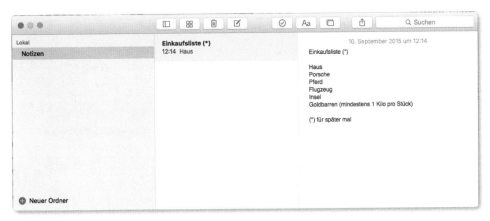

*Die erste Zeile einer Notiz bestimmt deren Titel.*

Eine weitere leere Notiz bekommen Sie, indem Sie wieder auf ❶ klicken.

Alle Ihre Notizen finden Sie im Bereich links ❸ untereinander aufgelistet. Möchten Sie nach bestimmten Inhalten suchen, können Sie die gesuchten Begriffe in das Suchfeld eintippen ❹. Möchten Sie die Notiz mit anderen teilen, klicken Sie auf die Schaltfläche rechts ❺ und wählen Sie eine der verfügbaren Optionen, beispielsweise *Mail* oder *Nachrichten*.

Um eine Notiz zu löschen, klicken Sie sie im Bereich links ❸ an und drücken Sie entweder die Entf-Taste oder ←. Alternativ dazu können Sie auch auf den Papierkorb ❻ klicken.

### Tipp

Sie können irrtümlich gelöschte Notizen innerhalb von 30 Tagen nach Löschzeitpunkt wieder zurückbekommen. Klicken Sie dazu auf die Schaltfläche für »Ordner einblenden«. Suchen Sie dann im Bereich *Zuletzt gelöscht* die gewünschte Notiz aus und ziehen Sie sie mit der Maus zurück zu den *Notizen*.

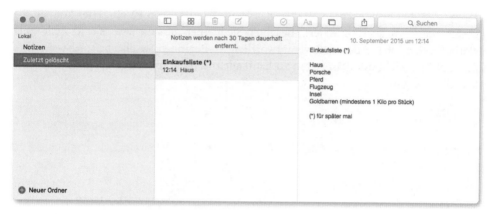

*Notizen lassen sich etwa einen Monat lang wiederherstellen. Dann – oder wenn Sie sie aus dem »Zuletzt gelöscht«-Ordner löschen – sind sie ganz weg.*

## Notizen in Ordnern organisieren

Wenn Sie merken, dass die Anzahl Ihrer Notizen derart anwächst, dass Sie langsam den Überblick verlieren, dann legen Sie doch Ordner an. So können Sie thematisch passende Notizen zusammenfassen. Wenn Sie die Ordner-Ansicht geöffnet haben, klicken Sie unten links auf + Neuer Ordner, um beliebig viele Ordner anzulegen. Ziehen Sie dann die betreffenden Notizen in die jeweiligen Ordner, um sie dort abzulegen.

### Grundlagen

Im Ordner »Alle Lokal« finden Sie dann künftig trotzdem noch alle Ihre Notizen. Sie geben also durch das Anlegen von Ordnern nichts auf, gewinnen aber mehr Übersicht dazu – wenn Sie es wollen.

## Neue Notizen-Funktionen in El Capitan

Die Notizen-App ist eine Anwendung, die ganz besonders vom Update auf El Capitan profitiert hat. Sie hat eine Vielzahl an Funktionen dazubekommen, die wir Ihnen hier kurz zeigen möchten:

### Fotos und Videos

Sie können in Notizen Fotos und Videos einfügen. Das klappt sehr einfach per Drag & Drop mit der Maus oder dem Medien-Browser ganz rechts in der Menüleiste.

*Möchten Sie Fotos oder Videos in eine Notiz einbinden, ziehen Sie die Datei einfach mit der Maus in das Textfeld. Oder nutzen Sie den Medien-Browser (rot markiert).*

### Tipp

Das geht übrigens auch mit Webadressen. Ziehen Sie von Safari aus die Adresszeile in eine Notiz, um einen grafischen Link zu erzeugen. Das ist hübscher, als nur die Adresse einzutippen.

*Ein Link ist per Drag & Drop ebenfalls sehr schnell in eine Notiz eingebaut.*

## Anhänge durchsuchen

Wenn Sie dann auf die Schaltfläche für »Anhänge durchsuchen« klicken, finden Sie alle Elemente, die in Ihre Notizen eingebunden wurden.

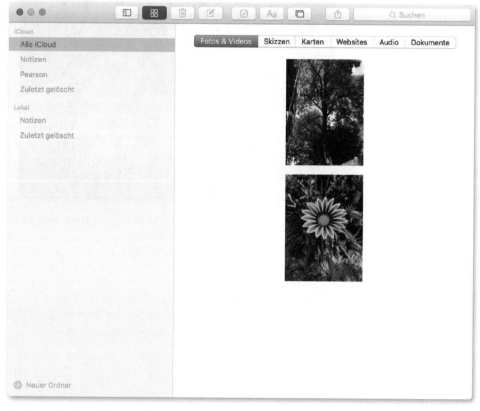

*In diesem Bereich finden Sie alle Anhänge wie Fotos & Videos und Websites übersichtlich zusammengefasst.*

## Checklisten

Checklisten eignen sich hervorragend, um beispielsweise unsere eingangs gezeigte Einkaufsliste zu optimieren. Wenn wir die darin aufgeführten »Artikel« zur Checkliste umwandeln, wirkt die Liste übersichtlicher und Sie können erledigte Dinge auch abhaken.

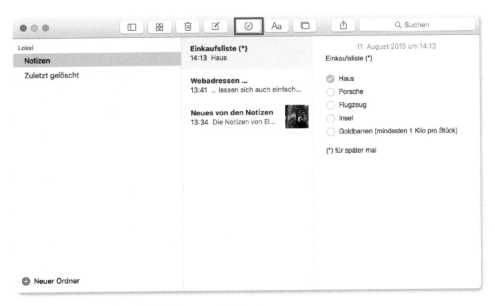

*Checklisten lassen sich nach Erledigung auch abhaken.*

## Schriftstile

Und zuletzt eine weitere sinnvolle Funktion: Schriftstile. Nun lassen sich endlich auch Texte in Notizen so anpassen, dass man Texte übersichtlicher gestalten kann.

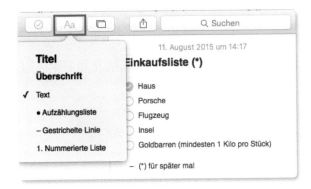

*In begrenztem Maße lässt sich nun auch das Schriftbild der Notizen verändern.*

> **Tipp**
>
> Wenn Sie einen Text markieren und mit der rechten Maustaste auf die Markierung klicken, dann gibt es noch weitere Einstellungen. So finden Sie zum Beispiel im Bereich *Schrift* noch viele andere Dinge, um Texte zu formatieren.

### Notizen per iCloud abgleichen

Auch Notizen lassen sich über die iCloud synchronisieren. Aktivieren Sie dazu in den *Systemeinstellungen | iCloud* den Punkt *Notizen* und Sie haben an all Ihren iCloud-Geräten immer den aktuellen Stand an Notizen.

*Wenn Sie diesen Punkt aktivieren, erhalten Sie an allen Ihren iCloud-Geräten die Notizen synchron.*

Welche sinnvollen Funktionen Ihnen die iCloud außerdem noch bieten kann, erfahren Sie in Kapitel 6.

# Erinnerungen

 Mithilfe von »Erinnerungen« lassen Sie sich zuverlässig an Dinge erinnern, die Sie noch erledigen müssen. Starten Sie die Anwendung und Sie gelangen in eine zunächst leere Liste.

*Die Erinnerungen-App ist zunächst leer, lässt sich aber sehr einfach befüllen.*

Zu Beginn verfügt die Erinnerungen-App lediglich über eine Liste ❶. Wenn Ihnen das reicht, ist alles gut. Benötigen Sie dagegen mehr, können Sie über + *Neue Liste* ❷ jederzeit neue Listen hinzufügen.

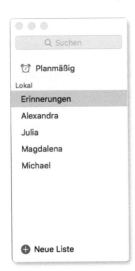

*Alle Ihre Listen finden Sie in der Spalte links. Um die Reihenfolge anzupassen, verschieben Sie sie mit der Maus nach oben oder unten.*

## Erinnerungen eintragen

Um eine neue Erinnerung einzutragen, klicken Sie auf die erste leere Zeile im Bereich rechts ❸ oder auf das +-Symbol rechts oben ❹. In beiden Fällen erhalten Sie einen neuen Eintrag, den Sie dann anpassen können.

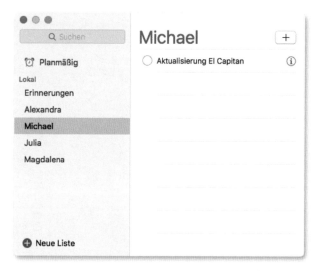

*Eine neue Erinnerung ist schnell angelegt.*

Wenn das Ereignis erledigt ist, können Sie es anklicken (Kreis) und so als erledigt markieren. Es wird dann in den Bereich »X Erledigt« verschoben. Möchten Sie Ihre erledigten Erinnerungen sehen, klicken Sie rechts daneben auf *Anzeigen*. Danach können Sie sie wieder *Ausblenden*. Sie könnten aber auch die Markierung im Kreis entfernen und die Erinnerung so wieder als unerledigt eintragen.

## Erinnerungen verwalten

Möchten Sie weitere Details zu einer Erinnerung eintragen, so klicken Sie auf das eingekreiste i am rechten Rand. Daraufhin gelangen Sie in das Detailfenster.

*Hier haben Sie die Möglichkeit, tages- oder ortsabhängige Erinnerungen festzulegen. Auch lassen Sie Ereignisse wiederholen, priorisieren oder mit einer Notiz versehen.*

## Erinnerungen per iCloud abgleichen

Möchten Sie an all Ihren iCloud-Geräten immer denselben Stand an Erinnerungen haben, so aktivieren Sie in den *Systemeinstellungen | iCloud* den Punkt *Erinnerungen*.

*Aktivieren Sie »Erinnerungen« in den iCloud-Einstellungen, werden auch diese Elemente mit der iCloud abgeglichen.*

# FaceTime

FaceTime ist das Programm für Video- und Audiogespräche am Mac.

## Grundlagen

Damit Sie überhaupt FaceTime-Gespräche führen können, müssen Sie mit einer Apple-ID bei FaceTime angemeldet sein. Haben Sie das noch nicht eingestellt, müssen Sie es vor dem ersten Start von FaceTime nachholen.

*Ohne Apple-ID kein FaceTime. Haben Sie sich noch nicht angemeldet, können Sie das beim ersten Start von FaceTime gleich erledigen.*

Ist das erledigt, gelangen Sie zur eigentlichen Oberfläche von FaceTime.

*Die Oberfläche von FaceTime ist sehr schlicht gehalten, bietet aber alles, was Sie für Video- und Audiotelefonate benötigen.*

Wenn Sie in der Vergangenheit schon Telefonate mit FaceTime geführt haben, werden sie Ihnen in diesem Fenster angezeigt. Mit *Video* oder *Audio* ❶ zeigen Sie die entsprechenden Listen an. Um einen neuen Kontakt zu finden, geben Sie dann in das Feld darunter ❷ den Namen, die Mailadresse oder eine Telefonnummer des gewünschten Gesprächspartners ein. Gibt es Übereinstimmungen mit Ihrem Adressbuch, erhalten Sie die Kontakte zur Auswahl angezeigt.

*Ein Kontakt wurde gefunden. Klicken Sie auf die Videokamera, um ein Videotelefonat zu starten. Der Telefonhörer startet ein Audiotelefonat.*

## FaceTime-Gespräch annehmen

Geht an Ihrem Mac ein FaceTime-Gespräch ein, können Sie es annehmen oder ablehnen. Klicken Sie dazu auf die entsprechende Schaltfläche.

*Nehmen Sie das Gespräch an oder lehnen Sie es ab.*

### Optionen während des Gesprächs

Wenn das Gespräch läuft, haben Sie eine überschaubare Schaltfläche, mit der Sie das Gespräch in den Vollbildmodus schalten können. Auch ist eine Stummschaltung ebenso möglich wie das Beenden des Gesprächs.

# Fotos

»Fotos« ist die kostenlose Bildverwaltung und -bearbeitung von OS X. Möchte man das Thema Fotos und die Funktionen des Programms auch nur halbwegs ausführlich beleuchten, könnte man locker ein eigenes Kapitel füllen. In ein paar Sätzen könnte man Fotos so beschreiben:

Mit dieser Software lesen Sie Fotos und Video – beispielsweise von Ihrer Digitalkamera, vom iPhone oder iPad – ein und organisieren auch eine sehr hohe Anzahl an Daten sehr komfortabel. Auch Fotos aus der iCloud kommen per Fotostream automatisch in Fotos an. Bilder lassen sich mit umfangreichen Werkzeugen und Filtern bearbeiten und ansprechend manipulieren. Dazu gehören einfache Bildbearbeitungen wie das Begradigen, das Ausschneiden oder das Retuschieren von Fotos. Sie können Effekte hinzufügen oder Eigenschaften der Fotos wie die Farbe, Helligkeit und vieles mehr verändern.

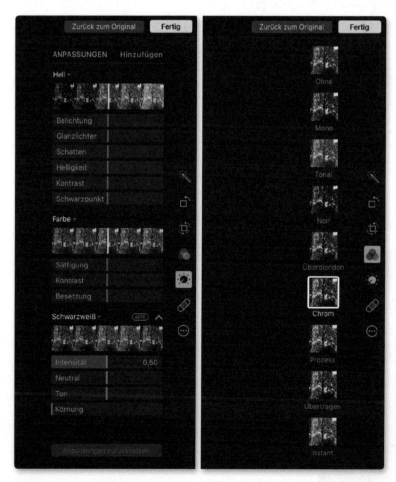

*Neben umfangreichen Anpassungen sind auch Effekte im Handumdrehen hinzugefügt.*

Sie haben direkt in Fotos die Möglichkeit, Bilder für viele Verwendungszwecke freizugeben.

*Wenn Sie Ihre Bilder mit anderen teilen möchten, bietet Ihnen Fotos hierfür zahlreiche Möglichkeiten.*

Fotos arbeitet auch hervorragend mit der iCloud zusammen. Sie gleichen über Ihren persönlichen Fotostream schnell und einfach Ihre Fotos mit Macs, iPhones, iPads ab. Oder Sie teilen Fotos mit der Familie, Freunden und Kollegen, indem Sie Fotostreams freigeben und die gewünschten Personen dazu einladen (mehr dazu in Kapitel 6).

*Bilder aus Fotos sind nicht nur am Mac verfügbar. Über die iCloud schlagen Sie auch die Brücke zu den mobilen Apple-Geräten. (Foto: Apple)*

# iTunes

iTunes ist nicht ganz so umfangreich wie Fotos, aber dennoch bietet es zu viele Funktionen, um sie an dieser Stelle zu beschreiben. Aber auch hier folgen nun ein paar Sätze zu dieser sehr praktischen Software:

Mit iTunes lesen Sie Musik-CDs ein und wandeln die Musik um. iTunes verwaltet all Ihre Musiktitel und kann auch mit Videofilmen, Musikvideos, Podcasts und Hörbüchern umgehen. Sie haben über iTunes die Möglichkeit, Ihre Apple-Geräte mit diesen Medien zu befüllen und auch neue Inhalte im iTunes Store zu kaufen.

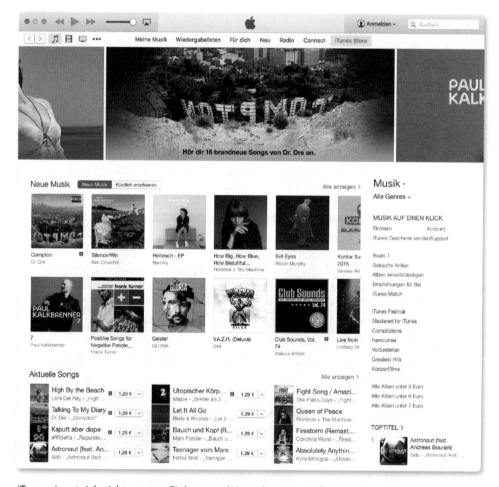

*iTunes eignet sich nicht nur zum Einlesen und Verwalten von Audio- und Videodaten. Sie können das alles auch direkt aus dem iTunes Store laden. Dort finden Sie kostenlose und kostenfreie Inhalte in nahezu unbegrenzter Anzahl.*

# Karten

Die Karten-App ist mehr als nur ein digitaler Stadtplan. Sie können zwar Orte damit nachschlagen, allerdings kann die Karten-App noch viel mehr.

*Die Karten-App ist zunächst ein digitaler Stadtplan. Sie kann aber noch viel mehr.*

## Orte suchen

Geben Sie in die Suchmaske an der Oberseite der App einen Ort oder irgendeine andere Sache ein, die Sie interessiert. Das kann beispielsweise ein Restaurant sein, ein wichtiges Bauwerk oder vieles anderes. Daraufhin wird Ihnen der Treffer in der Karte angezeigt.

*Über das Anzeigen-Menü am unteren linken Rand erhalten Sie beispielsweise diese
erstaunlich realistische 3D-Ansicht. Rechts oben können Sie zwischen der Karten- und
Satellitenansicht umschalten.*

## Routen berechnen

In diesem Fall wurde nach dem Eiffelturm gesucht. Der Treffer zeigt auch gleich an, wie
lange Sie mit dem Auto voraussichtlich dorthin unterwegs wären. Um die Routeninfos
einzusehen, klicken Sie auf die blaue Schaltfläche.

### Tipp

Sie können aber eine Route auch ohne vorherige Suche starten, indem Sie links
oben auf *Route* klicken und Start und Ziel eingeben.

## Öffentlicher Personennahverkehr

Eine große Änderung der Karten-App in El Capitan ist die Integration des öffentlichen
Personennahverkehrs. Sofern am gewünschten Ort verfügbar, kann Ihnen die Karten-
App beispielsweise das U-Bahn-Netz anzeigen und genauere Infos zu bestimmten Haltestellen anbieten. In München geht das Stand August 2015 noch nicht, in Berlin klappt es
schon:

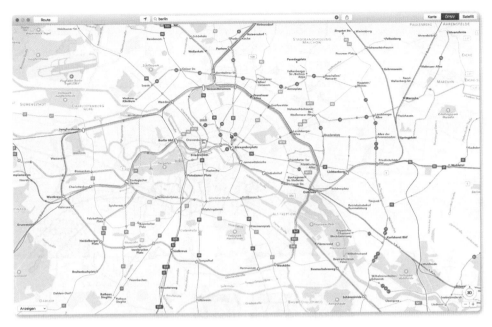

*Wenn Sie ÖPNV anklicken und derartige Infos am angezeigten Ort verfügbar sind, dann erhalten Sie einen Plan der öffentlichen Verkehrsmittel.*

Klicken Sie dann auf eine der Haltestellen, gibt es weiterführende Infos inklusive der Abfahrtzeiten (mit eventuellen Abweichungen vom Fahrplan).

*So sieht es derzeit am Alexanderplatz in Berlin aus. Selbst Verkehrsbehinderungen sind zu sehen.*

233

# iBooks

Mit iBooks können Sie Bücher im EPUB- und PDF-Format am Mac lesen. Laden Sie bereits vorhandene Bücher in die Software ein oder laden Sie kostenfreie oder kostenpflichtige Inhalte aus dem iBooks Store.

*Wenn Sie noch keine E-Books haben, können Sie innerhalb weniger Sekunden Bücher auch kaufen oder kostenlos downloaden.*

Wenn sich dann der erste Inhalt in Ihrer iBooks-Mediathek befindet, können Sie das Buch gleich lesen.

*Diese iBooks-Mediathek ist gut gefüllt. Zum Teil befinden sich kostenlose Bücher aus dem iBooks Store darin.*

Wenn Sie nun auf eines der Bücher doppelklicken, öffnet sich dessen Inhalt.

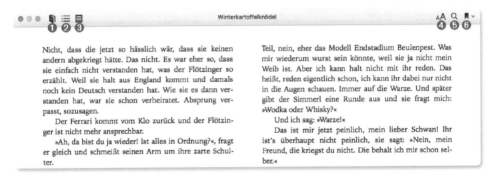

Nicht, dass die jetzt so hässlich wär, dass sie keinen andern abgekriegt hätte. Das nicht. Es war eher so, dass sie einfach nicht verstanden hat, was der Flötzinger so erzählt. Weil sie halt aus England kommt und damals noch kein Deutsch verstanden hat. Wie sie es dann verstanden hat, war sie schon verheiratet. Absprung verpasst, sozusagen.

Der Ferrari kommt vom Klo zurück und der Flötzinger ist nicht mehr ansprechbar.

»Ah, da bist du ja wieder! Ist alles in Ordnung?«, fragt er gleich und schmeißt seinen Arm um ihre zarte Schulter.

Teil, nein, eher das Modell Endstadium Beulenpest. Was mir wiederum wurst sein könnte, weil sie ja nicht mein Weib ist. Aber ich kann halt nicht mit ihr reden. Das heißt, reden eigentlich schon, ich kann ihr dabei nur nicht in die Augen schauen. Immer auf die Warze. Und später gibt der Simmerl eine Runde aus und sie fragt mich: »Wodka oder Whisky?«

Und ich sag: »Warze!«

Das ist mir jetzt peinlich, mein lieber Schwan! Ihr ist's überhaupt nicht peinlich, sie sagt: »Nein, mein Freund, die kriegst du nicht. Die behalt ich mir schon selber.«

*Das sieht schon sehr nach Buch aus. Über die Menüleiste oben rufen Sie alle wichtigen Funktionen der iBooks-App auf. Zum Umblättern klickt man ganz einfach links oder rechts neben den Text.*

Die Menüleiste über dem Buchinhalt bietet alle Funktionen, die Sie zum komfortablen Lesen eines Buches benötigen: ❶ iBooks-Bibliothek einblenden, ❷ Inhaltsverzeichnis, ❸ Notizen, ❹ Erscheinungsbild anpassen, ❺ Suchen, ❻ Lesezeichen.

# Dienstprogramme

El Capitan hat neben den Produktiv-Apps auch einige Anwendungen mit
an Bord, die sich um das Wohlbefinden des Systems kümmern. Von den
Dienstprogrammen, die Sie im Ordner *Programme | Dienstprogramme*
finden, möchten wir Ihnen an dieser Stelle zwei vorstellen.

## Festplattendienstprogramm

Wie der Name schon sagt, erledigt das Festplattendienstprogramm alle Aufgaben, die
Festplatten betreffen. Mit »Festplatten« sind aber nicht nur richtig große Massenspeicher
gemeint. Auch ein USB-Stick lässt sich damit warten. Wenn Sie das Festplattendienstprogramm gestartet haben, erwartet Sie ein solches Bild:

*Dieser Mac verfügt derzeit über einige verbundene Laufwerke. Im oberen Bereich sehen Sie die
internen Festplatten, unten die externen Laufwerke.*

---

### Grundlagen

Für jedes Laufwerk gibt es mindestens zwei Einträge. Unser Beispiel ist eine Festplatte (»Fusion Drive«), die aber über zwei Partitionen (Laufwerke) verfügt (»Macintosh HD« und »Käptn«). Gäbe es nur eine Partition, so wäre entsprechend auch
nur ein Eintrag zu sehen.

## Laufwerke deaktivieren/aktivieren und auswerfen

❶ Mit dieser Schaltfläche deaktivieren Sie das markierte Laufwerk.

❷ Klicken Sie hier drauf, um das markierte Laufwerk auszuwerfen.

### Grundlagen

Der Unterschied zwischen deaktivieren und auswerfen ist dieser: Ein deaktiviertes Laufwerk ist nach wie vor noch in der Liste und kann durch Aktivieren auch wieder eingebunden werden. Haben Sie ein Laufwerk aber ausgeworfen, erscheint es erst wieder in der Liste, wenn Sie es abstecken und wieder einstecken. Das Laufwerk, von dem Sie aktuell OS X gestartet haben, kann weder deaktiviert noch ausgeworfen werden.

## Laufwerke überprüfen

Klicken Sie auf *Erste Hilfe* ❸, und lassen Sie mit einem Klick auf *Ausführen* das Festplattendienstprogramm checken, ob mit der Festplatte alles in Ordnung ist. Wenn dabei Probleme auftauchen, dann wird das Laufwerk im Anschluss repariert. Weitere Informationen zum Fortschritt der Prüfung erhalten Sie, wenn Sie auf das kleine Dreieck vor »Details einblenden« klicken.

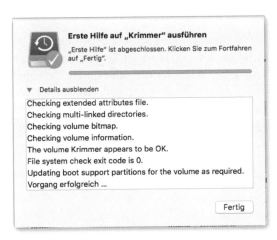

*So soll es sein! Das Laufwerk ist augenscheinlich okay, eine Reparatur ist daher nicht erforderlich.*

## Laufwerke löschen

Möchten Sie eine Festplatte oder einen USB-Stick löschen, so erledigt das ebenfalls das Festplattendienstprogramm für Sie. Klicken Sie dazu auf *Löschen* ❹. Vergeben Sie dann im nächsten Schritt einen Namen für das neu zu erstellende Laufwerk und wählen Sie das gewünschte Format.

*Vergeben Sie vor dem Löschen einen Namen für das zu erstellende Laufwerk und wählen Sie das Dateisystem.*

## Grundlagen

Auch wenn sich OS X tendenziell mit dem hauseigenen Format »OS X Extended (Journaled)« wohler fühlt, gibt es dennoch auch Gründe für ein anderes Format. Möchten Sie, dass das Laufwerk auch an einem Windows-Rechner genutzt werden kann, dann sollten Sie »MS-DOS Dateisystem (FAT)« auswählen. Sonst erkennt der Windows-PC den Stick oder die Platte nicht.

### Sicherheitsoptionen beim Löschen

Rufen Sie *Sicherheitsoptionen ...* auf, so bekommen Sie einen Schieberegler, mit dem Sie vier unterschiedliche Einstellungen vornehmen können. Je weiter Sie den Regler nach rechts verschieben, desto öfter werden die ursprünglichen Daten nach dem Löschen überschrieben und diese Daten erneut gelöscht. Das hat den Hintergrund, dass die zuletzt gelöschten Daten relativ leicht wiederhergestellt werden können. Je öfter also die wichtigen Daten mit »Datenmüll« überschrieben werden, desto unwahrscheinlicher wird deren Wiederherstellung.

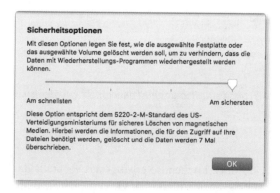

*Bei dieser Einstellung werden die Daten gelöscht und sieben Mal überschrieben. Chance auf Wiederherstellung: fast unmöglich.*

Beachten Sie bitte, dass der Löschvorgang mit steigender Sicherheit deutlich länger dauert. Je nach Größe des Laufwerks kann ein Löschvorgang auf höchster Stufe auch mal einen ganzen Tag dauern. Was auch immer Sie einstellen: *Löschen* startet den Vorgang und leert das Laufwerk.

## Partitionen

Wenn Sie ein Laufwerk auswählen und auf *Partitionieren* ❺ klicken, so können Sie darauf neue Partitionen erstellen und vorhandene löschen. Der Vorteil von mehreren Partitionen ist der, dass man die Bereiche unabhängig voneinander löschen und wieder beschreiben kann. Wenn Sie also beispielsweise auf einer Partition das Betriebssystem haben und auf der anderen Ihre Fotos und Videos, dann können Sie die Partition mit dem Betriebssystem löschen, ohne die anderen Daten ebenfalls entfernen zu müssen.

*Solange noch Platz für eine sinnvolle Einteilung zur Verfügung steht, lassen sich auch viele Partitionen erstellen. In diesem Fall sind es zwei mit unterschiedlichen Größen.*

Beim Partitionslayout können Sie mit einem Klick auf das + eine neue Partition hinzufügen. – dagegen entfernt die markierte Partition wieder. »Partitionieren« (für den Namen der Partition), »Format« und »Größe« beziehen sich immer auf die markierte Partition.

> **Tipp**
>
> Sie können die Größe der Partition entweder in das Feld »Größe« eintragen. Oder Sie greifen den runden Marker und verschieben ihn mit der Maus. Auch so ändern Sie die Größe.

Klicken Sie nun auf *Anwenden*, legen Sie die Partitionen an, *Abbrechen* bringt Sie wieder zurück zur bisherigen Einstellung.

## Aktivitätsanzeige

Die Aktivitätsanzeige informiert Sie über die Vitalwerte des Systems. Starten Sie das Programm, um sich Informationen über CPU, Speicher und vieles mehr ausgeben zu lassen.

*Die »Aktivitätsanzeige« informiert über CPU- und Speicherauslastung und vieles mehr.*

### Tipp

Wenn Sie auf eine der Spaltenbezeichnungen klicken, werden Ihnen die Ergebnisse nach diesem Kriterium auf- oder absteigend sortiert. In diesem Fall ist die Liste nach Speicherverbrauch absteigend sortiert.

### CPU- und Speicherauslastung

Wählen Sie in der Leiste oben ❶ *CPU* oder *Speicher* aus, um sich die Auslastung des Prozessors oder des Hauptspeichers anzeigen zu lassen. Gleich darunter ❷ listet das Programm alle Prozesse mit der aktuellen Belastung für den Speicher auf.

Dort erkennen Sie, dass die Programme »Microsoft Word«, »Google Chrome« und »Microsoft Excel« 350 MByte an Hauptspeicher belegen. In der Zusammenfassung ❸ ist zu erkennen, dass dieser Mac insgesamt über 32 GByte Speicher verfügt und davon lediglich gut 5 GByte belegt sind. Daher ist alles im grünen Bereich. Wenn Sie aber nur 8 GByte in Ihrem Mac haben und noch ein paar speicherhungrige Programme aktiv sind, könnte es schnell eng werden.

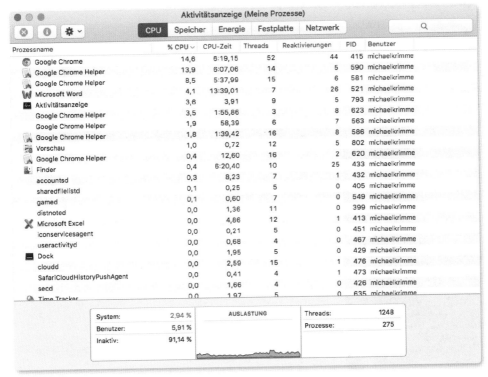

*Auch bei der Prozessorauslastung ist alles gut. Die Belastung liegt bei unter 3 Prozent, 91,14 Prozent sind noch verfügbar.*

## Lehren aus diesen Infos

Nun stellt sich die Frage, welche Schlüsse man aus diesen Infos ziehen kann. Bei unserem Testrechner wird deutlich, dass er den derzeitigen Aufgaben locker gewachsen ist. Wenn Sie aber feststellen, dass Ihr Rechner bei Speicher- und CPU-Auslastung immer nahe am (oder sogar im) roten Bereich arbeitet und dadurch häufig sehr langsam wird, dann müsste man bald darüber nachdenken, ob der Mac beispielsweise mehr Arbeitsspeicher benötigt. Ihn kann man je nach Gerät mehr oder weniger leicht nachrüsten und bei-spielsweise von 4 GByte auf 8 GByte oder mehr erhöhen. Beim Prozessor sieht es dagegen schlecht aus. Reicht die Rechenleistung nicht mehr aus, müssen Programme entweder nach Gebrauch immer sofort geschlossen werden oder Sie denken mittelfristig über einen neuen Mac nach.

Die Daten aus der Aktivitätsanzeige lassen sich schlechter dauerhaft im Auge behalten. Sie können sich zwar Infos im Dock darstellen lassen (*Darstellung | Symbol im Dock*), aber richtig komfortabel ist das nicht. Daher möchten wir Ihnen an dieser Stelle ein Programm empfehlen, das Sie sehr übersichtlich über alle relevanten Daten Ihres Systems informiert.

## Alles in einem: iStat Menus

 iStat Menus (http://bjango.com/mac/istatmenus/) ist ein Programm, das Ihnen die Überwachung von vielen Systemparametern abnimmt. Das Programm überwacht neben der Auslastung von Prozessor/Grafikkarte und Hauptspeicher auch die Laufwerke, Netzwerkaktivitäten, Temperatursensoren, Akku und mehr.

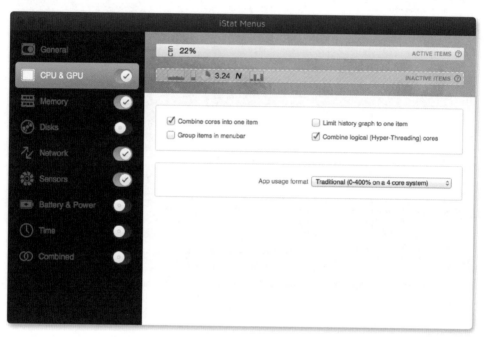

*iStat Menus überwacht viele Systemdaten und erlaubt eine genaue Anpassung der Darstellung.*

Sie geben im Programm an, welche Informationen Sie haben möchten und wie diese dargestellt werden sollen. Die Darstellung selbst findet dann in der Menüleiste statt.

*Nur ein sehr kleiner Bereich der Menüleiste reicht aus, um alle wichtigen Daten anzuzeigen.*

In diesem Beispiel hat sich iStat Menus mit anderen Infos in die Menüleiste eingereiht. Im kleinen markierten Bereich zeigt das Hilfsprogramm die Temperatur von vier Sensoren sowie die Speicher- und Prozessorauslastung an. So haben Sie zu jeder Zeit diese Infos im Blick und können reagieren, wenn es ein Problem geben könnte.

iStat Menus kann kostenfrei einen Monat lang getestet werden und kostet danach eine Registrierungsgebühr von knapp 16 Euro.

# iCloud

In diesem Kapitel zeigen wir Ihnen, welche Dienste die iCloud beim Abgleich von Dateien und Informationen anbietet. Sie lernen iCloud Drive kennen, den Foto-stream, den iCloud-Schlüsselbund und vieles mehr.

# iCloud – nicht neu, aber doch irgendwie anders

Dass Daten nicht mehr lokal auf einem Computer (Smartphone oder Tablet) gespeichert werden, sondern in der Datenwolke (der sogenannten Cloud), ist nicht neu. Als Apple 2011 die iCloud ins Leben gerufen hat, gab es bereits eine Vielzahl an Cloud-Diensten.

Aber der große Vorteil der iCloud ist der, dass der Zugang bereits in die Betriebssysteme integriert ist. Sie benötigen in der Regel keine Adressen, Zugangsdaten oder andere Infos, die Sie jedes Mal aufs Neue eingeben müssen, damit Sie an Ihre Daten kommen. Sie müssen auch keinen Datenabgleich händisch anstoßen, damit Sie an allen Ihren Apple-Geräten den identischen Datenstand haben. Das alles macht die iCloud automatisch.

## Funktionsweise der iCloud

Der Name »Cloud« für Wolke ist sehr treffend. Stellen Sie sich die Cloud wie eine Datenwolke vor, die über all Ihren Geräten schwebt. Wenn Sie nun an Ihrem Mac etwas in die iCloud legen, dann werden die Informationen vom Rechner in die Cloud kopiert. Sie liegen dann bei Apple auf den Servern und können dort jederzeit verändert, kopiert oder gelöscht werden. So tragen all Ihre Geräte, an denen Sie die iCloud aktiviert haben, dazu bei, dass in Ihrer iCloud die Daten topaktuell bereitliegen.

Apropos »Ihre iCloud«: Sie bekommen beim Kauf eines Apple-Geräts 5 GByte iCloud-Speicherplatz dazu. Das erhöht sich zwar nicht beim Kauf eines weiteren Geräts, aber 5 GByte sind eine ganze Menge Platz. Dieser Speicher gehört nur Ihnen und niemand kann und darf darauf zugreifen, solange er nicht Ihre Apple-ID (da ist sie schon wieder) und das dazugehörige Kennwort weiß.

*Die iCloud schwebt über all Ihren Apple-Geräten und steht permanent zum Datenabgleich bereit. Illustration: Anna Göttler.*

Wenn also wie im Jahre 2014 einigen Prominenten Daten aus ihrer iCloud abhandenkommen, dann kann das nur zwei Gründe haben: Entweder sie haben ihre Zugangsdaten aus der Hand gegeben oder ein böser Bube hat eine große Menge krimineller Energie (und eine gehörige Portion Fachwissen) an den Tag gelegt und sich die Daten besorgt. Der Grund war ganz sicher nicht, dass die Daten ungeschützt waren. Das trifft aber auf alle seriösen Anbieter von iCloud-Diensten zu.

## Vorteile mit mehreren Geräten

Zurück zur Funktionsweise: Geben Sie an einem Gerät einen neuen Termin ein, wird er in die iCloud kopiert. Alle anderen Ihrer Geräte werden über diese neuen Daten informiert und laden sie sofort runter. So haben Sie innerhalb weniger Sekunden den Termin auch an allen anderen Geräten.

## Vorteil mit nur einem Gerät

Nun sieht es auf den ersten Blick so aus, als wäre die iCloud sinnlos, wenn man nur ein Apple-Gerät hat. Das ist aber nicht ganz richtig. Zwar ist der Vorteil des automatischen Abgleichs weg, wenn man nur einen Mac oder nur ein iPhone hat. Aber man darf einen weiteren Aspekt nicht aus den Augen lassen: Haben Sie die Daten in der iCloud abgelegt und passiert Ihrem Apple-Gerät irgendetwas, so haben Sie jederzeit einen Backup Ihrer Daten im Internet. So können Sie am neuen Gerät innerhalb weniger Sekunden wieder Ihre Daten wie Kontakte, Termine oder Safari-Lesezeichen aufspielen.

## iCloud aktivieren

Um die iCloud zu aktivieren, rufen Sie die *Systemsteuerung | iCloud* auf. Geben Sie dort entweder Ihre Apple-ID und das dazugehörige Kennwort ein oder legen Sie eine neue an.

*In den Systemeinstellungen von El Capitan gibt es einen Bereich »iCloud«. Dort melden Sie sich mit Ihrer Apple-ID an.*

Unter Umständen müssen Sie dann noch die Nutzungsvereinbarung bestätigen, bevor Sie zu den iCloud-Einstellungen gelangen. Danach werden Sie gefragt, ob Sie Daten abgleichen und/oder die Funktionen »Meinen Mac suchen« nutzen möchten. Es ist eigentlich völlig egal, was Sie da auswählen, weil Sie alles im Anschluss daran noch einzeln an- und ausschalten können. Klicken Sie auf *Weiter*. Danach erfordert die Funktion iCloud-Schlüsselbund die erneute Eingabe des Kennworts. Daher kümmern wir uns gleich um diese Funktion.

## iCloud-Schlüsselbund

Am iCloud-Schlüsselbund hängen keine Schlüssel, sondern Ihre Zugangsdaten zu all den Webseiten, die den Zugang über Benutzernamen und Kennwort regeln. Möchten Sie diese Funktion nutzen, speichern Sie diese Zugangsdaten nach der ersten Eingabe in Ihrem Schlüsselbund ab. Wenn Sie die Seite das nächste Mal aufrufen, erinnert sich die iCloud daran und trägt die Zugangsdaten automatisch ein.

Da es sich dabei um noch sensiblere Daten handelt als zum Beispiel um Ihre Termine oder Erinnerungen, gibt es beim Schlüsselbund eine zusätzliche Sicherung: Der iCloud-Schlüsselbund funktioniert nur an Ihren Geräten. Selbst wenn jemand Ihr iCloud-Kennwort kapert, kann er nicht auf die Zugangsdaten Ihres Schlüsselbunds zugreifen, weil sein iPhone, iPad oder Mac nicht damit verknüpft ist.

Das bedeutet aber auch, dass Sie jedes Ihrer Geräte einzeln autorisieren müssen.

*Sie können ein bereits verknüpftes Gerät zur Freigabe nutzen oder Sie lassen sich einen Code zuschicken.*

### Das erste Gerät autorisieren

Wenn Sie den iCloud-Schlüsselbund zum ersten Mal konfigurieren, legen Sie einen PIN fest und geben eine Telefonnummer ein. Nach Eingabe des PIN kann an diese Nummer ein Code geschickt werden, den Sie zur Autorisierung des neuen Geräts nutzen können.

*Geben Sie den PIN ein, damit ein Code an Ihre Mobilfunknummer geschickt werden kann.*

An diese Nummer kann dann ein Code geschickt werden, mit dem Sie den Vorgang abschließen können.

*Erst mit diesem Code geben Sie das neue Gerät für den iCloud-Schlüsselbund frei.*

Geben Sie den Code dann im nächsten Schritt an, um den Vorgang abzuschließen.

*Sobald Sie den Code richtig eingeben, ist der iCloud-Schlüsselbund am neuen Gerät aktiviert.*

Und erst wenn in den iCloud-Systemeinstellungen das Häkchen vor den Schlüsselbund gesetzt ist, funktioniert das künftig auch.

*Der Schlüsselbund ist aktiv. Klicken Sie auf Optionen …, um den Sicherheitscode und/oder die Telefonnummer für den Verifikationscode zu verändern.*

## Ein Gerät zum bestehenden Schlüsselbund hinzufügen

Etwas einfacher geht es, wenn Sie anstelle des Codes eine Bestätigung anfordern. Das geht aber nur, wenn es schon mindestens ein Gerät gibt, das in Ihrem Schlüsselbund angemeldet ist. Dann können Sie das neue Gerät ganz einfach am bestehenden freischalten. An einem iPhone sieht das dann so aus:

*Sie können zur Freigabe ein iPhone benutzen, wenn das bereits den Schlüsselbund nutzt.*

Eine Freigabe an einem anderen Mac würde dann so aussehen:

*Geben Sie hier das Kennwort ein, um dem neuen Gerät den Zugriff zum Schlüsselbund zu gestatten oder nicht.*

## Zugänge und Kreditkartendaten eintragen lassen

Wenn Sie nun auf eine Webseite kommen, für die es bereits hinterlegte Zugangsdaten gibt, so können Sie die automatisch eintragen lassen. Gibt es für eine Seite mehr als nur einen Zugang, erhalten Sie eine Auswahl.

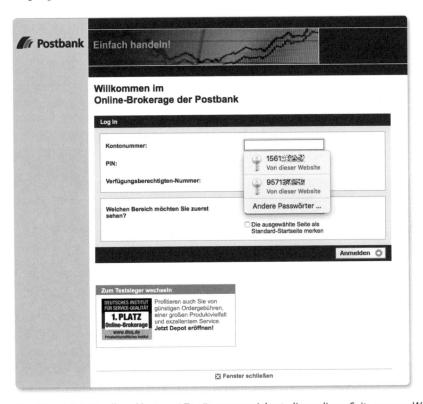

*Der iCloud-Schlüsselbund hat zwei Zugänge gespeichert, die zu dieser Seite passen. Wenn Sie einen auswählen, werden alle nötigen Felder ausgefüllt.*

> **Tipp**
>
> Der iCloud-Schlüsselbund kümmert sich auch um die Verwaltung Ihrer Kredit-
> karten. Wenn Sie ein Feld anklicken, das die Eingabe einer Kreditkarte erfordert,
> eilt Ihnen die iCloud zur Seite und bietet vorhandene Kartendaten an oder ermög-
> licht die Eingabe von neuen Daten.

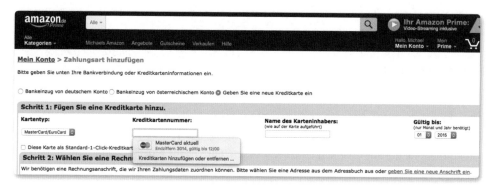

Auch Kreditkarten verwaltet der iCloud-Schlüsselbund.

## Datenabgleich

In Kapitel 5 haben wir im Zusammenhang der einzelnen El Capitan-Apps bereits auf die
Möglichkeit des automatischen Datenabgleichs hingewiesen. Wenn Sie in den iCloud-
Einstellungen die Häkchen bei Kontakte, Kalender, Erinnerungen, Safari und Notizen
setzen, dann werden an allen Geräten, die ebenfalls diese Apple-ID nutzen und die Häkchen dort gesetzt haben, die Daten automatisch abgeglichen.

Diese Daten können Sie automatisch auf all Ihren Geräten synchron halten.

Haben Sie das wie hier am Mac aktiviert, müssen Sie es lediglich auch am anderen Gerät aktivieren. Am iPhone und iPad werden Sie unter *Einstellungen | iCloud* fündig.

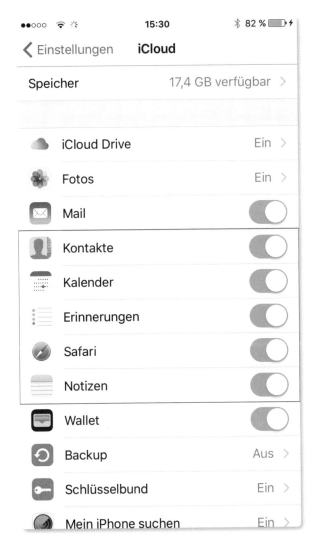

*Am iPhone und iPad finden Sie die entsprechenden Schalter auch.*

## iCloud Drive

Dass gewisse Anwendungen wie Keynote, Pages oder Numbers Ihre Dokumente auf Wunsch auch in der iCloud speichern, das ist ebenfalls nicht neu. Neu ist aber, dass Sie mit »iCloud Drive« direkt im Finder auf diese Speicherorte zugreifen können. Bisher konnten Sie nur in der jeweiligen App die zum Programm gehörenden Daten öffnen, modifizieren und speichern. Auf die Dateien selbst hatten Sie keinen Zugriff. Das ist neu, wenn Sie El Capitan im Einsatz haben und iCloud Drive aktivieren.

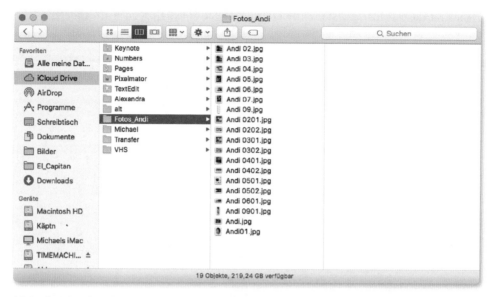

Hier sehen Sie, dass die Daten der Programme Keynote, Numbers, Pages und TextEdit in der iCloud direkt aufgerufen, kopiert, verschoben, umbenannt oder auch gelöscht werden können.

---

### Grundlagen

iCloud Drive eignet sich übrigens nicht nur dazu, direkt auf in der iCloud gespeicherte Daten zuzugreifen. Sie können dieses Laufwerk auch zum einfachen Datenaustausch zwischen Ihren Macs nutzen. Kopieren Sie beispielsweise ein Video auf das iCloud Drive, können Sie es am anderen Rechner ebenfalls erreichen.

---

## Fotos

Auch beim Abgleich von Fotos kann die iCloud helfen. Dabei gibt es drei unterschiedliche Dienste, die sich nur unwesentlich unterscheiden. Alle drei können Sie unabhängig voneinander aktivieren und deaktivieren, indem Sie in den iCloud-Einstellungen das Häkchen vor »Fotos« setzen und dann *Optionen …* anklicken.

### iCloud-Fotomediathek

Aktivieren Sie diesen Punkt, so laden Sie Ihre gesamte Mediathek automatisch in die iCloud. Das hat den Vorteil, dass Sie dann auf allen Geräten darauf zugreifen können. Der Nachteil: Sie werden sehr schnell nicht mehr mit den kostenfreien 5 GByte iCloud-Speicher auskommen und müssen ggf. kostenpflichtig aufrüsten.

## Mein Fotostream

Ihr Fotostream ist dazu da, Ihre aufgenommenen Fotos auf allen Ihren Geräten griffbereit zu haben. Sie machen also am iPad ein Foto und es ist automatisch auch am iPhone oder Mac verfügbar. An den mobilen Geräten übernimmt die Verwaltung Ihrer Bilder die »Fotos«-App, der Fotostream mündet dort im Album »Mein Fotostream«.

Am Mac finden Sie Ihren Fotostream in der Fotos-App. Starten Sie das Programm und klicken Sie in der Leiste oben auf *Alben*. Suchen Sie dann das Album mit dem Namen »Mein Fotostream«. Hier landen dann alle Fotos, die Sie an allen Geräte machen, die mit Ihrem Fotostream verbunden sind.

*Der markierte Fotostream gehört nur dem Inhaber der Apple-ID. Sie können aber auch Fotostreams freigeben und so für andere verfügbar machen.*

## iCloud-Fotofreigabe

Und hier sind wir auch schon beim Unterschied des Fotostreams zu freigegebenen Alben. »Mein Fotostream« ist nur für den Inhaber der Apple-ID sichtbar, allerdings an allen Geräten, an denen »Fotos« bzw. »Mein Fotostream« aktiv ist. Freigegebene Alben sind Teil der »iCloud-Fotofreigabe«.

*Beim ersten Mal müssen Sie die iCloud-Fotofreigabe-Funktion in der Fotos-App aktivieren.*

Haben Sie das erledigt, zeigt Fotos Ihnen alle freigegebenen Alben an.

Sie können in Fotos neue freigegebene Alben anlegen, indem Sie die gewünschten (freizugebenden) Fotos markieren, dann auf das Bereitstellen-Symbol links neben der Suchmaske klicken. Wählen Sie anschließend *iCloud-Fotofreigabe* aus. Nun können Sie bestehende freigegebene Alben auswählen oder mit *Neues freigegebenes Album …* ein solches anlegen. Alternativ dazu legen Sie ein neues freigegebenes Album dadurch an, dass Sie im Bereich »Für alle« auf das + klicken.

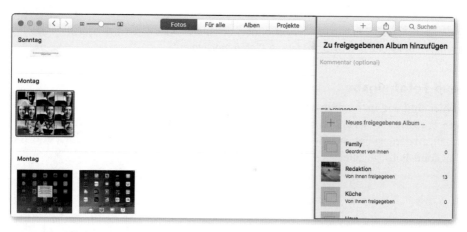

*Legen Sie direkt in Fotos ein neues freigegebenes Album an oder wählen Sie ein bestehendes aus.*

Geben Sie beim neuen freigegebenen Album dann im nächsten Schritt an, wie es heißen soll (»Name des freigegebenen Albums«), wer Zugang haben soll (»Einladen …:«), und wenn Sie möchten, tragen Sie noch einen Kommentar ein.

> **Tipp**
>
> Wenn Sie lediglich einen weiteren persönlichen Fotostream haben möchten, dann tragen Sie im Bereich »Einladen …« einfach niemanden ein. Dann haben nur Sie Zugriff darauf.

## Zugang zu meinem Mac

Haben Sie in den iCloud-Einstellungen »Zugang zu meinem Mac« aktiviert (und in den *Systemeinstellungen | Freigaben* die Punkte »Bildschirmfreigabe« und »Dateifreigabe«), dann können Sie von einem anderen Mac aus auf diesen Rechner zugreifen. Das gilt sowohl für den Austausch von Daten als auch für die Fernsteuerung des Rechners.

*Im Bereich links sehen Sie die Bildschirmfreigabe. Rechts erhalten Sie Zugang auf die Dateien des fernen Rechners.*

> **Tipp**
>
> Sie finden die freigegebenen Rechner im Finder in der Seitenleiste links unter Freigaben. Es kann sein, dass Sie in den Einstellungen des Finders (⌘ – ,) im Bereich »Seitenleiste« erst »Zugang zu meinem Mac« aktivieren müssen, damit Sie die Rechner auch sehen.

## Meinen Mac suchen

Vielleicht kennen Sie die Möglichkeit schon von Ihrem iPhone oder iPad. »Meinen Mac suchen« kann dabei helfen, einen verloren gegangenen Mac zu lokalisieren und ihn so wiederzufinden. Aktivieren Sie diesen Punkt, um die Ortung möglich zu machen.

Wenn Sie sich dann unter www.icloud.com mit Ihrer Apple-ID anmelden, können Sie unter »Mein iPhone« alle Ihre Geräte orten.

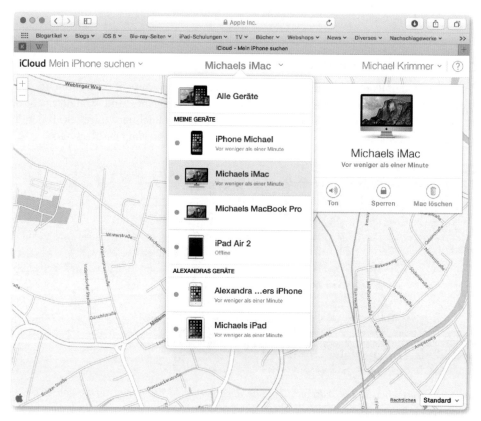

*»Alle Geräte« listet die Apple-Geräte auf, die Sie orten können.*

Klicken Sie nun auf das gewünschte Gerät, um sich den aktuellen (oder letzten) Standort auf der Karte anzeigen zu lassen.

*Der iMac ist grün auf der Karte markiert. Über die Schaltflächen »Ton«, »Sperren« und »Mac löschen« haben Sie Werkzeuge für den schlimmsten Fall.*

- ■ Ton: Das ist hilfreich, wenn Sie den Mac in Ihrer Nähe finden möchten. Wählen Sie »Ton«, um Hilfe bei der Suche zu erhalten.
- ■ Sperren: Wählen Sie diese Option, können Sie den Mac neu starten und mit einem Code sperren. Zusätzlich haben Sie die Möglichkeit, eine Nachricht anzeigen zu lassen. Der neue Besitzer des Geräts kann dann nicht mehr mit dem Mac arbeiten oder ihn löschen. Wenn Sie das Gerät zurück haben, können Sie es nach Eingabe des Codes wieder verwenden.
- ■ Mac löschen: Wenn Sie der Meinung sind, dass Ihr Mac gestohlen wurde und auch nicht mehr zu beschaffen ist, dann können Sie darüber zumindest alle Daten auf dem Mac löschen.

Aufgepasst

### Aufgepasst

Diese Funktionen funktionieren nur dann, wenn der Mac angeschaltet und im WLAN ist. Ansonsten werden die Aktionen zwar für einen späteren Zeitpunkt gespeichert. Ist der Mac aber nicht mehr online aufzufinden, bleibt es bei der Speicherung.

# AirDrop und AirPlay

In diesem Kapitel erfahren Sie, wie Sie Dateien per Air-Drop mit WLAN und Bluetooth von einem Mac zum anderen schicken. Außerdem zeigen wir Ihnen, wie Sie Medien per AirPlay über das WLAN abspielen.

# Datenaustausch per AirDrop

AirDrop ist eine gute Möglichkeit, schnell und einfach Daten direkt von einem Mac zum anderen zu verschicken. Damit entfällt die Notwendigkeit, beispielsweise einen USB-Stick zu suchen, die Datei darauf zu kopieren, den Stick zum anderen Rechner zu tragen und die Daten wieder aufzuspielen. AirDrop ist direkt in den Finder von El Capitan integriert und dort in der Seitenleiste zu finden.

## Voraussetzungen

AirDrop erfordert mindestens Mac OS X Lion und einen kompatiblen Rechner. Apple gibt die Kompatibilität auf seiner Webseite so an:

## Systemvoraussetzungen

Für AirDrop müssen beide Mac-Computer über WLAN-Hardware verfügen, die den AirDrop-Modus unterstützt. Auf beiden Mac-Computern muss Mac OS X Lion oder neuer installiert sein.

Um festzustellen, ob Ihr Mac mit AirDrop funktioniert, vergewissern Sie sich, dass Sie sich im Finder befinden. Klicken Sie dazu auf den Schreibtisch (den Hintergrundbereich Ihres Bildschirms) oder auf das Finder-Symbol im Dock. Überprüfen Sie anschließend, ob AirDrop als Option im Menü "Gehe zu" aufgeführt ist. Ist dies nicht der Fall, wird diese Funktion von Ihrem Mac nicht unterstützt.

Sie werden keine AirDrop-Dateien empfangen können, wenn Sie "Alle eingehenden Verbindungen blockieren" im Bereich "Sicherheit" der Systemeinstellungen aktiviert haben.

Mac-Computer, die AirDrop unterstützen, entsprechen den unten aufgeführten oder neueren Modellen.

- MacBook Pro (Ende 2008 oder neuer)*
- MacBook Air (Ende 2010 oder neuer)
- MacBook (Ende 2008 oder neuer)*
- iMac (Anfang 2009 oder neuer)
- Mac mini (Mitte 2010 oder neuer)
- Mac Pro (Anfang 2009 mit AirPort Extreme-Karte, oder Mitte 2010)

* Das MacBook Pro (17", Ende 2008) und das weiße MacBook (Ende 2008) unterstützen AirDrop nicht.

*Haben Sie einen passenden Mac, können Sie AirDrop nutzen.*

Außerdem muss die WLAN-Hardware kompatibel sein. Das können Sie aber sehr einfach testen. Befinden Sie sich im Finder, klicken Sie in der Menüleiste auf *Gehe zu*. Sehen Sie dort den Eintrag »AirDrop«, ist Ihr Computer bereit für dieses Feature.

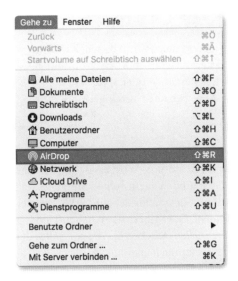

*Wenn Ihr Mac über diesen Eintrag im »Gehe zu«-Menü verfügt, unterstützt er AirDrop.*

Sie müssen für die Nutzung von AirDrop zwar nicht mit einem WLAN verbunden sein, die WLAN-Funktion muss aber dennoch eingeschaltet sein; ebenso Bluetooth.

## AirDrop aktivieren

Damit sich zwei Macs über AirDrop finden, müssen Sie bei beiden in der Seitenleiste des Finders den Bereich AirDrop aufrufen.

*Normalerweise sollten an dieser Stelle alle anderen AirDrop-Macs angezeigt werden. Es gibt aber auch Ausnahmen.*

> **Tipp**
>
> Wenn Sie bei »Ich bin sichtbar für:« den Punkt »Jeder« ausgewählt haben, kann Sie jeder andere Mac in Reichweite von maximal neun Metern per AirDrop finden. Wenn Ihnen das nicht gefällt, können Sie noch »Niemand« oder »Nur Kontakte« auswählen und so den Personenkreis auf bekannte Personen verringern oder die Sichtbarkeit komplett ausschalten.

An dieser Stelle nun länger als eine Minute zu warten, ist sinnlos. Wird bis dahin ein Mac nicht angezeigt, kommt er in den seltensten Fällen später noch dazu. Sollten Sie einen Mac nicht sehen, der WLAN und Bluetooth aktiviert hat und dessen Finder auf AirPlay wartet, dann klicken Sie auf *Gewünschte Person nicht gefunden?*. Dort gibt es dann neben Tipps zu AirDrop auch noch den Schalter *Nach älterem Mac suchen*. Klicken Sie das an, sollte der Mac erscheinen, wenn er die grundsätzlichen Voraussetzungen erfüllt.

*Nun ist der andere Mac sichtbar. Sie können sofort mit dem Datenaustausch beginnen.*

Um einem Mac über AirDrop eine Datei zu schicken, ziehen Sie die Datei mit der Maus auf sein Symbol in AirDrop. Bevor der Transfer startet, muss der Empfänger noch sein Einverständnis geben. Die Daten landen dann übrigens in Ihrem Download-Ordner und können dort aufgerufen werden. Wie weit der Transfer fortgeschritten ist, sehen Sie am Fortschrittsbalken um das AirDrop-Symbol.

*Der Transfer läuft. Sie erkennen den Fortschritt an der blauen Markierung. Sobald der Kreis das AirDrop-Symbol komplett umrundet hat, ist alles übertragen.*

## AirDrop aus Programmen heraus

Wann immer ein Programm im Senden-Menü AirDrop anbietet, können Sie direkt aus dem Programm heraus Informationen senden. Das kann beispielsweise eine Visitenkarte aus der Kontakte-App sein.

*Manche Programme wie hier die Kontakte unterstützen den direkten Transfer über AirDrop.*

## AirDrop und iOS

Haben Sie ein iPhone, iPad oder iPod touch mit aktuellem iOS, können Sie auch von dort aus Daten per AirDrop mit Ihrem Mac tauschen. Wann immer Sie in einem Teilen-Menü »AirDrop« entdecken, werden Sie dort auch einen AirDrop-kompatiblen Mac finden.

*AirDrop funktioniert auch zwischen Mac und iOS-Gerät (hier: iPhone 6).*

# Medien streamen mit AirPlay

AirPlay ist eine Technologie, mit der sich Audio- und Videodaten drahtlos über das WLAN übertragen (streamen) lassen. Dabei werden die Daten aber in der Regel nicht einfach kopiert. Der Transfer findet statt, während die Wiedergabe bereits läuft. Gerade bei großen Videodateien spart das Zeit, weil nicht erst gewartet werden muss, bis die komplette Datei geladen wurde.

Bei AirPlay gibt es zwei Unterscheidungen. Man kann den Inhalt seines Schreibtischs per AirPlay übertragen. Haben Sie an Ihrem Flachbildfernseher etwa Apple TV angeschlossen, können Sie so dort ausgeben, was gerade auf Ihrem Mac zu sehen ist.

Die andere Möglichkeit ist es, aus Apps heraus Inhalte zu übertragen. Das kann beispielsweise iTunes sein. Läuft dort ein Video (oder Musik), so schicken Sie das mit wenigen Klicks an Apple TV.

### Grundlagen

Apple TV ist eine sog. Set-Top-Box, die Sie per HDMI-Kabel an einen Flachbildfernseher oder Monitor anschließen können. Apple TV können Sie dann von jedem Mac aus ansprechen, der AirPlay unterstützt. Läuft am Mac gerade Musik oder ein Video, so leiten Sie das mit wenigen Klicks an Apple TV weiter. Apple TV ist ab 79 Euro im Apple Store (http://www.apple.com/de/shop/buy-appletv/appletv) oder im Handel in zwei Varianten verfügbar. Die neue Version bietet einen erweiterten Funktionsumfang und eine Touchscreen-Fernbedienung.

Das neue  tv            tv

*Früher hieß der Slogan für Apple TV »Alles, was Sie in iTunes haben, haben Sie auch am TV-Gerät«. Heute zeigt Apple TV auch den Inhalt des Mac-Schreibtischs an.*

## Desktop per AirPlay spiegeln

Um den Inhalt Ihres Desktops auf den AirPlay-Monitor zu übertragen, rufen Sie die *Systemeinstellungen* | *Monitore* auf.

*Die Auswahl eines AirPlay-Monitors findet in den Systemeinstellungen für Monitore statt.*

Klicken Sie nun auf die Auswahl, die Sie neben »AirPlay-Monitor:« erhalten. Dort zeigt Ihnen El Capitan alle verfügbaren AirPlay-Monitore an.

### Tipp

Wenn Sie Apple TV haben, es aber nicht in der Liste angezeigt ist, dann kann das einen ganz banalen Grund haben: Ist das Gerät ausgeschaltet oder befindet es sich auch nur im Stand-by-Modus, dann ist es für den Mac nicht sichtbar. Schalten Sie Apple TV ein oder holen Sie es mit einem Tastendruck auf der Fernbedienung aus dem Ruhemodus zurück, und schon können Sie die Auswahl treffen.

*Apple TV ist als AirPlay-Monitor verfügbar und kann ausgewählt werden.*

Wenn Sie nun *Apple-TV* auswählen, wird der Inhalt Ihres Desktops über das WLAN übertragen. Alles, was Sie dann am Mac machen, wird auch am TV-Gerät oder Monitor angezeigt.

> **Tipp**
>
> Wenn Sie öfter zwischen einem AirPlay-Monitor und dem Monitor Ihres Mac hin- und herwechseln, sollten Sie das Häkchen vor »Sync-Optionen bei Verfügbarkeit in der Menüleiste anzeigen« aktivieren. Dann müssen Sie nicht extra jedes Mal in die Systemeinstellungen gehen. Sie können dann AirPlay bequem in der Menüleiste erreichen.

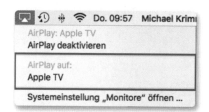

*Das AirPlay-Symbol ist in der Menüleiste verfügbar und erlaubt einen schnellen Wechsel der Monitore.*

## Medien mit AirPlay streamen

Wenn Sie sich das AirPlay-Symbol in der Menüleiste einprägen, werden Sie künftig immer auf Anhieb erkennen, wenn an einer anderen Stelle im System AirPlay verfügbar ist. Starten Sie beispielsweise iTunes und ist ein AirPlay-Gerät im WLAN vorhanden, so werden Sie auch dort das entsprechende Zeichen finden.

*Das AirPlay-Zeichen in iTunes bedeutet, dass auch hier AirPlay zur Übertragung von Audio- und Video-Daten genutzt werden kann.*

Klicken Sie darauf, um alle verfügbaren AirPlay-Empfänger zu sehen und eine Auswahl zu treffen. Im Gegensatz zur Darstellung des Mac-Desktops finden Sie hier nun nicht alle AirPlay-Monitore. Auch Geräte, die lediglich Audio-Daten empfangen können, werden hier aufgelistet und können angesprochen werden.

*Neben Apple TV ist nun auch AirPort Express in der Liste vorhanden.*

## Grundlagen

AirPort Express ist eine WLAN-Basisstation, die zusätzlich AirPlay unterstützt und einen Anschluss für Lautsprecher besitzt. Sie können Musik an diese Station übertragen, die dann über den Lautsprecher ausgegeben wird. Es gibt aber auch viele andere Lautsprechersysteme, die AirPlay unterstützen. Wenn Sie einen solchen Lautsprecher besitzen, wird der ebenfalls in dieser Liste verfügbar sein.

Haben Sie dann eine AirPlay-Station ausgewählt, wird die Musik oder das Video aus iTunes dort ausgegeben. Sie erkennen das am blau eingefärbten AirPlay-Symbol. Wählen Sie wieder Computer aus, um das Streaming zu beenden.

*Ein blaues AirPlay-Symbol bedeutet, dass gerade gestreamt wird.*

Haben Sie mehr als einen AirPlay-Empfänger, können Sie auch mehr als einen gleichzeitig ansprechen, um Musik im Büro, im Bad und im Wohnzimmer abzuspielen. Klicken Sie dazu auf Mehrere. Jetzt können Sie jede Station einzeln aktivieren und deaktivieren, indem Sie rechts die Häkchen setzen. Außerdem lässt sich per Regler die Lautstärke von jedem Gerät einzeln anpassen.

*Mehrere AirPlay-Geräte lassen sich getrennt voneinander ansteuern.*

Bei einem Video, das Sie per AirPlay an einen Fernseher mit Apple TV senden, sieht das Bild in iTunes dann so aus:

*Auch wenn die Wiedergabe über Apple TV läuft, haben Sie trotzdem am Mac die Steuerungselemente. Ungeachtet dessen funktioniert es auch über die Fernbedienung Ihres Apple TV.*

# Informationen am Mac finden mit Spotlight

In diesem Kapitel erfahren Sie, wie Sie die in OS X integrierte systemweite Suche »Spotlight« dazu nutzen, gewünschte Informationen zielsicher zu finden. Spotlight hat aber noch mehr auf Lager als nur die Suche nach Dokumenten, Mails und mehr. Wir zeigen Ihnen, was damit sonst noch möglich ist.

# Spotlight und seine Vorteile

Oben rechts in der Menüleiste ist Ihnen vielleicht schon das Lupen-Symbol aufgefallen. Dass das irgendwas mit Suchen zu tun haben muss, das ist naheliegend. Dahinter verbirgt sich aber nicht einfach nur eine Suchfunktion, der man einen Begriff übergibt und die dann zeitraubend auf die Suche nach möglichen Übereinstimmungen geht.

*Hinter dieser Lupe befindet sich die mächtige Suchfunktion Spotlight. Wenn Sie oft nach Daten suchen, werden Sie die Vorzüge von Spotlight schätzen lernen.*

Der Vorteil an Spotlight ist folgender: Die Suche in El Capitan über Spotlight geht nicht erst dann los, wenn Sie etwas in das Suchfenster eintippen. El Capitan bzw. die Spotlight-Funktion legt gleich nach der Installation einen Katalog an, in dem alle auf den Datenträgern verfügbaren und verwertbaren Informationen aufbereitet werden. Kommen neue Dateien dazu, nimmt Spotlight diese Infos mit auf. Sie haben also zu jeder Zeit einen vollautomatisch gewarteten Bestand an Informationen.

Wenn Sie jetzt eine Suchanfrage an Spotlight übergeben, dann wird nicht etwa das gesamte System durchsucht (was eine Ewigkeit dauern kann). Spotlight sieht nur kurz im Katalog nach und gibt in Sekundenschnelle die gewünschten Treffer aus. Sehen wir uns Spotlight in der Praxis an:

# Informationen finden mit Spotlight

Sobald Sie auf das Lupen-Symbol in der Menüleiste klicken, erscheint auf dem Schreibtisch das Suchfenster.

> **Tipp**
>
> Möchten Sie nicht jedes Mal mit der Maus den Weg nach rechts oben antreten, so können Sie das Spotlight-Fenster auch dadurch aufrufen, dass Sie ⌘ – Leertaste drücken.

*Die Spotlight-Suche erwartet Ihre Eingabe.*

Übrigens: Sie können das Eingabefenster von Spotlight mit der Maus auch an eine andere Stelle verschieben. OS X merkt sich diese Aktion und blendet Spotlight dann künftig an der gewünschten Stelle ein.

*Das Spotlight-Fenster lässt sich auf Wunsch auch verschieben.*

Tragen Sie nun den Suchbegriff ein, nach dem Sie Ihren Datenbestand durchforsten möchten. Wir suchen exemplarisch nach dem Begriff »Lufthansa« und erhalten wunschgemäß diese Treffer:

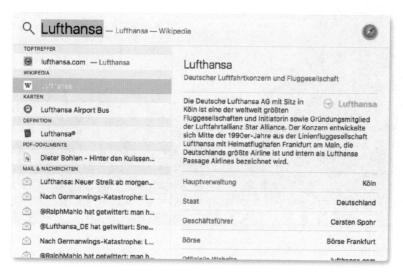

*Spotlight liefert in wenigen Augenblicken die ersten Treffer; unter anderem den Wikipedia-Artikel.*

Im Bereich links sehen Sie die Treffer nach Typ aufgelistet. Neben aktuellen Toptreffern (in diesem Fall der Webadresse) sehen Sie den Wikipedia-Eintrag, Infos aus der Karten-App, PDFs und Nachrichten. Die Liste geht noch weiter, Sie erhalten also umfangreiche Infos zum gesuchten Begriff.

*Scrollen Sie weiter nach unten, erreichen Sie weitere Treffer in Spotlight.*

Hier erhalten Sie nun zum Suchbegriff passende Bilder, Lesezeichen sowie Suchmaschinentreffer.

## Suchergebnisse anzeigen

Im Bereich rechts wird Ihnen bereits ein Treffer dargestellt. Klicken Sie auf einen der anderen Einträge in der Liste, um eine Vorschau davon zu bekommen. Wenn Ihnen das Vorschaufenster zu klein ist, können Sie es auch mit der Maus vergrößern.

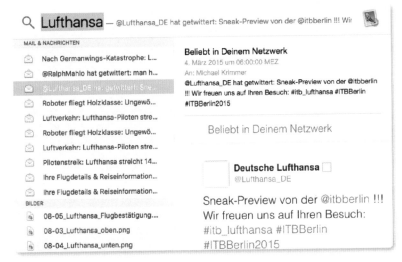

*Auch ein Newsletter per E-Mail gehört zu den Treffern. Klicken Sie darauf, um eine Vorschau zu erhalten.*

### Tipp

Wenn Sie doppelt auf einen Treffer klicken, wird anstelle der Vorschau die Datei in der dazugehörigen Anwendung geöffnet. Welche das ist, sehen Sie rechts oben. In diesem Beispiel würde die PDF-Datei in der Vorschau angezeigt. Es könnte aber auch eine Webseite in Safari oder ein Textdokument in Microsoft Word sein.

Selbst Wikipedia-Artikel lassen sich direkt im Spotlight-Fenster ansehen. Dazu ist es nicht nötig, die Webseite zu öffnen.

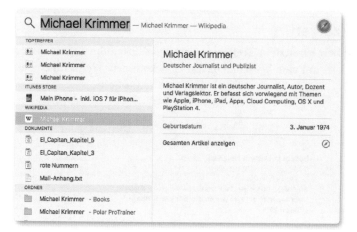

*Auch für andere Wikipedia-Artikel ist kein Browser-Fenster erforderlich.*

## Suchergebnisse verfeinern

Jetzt ist die Suche nach »Lufthansa« natürlich nicht sonderlich klug gewesen. Es kommen viel zu viele unterschiedliche Treffer und man muss sich erst durch die Liste arbeiten, um die gesuchte Info zu finden. Besser ist es, wenn man die Suche bereits bei der Eingabe etwas einschränkt. Dazu haben Sie mehrere Möglichkeiten:

- Suchbegriff verfeinern: Suchen Sie nach »New York«, erhalten Sie unter Umständen ähnlich viele Treffer wie bei unserer Beispielsuche nach »Lufthansa«. Suchen Sie aber stattdessen nach »New York City Marathon«, wird die Suche auf diese Begriffe eingeschränkt.

*Je stärker Sie die Suche einschränken, desto treffsicherer werden die Ergebnisse. In diesem Fall gibt es nur noch Treffer, die mit dem New York City Marathon zu tun haben.*

■ Typ der Information festlegen: Ist das immer noch zu viel Info, weil Sie beispielsweise nur nach PDFs suchen, dann geben Sie Spotlight diese Info mit. Hängen Sie an die Suchbegriffe den Zusatz »art:mail« oder »art:pdf«, so erhalten Sie keine anderen Treffer mehr als diese. Weitere Zusätze wären »art:ordner«, »art:kontakt«, »art:ereignis«, »art:erinnerung«, »art:bild«, »art:musik«, »art:video«, »art:word«, »art:excel«, »art:keynote« usw.

*Möchten Sie nur einen bestimmten Typ in der Trefferliste haben, dann teilen Sie das Spotlight mit. Entsprechend gibt es in diesem Beispiel nur noch PDFs, die den Suchbegriff enthalten.*

### Grundlagen

In diesem Beispiel ist übrigens gut zu sehen, dass Spotlight Dateien auch wirklich durchsucht. Die PDF-Datei im Bild ist der Vorgänger des Buchs, das Sie gerade in Händen halten. Und dort wird irgendwo der Suchbegriff genannt.

## Dateien verwenden

Sie können Dateien aus der Spotlight-Trefferliste einfach mit der Maus greifen und beispielsweise auf Ihren Schreibtisch oder einen AirDrop-Empfänger ziehen. Das Original bleibt dabei erhalten, Sie bekommen lediglich eine Kopie, die Sie dann ganz normal öffnen und bearbeiten können.

## Programme finden

Sie wissen ja, dass die Programme von El Capitan im Ordner »Programme« und über das Launchpad erreichbar sind. Möchten Sie ein Programm starten, dann geht es oft schneller, wenn Sie das über Spotlight machen. Suchen Sie nach dem Namen des Programms und drücken Sie die Eingabetaste, um das erste Programm in der Trefferliste zu starten. Gibt es mehr als einen Treffer, so können Sie mit den Cursortasten (oder der Maus) eine Auswahl treffen und ein anderes Programm in der Liste starten.

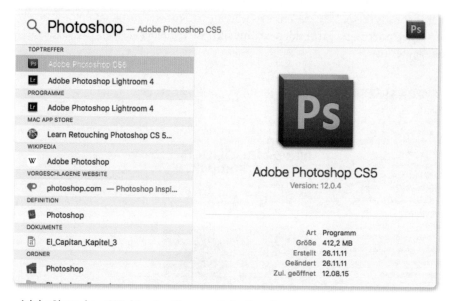

*»Adobe Photoshop CS5« könnten Sie nun mit der Eingabetaste starten. Ein anderes Programm aus der Liste müssen Sie vor dem Start auswählen.*

**Tipp**

Fügen Sie der Suche nach »Adobe« den Zusatz »art:programm« hinzu, dann gibt Spotlight wunschgemäß auch nur Programme aus. Suchen Sie nach »Numbers«, so werden Ihnen neben dem Programm selbst auch kürzlich bearbeitete Dokumente dieses Programms angezeigt.

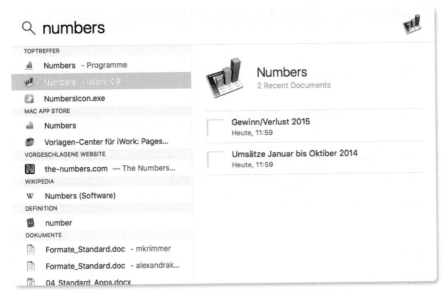

*Nicht nur das Programm selbst wird angezeigt. Auch damit erstellte und bearbeitete Dateien werden angezeigt und können durch einen Klick gestartet werden.*

## Weitere Möglichkeiten

Sie suchen ein Restaurant in der Nähe? Spotlight zeigt Treffer in der Karten-App an. Sie suchen nach dem Namen eines Films und erhalten Treffer in iTunes und iBooks (wenn es dazu ein Buch gibt). Spielen Sie ein wenig mit Spotlight herum, um sich ein Gefühl davon zu verschaffen, welche Möglichkeiten die Suche bietet und wie Sie die Ergebnisse perfekt an Ihre Wünsche anpassen.

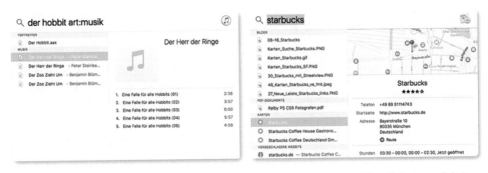

*Sie suchen Musik, Filme, Bücher oder ein Hörbuch zu »Der Herr der Ringe«? Spotlight kann dabei ebenso helfen wie bei dem Wunsch nach einem Becher Kaffee.*

# Die Anzeige der Ergebnisse anpassen

Sie haben die Möglichkeit, die Ergebnisse von Spotlight anzupassen. Das bezieht sich zum einen darauf, welche Ergebnisse Spotlight liefert, und zum anderen, in welcher Reihenfolge sie dargestellt werden. Rufen Sie dazu die *Systemeinstellungen | Spotlight* auf.

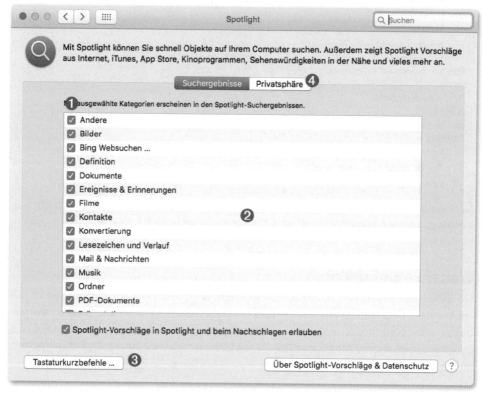

*Spotlight bietet einige Möglichkeiten der Konfiguration an.*

❶ Nur Kategorien, die per Häkchen aktiviert sind, werden in die Suche eingebunden. Möchten Sie also beispielsweise keine »Ordner«, »Tabellen« oder »PDF-Dokumente« als Treffer erhalten, dann entfernen Sie per Klick das Häkchen vor dieser Kategorie.

❷ Auch die Reihenfolge lässt sich verändern. Sollen beispielsweise Treffer aus »Mail & Nachrichten« ganz oben stehen in der Liste, dann greifen Sie diese Kategorie und schieben Sie sie mit der Maus nach oben.

❸ Möchten Sie anstelle des Tastaturkurzbefehls ⌘ – Leertaste eine andere Tastenkombination zum Start von Spotlight nutzen, so können Sie das hier einstellen.

❹ Sehr interessant ist auch das Fenster, das sich hinter Privatsphäre verbirgt. Dort haben Sie die Möglichkeit, Orte zu definieren, die von der Spotlight-Suche ausgenommen werden.

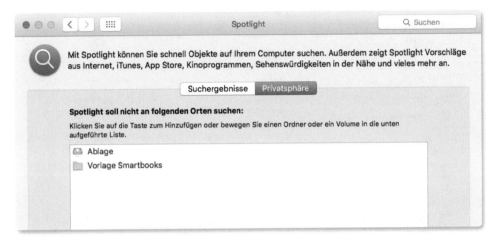

*In diesem Fall werden das Laufwerk »Ablage« und der Ordner »Vorlage Smartbooks« nicht von der Spotlight-Suche erfasst. Alle Daten, die sich dort befinden, werden von Spotlight nicht als Treffer ausgegeben.*

## Weitere Funktionen

Spotlight kann aber noch mehr, als nur Übereinstimmungen mit Ihren Suchanfragen zu finden. Hier folgt eine Auswahl von weiteren Dingen, für die sich Spotlight eignet:

- Rechnen: Geben Sie in das Spotlight-Fenster eine mathematische Aufgabe ein, so liefert Spotlight das Ergebnis. Dabei muss es nicht nur um Rechnungen wie 2 + 3 gehen. Etwas komplexer darf es schon sein.

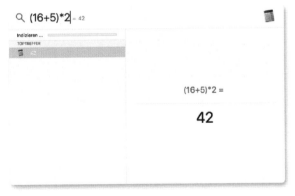

*In den Tiefen des Systems gibt es zwar noch weitere Treffer zu dieser Rechenaufgabe. Das Ergebnis ist aber gut zu erkennen. Drücken Sie nun die Eingabetaste, so startet der Rechner.*

- Aktienkurse: Sie möchten kurz den Kurs einer bestimmten Aktie checken? Dann müssen Sie nicht unbedingt Ihr Depot aufrufen oder auf einer der vielen Börsenseiten nachsehen. Geben Sie einfach das Kürzel in Spotlight ein und Sie erhalten einen Überblick.

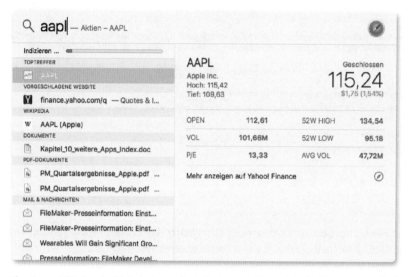

*Gestiegen! Die Apple-Aktie hat zugelegt. Gut, wenn Sie welche in Ihrem Depot haben.*

- Wetter: Sie können mit Spotlight noch viele Dinge mehr erledigen. Ein weiteres Beispiel ist das Wetter.

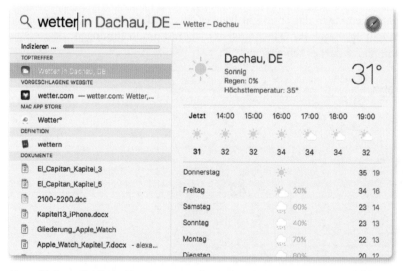

*Heute bleiben die Winterklamotten und der Regenschirm zu Hause. Ab morgen sieht das aber schon anders aus.*

Webvideos: Sie haben außerdem die Möglichkeit, direkt in Spotlight nach Webvideos zu suchen. Geben Sie einfach den Suchbegriff ein und ergänzen Sie ihn um den Zusatz »video«. Und schon wird Ihnen der Treffer angezeigt.

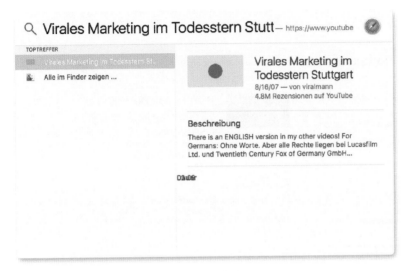

*Auch Webvideos sind direkt in Spotlight zu finden.*

Wenn Sie dann doppelt auf den Treffer klicken, startet das Video in Safari.

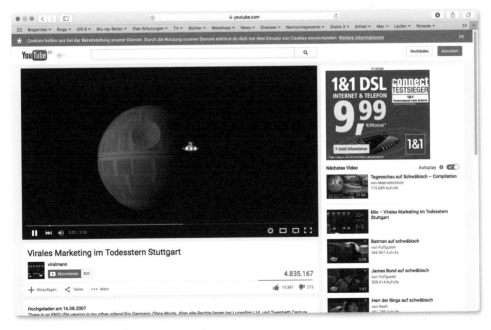

*Und schon läuft das Video im Browser ab.*

## Grundlagen

Gibt es mehr als einen Datentyp in der Trefferliste, so finden Sie das Webvideo im gleichnamigen Bereich.

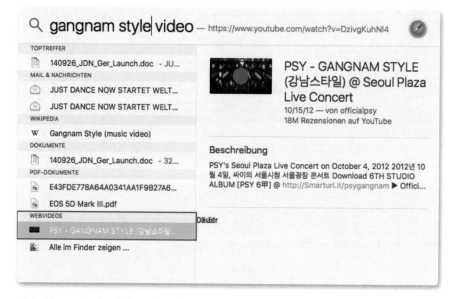

*Webvideos zeigt Spotlight in der gleichnamigen Rubrik an.*

# Das Zusammenspiel von El Capitan und iOS

Wenn Sie neben einem Mac mit OS X El Capitan auch ein mobiles Apple-Gerät wie ein iPad oder iPhone haben und dort iOS ab Version 8 installiert ist, können Sie von einigen zusätzlichen Features profitieren, die die Funktionalität Ihrer Apple-Geräte weiter steigern.

# Aktuelle Version von iOS erforderlich

Sie werden in diesem Kapitel Funktionen kennenlernen, für die Sie ein iPhone und/oder iPad mit einer aktuellen Version von iOS benötigen. Zwar hat zum Zeitpunkt der Drucklegung dieses Buchs alles mit iOS 8 funktioniert. Das kann in der Zukunft aber durchaus auch einmal von Apple geändert werden. Wenn Sie Probleme haben, die Funktionen in diesem Kapitel nachzuvollziehen, dann updaten Sie doch bitte Ihr iPhone. Haben Sie noch eine frühere Version als 8 installiert, beispielsweise iOS 7.1.2, dann funktionieren diese Dinge mit hoher Wahrscheinlichkeit nicht.

Möchten Sie nachsehen, welche Version auf Ihrem iPhone installiert ist, dann rufen Sie die *Einstellungen | Allgemein* auf und tippen Sie dort auf *Info*. In der Zeile »Version« sehen Sie dann die installierte Versionsnummer.

Möchten Sie sehen, ob es eine neue Version von iOS für Ihr iPhone gibt, dann rufen Sie die *Einstellungen | Allgemein | Softwareaktualisierung* auf. Dort können Sie die Software dann auch gleich aktualisieren.

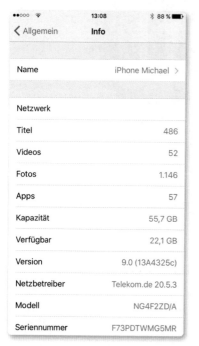

*Auf diesem iPhone ist iOS 9 installiert. Somit stehen alle beschriebenen Funktionen zur Verfügung.*

---

**Tipp**

Am iPad finden Sie die Infos übrigens an selber Stelle. Auch hier ist es *Einstellungen | Allgemein | Info* und dann die Zeile Version.

## Telefonieren mit dem Mac: Continuity

Bisher war es so, dass Telefonieren nur mit dem iPhone möglich war. Der Mac und das iPad sind wahre Kommunikationsgenies, wenn es um das Versenden von iMessage-Nachrichten oder E-Mails geht. Und auch Videotelefonie per FaceTime beherrschen alle Apple-Geräte hervorragend. Aber Telefonieren oder auch SMS-Nachrichten versenden und empfangen über das Telefonnetz von Telekom, Vodafone, O2 oder E-Plus, das war bisher dem Apple-Smartphone vorbehalten.

Haben Sie aber an Ihrem Mac El Capitan installiert, dann brauchen Sie zwar immer noch ein iPhone dafür. Sie können aber zum Annehmen und Aufbauen von Telefongesprächen und zum Versenden oder Empfangen von SMS-Nachrichten den Mac (oder das iPad) nutzen. Bei Apple heißt diese Funktion »Continuity« oder, im deutschsprachigen Raum, »Integration«.

## Anrufe am iPad oder Mac annehmen

Eine der wirklich bedeutenden Neuerungen von El Capitan und iOS 8 ist die Möglichkeit, Anrufe vom iPhone per WLAN an den Mac oder ein iPad weiterleiten zu lassen. Das ist dann sinnvoll, wenn das iPhone zum Aufladen des Akkus in einem anderen Raum liegt und Sie das Klingeln oder Vibrieren daher nicht hören.

Sitzen Sie am Rechner oder liegt das iPad in der Nähe, so können Sie den Anruf sogar an diesen Geräten annehmen. Das iPhone brauchen Sie dazu nicht.

*Dieser Anruf auf Ihrem iPhone kann auch am Mac oder iPad angenommen werden. »von Ihrem iPhone« bedeutet: Der Anruf kommt vom iPhone.*

Anders herum funktioniert das auch. Wenn Sie in den Kontakten am Mac auf das Telefonhörersymbol rechts neben einer Telefonnummer klicken, so baut der Mac über das iPhone die Verbindung auf:

*Dieser Anruf wird am Mac über das iPhone aufgebaut. Sie führen das Gespräch also »mit Ihrem iPhone«.*

Und am iPad sieht das dann so aus, wenn Sie angerufen werden:

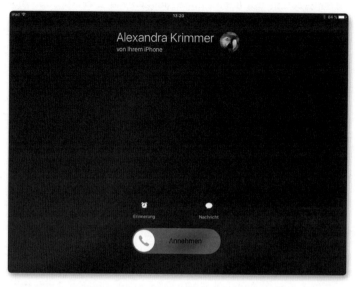

*Selbst mit einem iPad können Sie telefonieren, wenn das iPhone das Gespräch weiterleitet.*

### Grundlagen

Um diese Funktion nutzen zu können, müssen Sie am iPhone/iPad in den *Einstellungen | FaceTime* den Punkt *Anrufe vom iPhone* aktivieren. Am Mac setzen Sie in den FaceTime-Einstellungen das Häkchen ebenfalls bei *Anrufe vom iPhone*. Außerdem müssen alle Geräte mit demselben iCloud-Account angemeldet sein und sich im selben WLAN befinden. Sie können über diese Funktion auch Anrufe an iPad und Mac starten, indem Sie eine Rufnummer auswählen.

## SMS am Mac

An einem Mac mit OS X El Capitan können Sie auch SMS-Nachrichten empfangen, wenn das iPhone unter iOS 8 läuft. Das ist neu, bisher konnten am Mac nur iMessage-Nachrichten versandt und empfangen werden.

*Ob es sich bei einer Nachricht um eine iMessage oder SMS handelt, erkennen Sie an der Statusleiste über den Nachrichten.*

# Handoff: Inhalte zwischen El Capitan und iOS austauschen

Mit iOS und El Capitan können Sie sehr praktisch Inhalte an beiden Geräten ansehen und bearbeiten. Ein Beispiel: Sie schreiben am iPhone eine vermeintlich kurze E-Mail und stellen nach einiger Zeit fest, dass Ihre Ausführungen doch länger werden als erwartet. Dann gehen Sie zu Ihrem Mac und erhalten dort links neben dem Dock ein neues Mail-Symbol. Klicken Sie dann darauf, erhalten Sie am Mac die erstellte E-Mail in dem Zustand, den sie am iPhone hat.

*Links sehen Sie in einem neuen Bereich des Docks ein Safari-Icon mit iPhone-Symbol. Das bedeutet, dass hier Inhalte per Handoff übergeben werden können.*

Ein anderes Beispiel: Sie sehen sich am iPhone eine Karte in der Karten-App an. Gehen Sie zu Ihrem Mac, und schon sehen Sie das Karten-Icon links neben dem Dock. Klicken Sie darauf, um die Karte am Mac mit genau dem Ausschnitt angezeigt zu bekommen, den Sie am iOS-Gerät ausgewählt haben.

*Klicken Sie auf das Symbol links neben dem Dock, wird Ihnen die Karte vom iPhone am Mac angezeigt.*

Derzeit können Sie das auch mit Safari, dem Kalender, Pages, Numbers, Keynote, Erinnerungen, Nachrichten und den Kontakten machen. Dieses Angebot wird vermutlich in Zukunft noch ausgebaut.

Diese »Handoff« genannte Funktion funktioniert allerdings nur dann, wenn an beiden Geräten gewisse Voraussetzungen geschaffen sind.

*Per Handoff übergebene Daten sind auch in der Multitasking-Leiste verfügbar, die Sie mit ⌘ – ⇥ erreichen.*

## Voraussetzungen für Handoff

Die Verbindung läuft über Bluetooth. Dazu ist es aber erforderlich, dass Sie ein halbwegs aktuelles Gerät haben. Bluetooth muss an beiden Geräten ebenso aktiviert sein wie WLAN. Zur Identifikation ist es außerdem unumgänglich, dass beide Geräte mit derselben Apple-ID als iCloud-Anmeldung arbeiten.

Handoff wird am iPhone aktiviert unter *Einstellungen | Allgemein | Handoff & App-Vorschläge.* Aktivieren Sie dort Handoff. Am Mac schalten Sie es in den Systemeinstellungen | Allgemein ein, indem Sie das Häkchen bei »Handoff zwischen diesem Mac und Ihren iCloud-Geräten erlauben« setzen.

> **Tipp**
>
> Handoff funktioniert nicht nur vom iOS-Gerät zum Mac. Es ist auch von iOS zu iOS (also beispielsweise vom iPad zum iPhone) und Mac zu iOS verfügbar.

*Handoff-Inhalte werden ganz diskret links unten im Sperrbildschirm (hier des iPhone) angezeigt: Kalender, Safari, Notizen und Karten (v.l.n.r.).*

## Persönlicher Hotspot

Haben Sie ein iPhone, kennen Sie »Persönlicher Hotspot« vielleicht bereits. Manuell gestartet gibt es diese Funktion schon eine Weile. Neu in iOS ab Version 8 in Verbindung mit OS X El Capitan ist die Funktion, dass der Mac automatisch darauf zugreifen kann, wenn Sie im WLAN-Menü das iPhone auswählen. Dann können Sie ganz einfach die Datenverbindung des iPhone für Ihren Mac nutzen. Sie müssen das iPhone dazu nicht in die Hand nehmen und auch kein Kennwort eingeben.

*Wählen Sie das iPhone einfach in der Liste aus und Handoff macht den Rest.*

Sie sehen neben dem iPhone-Namen (in diesem Fall »Michael«) auch gleich noch ein paar Daten zum Gerät: Netzstärke und -art sowie den Akkustand.

# Wichtige Einstellungen von El Capitan

Einige Einstellungen haben Sie bereits in den anderen Kapiteln an passender Stelle kennengelernt. Wie Sie Ihren Mac in Fragen der Sicherheit und des Komforts perfekt auf Ihre Bedürfnisse einrichten, erläutert dieses Kapitel.

# Systemeinstellungen erreichen

Vermutlich wissen Sie das schon. Um sicherzugehen, dass Sie die Systemeinstellungen von El Capitan auch zuverlässig ansteuern können, zeigen wir Ihnen noch einmal die beiden verfügbaren Wege.

Der erste führt über das Dock. Dort gibt es ein Symbol für die Systemeinstellungen, das so aussieht:

*Ein Weg, die Systemeinstellungen zu erreichen, ist das entsprechende Icon im Dock.*

Alternativ dazu können Sie auch das  -Symbol links oben in der Menüleiste aufrufen und dort auf *Systemeinstellungen …* klicken.

*Auch dieser Weg führt ans Ziel. In beiden Fällen gelangen Sie anschließend in die Systemeinstellungen von El Capitan.*

*Das sind die Systemeinstellungen, die El Capitan zu bieten hat.*

## Einstellungen suchen

Rechts oben sehen Sie ein Suchfeld. Auch wenn die Rubriken der Systemeinstellungen sinnvoll aufbereitet sind und man in der Regel alles findet, kann die Suchfunktion eine wertvolle Hilfe sein, wenn sich eine Einstellung mal hartnäckig versteckt.

*Suchen Sie nach einem Begriff in den Systemeinstellungen, erhalten Sie nicht nur passende Treffer angezeigt. Der Ort der entsprechenden Einstellung wird auch mit einem Kreis markiert.*

## Admin oder nicht Admin – das ist oft die Frage

Wenn Sie einen Bereich in den Systemeinstellungen aufrufen, erhalten Sie oft ein solches Bild:

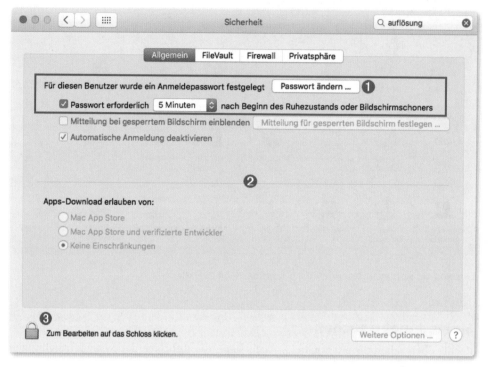

*Viele der Einstellungen sind nicht verfügbar und werden nur ausgegraut angezeigt.*

An dieser Stelle haben Sie nur die Möglichkeit, weitere Rubriken aufzurufen oder sehr wenige Änderungen vorzunehmen ❶. Der Großteil der Einstellungen wird ausgegraut angezeigt und kann derzeit nicht geändert werden ❷. Und auch der Punkt »Weitere Optionen ...« ist zwar sichtbar, kann aber auch nicht angeklickt werden. Das liegt daran, dass die Einstellungen geschützt sind, was man auch am Schloss-Symbol links unten ❸ erkennen kann.

## Das Schloss hält die Einstellungen unter Verschluss

Damit soll verhindert werden, dass Einstellungen irrtümlich verändert werden. Möchte man Dinge anpassen, muss man vorher die Sperre aufheben. Dazu klicken Sie auf das Schloss und geben im nächsten Schritt die Daten eines Benutzers mit Administrator-rechten ein.

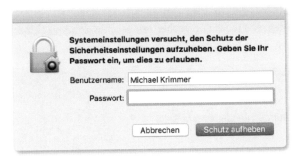

*Hier ist ein Administrator-Account erforderlich. Ansonsten endet der Versuch, die Einstellungen zu verändern, an dieser Stelle.*

Besitzt Ihr Benutzeraccount die erforderlichen Rechte, geben Sie Ihren Benutzernamen und das Kennwort ein und klicken Sie auf Schutz aufheben. Sie können aber auch einen anderen Benutzernamen und das dazugehörige Passwort eingeben, wenn Sie es kennen oder sich eine autorisierte Person in der Nähe befindet. Wichtig ist nur, dass es ein Benutzer ist, der dem System als Administrator bekannt ist. Mehr dazu erfahren Sie später im Bereich »Sicherheit«.

*Nach Eingabe der Admin-Kennung sind die Einstellungen frei erreichbar.*

Links unten sehen Sie nun, dass das Schloss geöffnet ist. Um die Sperre wieder zu aktivieren, klicken Sie auf das Schloss und alles ist wieder wie vorher mit geschlossenem Schloss.

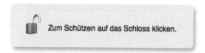

*Klicken Sie auf das Schloss, um die Einstellungen wieder zu schützen.*

Nachdem Sie nun wissen, wo sich die Einstellungen von El Capitan befinden und wie Sie sie ändern können, möchten wir Ihnen auf den folgenden Seiten einige interessante Einstellungen vorstellen. Es lohnt sich aber, auch die anderen Bereiche durchzusehen, auf die wir hier nicht eingehen. Die Einstellungen sind gut sortiert und erklären sich meistens von selbst.

## Allgemein

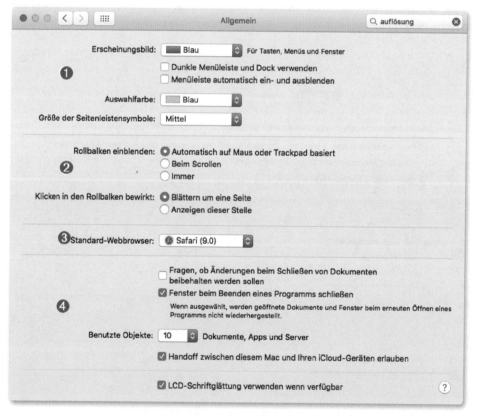

*Die allgemeinen Einstellungen kümmern sich um das Erscheinungsbild, das Verhalten bei umfangreichen Inhalten und Handoff.*

❶ Hier gibt es ein paar wenige Optionen zum Erscheinungsbild. Interessant ist auch der Punkt »Dunkle Menüleiste und Dock verwenden«, beispielsweise in einer dunklen Umgebung.

❷ Der Rollbalken wird zum Beispiel in Safari angezeigt, wenn die Webseite länger ist als das Safari-Fenster. Stellen Sie hier ein, wann der Rollbalken eingeblendet wird und was es bewirkt, wenn man darauf klickt.

❸ Legen Sie hier fest, welcher Internetbrowser standardmäßig verwendet werden soll. Das kann neben »Safari« auch »Firefox« oder »Chrome« sein, solange die Programme installiert sind. Er wird dann beispielsweise benutzt, wenn Sie in den Kontakten auf eine Webadresse klicken.

❹ Hier finden Sie Einstellungen das Verhalten von Programmen betreffend. Wichtig ist dabei der Punkt »Übergabe zwischen diesem Mac und Ihren iCloud-Geräten erlauben«. Diese Erlaubnis ist erforderlich, wenn Sie Inhalte per Handoff von einem iOS-Gerät zum Mac und umgekehrt übergeben möchten.

**Tipp**

Um wieder zur Übersicht aller Einstellungen zu gelangen, klicken Sie entweder auf den Pfeil nach links oder auf das Raster-Symbol.

*Über diese Schaltflächen kommen Sie wieder zurück zur Übersicht aller Einstellungen.*

## Schreibtisch und Bildschirmschoner

In Kapitel 2 haben Sie bereits erfahren, wie Sie Ihren Schreibtisch und den Bildschirmschoner anpassen. Aber die Systemeinstellung für den Bildschirmschoner hat noch ein nettes Feature für Sie parat: aktive Ecken.

*Aktive Ecken sind eine sehr hilfreiche Funktion.*

Klicken Sie auf *Aktive Ecken* ..., können Sie bestimmen, was passieren soll, wenn Sie mit der Maus in eine der vier Ecken des Schreibtischs fahren.

*In diesem Fall sind alle vier Ecken des Schreibtischs mit einer aktiven Ecke belegt. Bewegen Sie den Mauszeiger nach rechts unten, geht der Bildschirmschoner sofort los.*

Möchten Sie die aktiven Ecken wieder deaktivieren, stellen Sie als Aktion »-« ein. Dann passiert in dieser Ecke nichts mehr.

## Sprache & Region

In den Systemeinstellungen zu »Sprache & Region« können Sie im Bereich links einstellen, welche Sprachen das System unterstützen soll. Gibt es hier mehr als einen Eintrag, so bestimmt der erste in der Liste, welche Sprache El Capitan »spricht«. Das bedeutet in der Praxis: Fügen Sie über das + unter dem Sprachenfenster beispielsweise »English« hinzu, können Sie das komplette System auf Englisch umstellen. Dann startet El Capitan einmal neu und begrüßt Sie mit einer englischen Oberfläche.

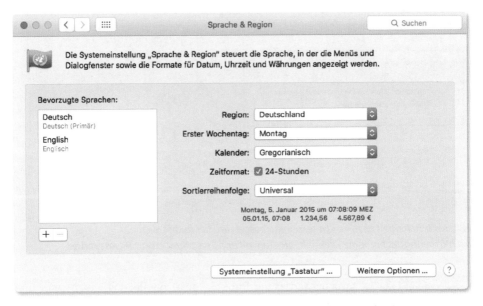

*»Sprache & Region« erlaubt unter anderem den Wechsel der Primärsprache für das System.*

Der Bereich rechts kümmert sich um Regionen, Kalenderansichten und Sortierreihenfolgen.

## Sicherheit

Öffnen Sie die Systemeinstellungen zur Sicherheit, so finden Sie dort vier Bereiche vor: »Allgemein«, »FileVault«, »Firewall« und »Privatsphäre«.

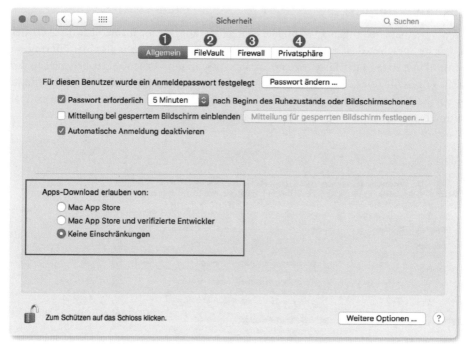

*Der Bereich Sicherheit ist in vier Unterpunkte aufgeteilt. Hier finden Sie die Verschlüsselungstechnologie FileVault, die Firewall und Einstellungen zur Privatsphäre.*

❶ *Allgemein*: Hier ist ganz besonders der Punkt »Apps-Download erlauben von:« interessant. Damit legen Sie fest, welche Quellen für neue Programme genutzt werden dürfen. Klicken Sie »Mac App Store« an, dürfen auch nur wirklich Programme aus dem App Store installiert werden, bei der zweiten Option zusätzlich noch die, die von Apple zertifiziert wurden. Der dritte Punkt erlaubt die Installation aller Programme aus allen Quellen.

*Mit einer zu restriktiven Einstellung werden unter Umständen auch seriöse Programme wie der alternative Webbrowser Firefox nicht akzeptiert.*

Möchten Sie solche Programme dennoch installieren, sollten Sie »Keine Einschränkungen« wählen. Dann ist es aber natürlich erforderlich, dass Sie genau abwägen, welchen Programmen Sie die Installation erlauben und welchen nicht.

❷ *FileVault*: Möchten Sie die Daten auf Ihrer El Capitan-Festplatte verschlüsseln und so gegen unberechtigte Zugriffe schützen, können Sie FileVault aktivieren. Dann müssen Sie sich aber das Anmeldepasswort und den während der Verschlüsselung generierten Wiederherstellungsschlüssel gut merken, weil Sie sonst ebenfalls nicht mehr an Ihre Daten kommen.

❸ *Firewall*: Möchten Sie, dass El Capitan mit der integrierten Software-Firewall eingehende Verbindungen überwacht, dann aktivieren Sie die Firewall in diesem Bereich. Klicken Sie schließlich auf *Firewall-Optionen ...*, um den Datenverkehr von und zu Ihrem Rechner zu regulieren.

## Aufgepasst

Die Konfiguration einer Firewall sollten Sie nur dann angehen, wenn Sie genau wissen, was eine Änderung bewirkt. Sonst kann es passieren, dass gewünschte und problemlose Verbindungen nicht mehr funktionieren, weil Sie irrtümlich Programmen den Datentransfer untersagt haben.

❹ *Privatsphäre*: Hier geht es um den Schutz Ihrer Daten. Alle Programme, die Ortungsdienste nutzen oder auf Ihre Kontakte, Kalender und Erinnerungen zugreifen möchten, müssen sich in die entsprechenden Rubriken eintragen. Hier können Sie einzelnen Programmen auch die Erlaubnis wieder entziehen, indem Sie sie aus der Liste entfernen.

## Monitore

Im Bereich »Monitor« stellen Sie die Auflösung und Helligkeit ein und hier finden Sie auch die Einstellungen zum AirPlay-Monitor. Weitere Details dazu finden Sie in den Kapiteln 2 (Auflösung) und 7 (AirPlay). Wenn Sie an einem Mac ein zweites Display anstecken, können Sie das ebenfalls über diese Einstellung konfigurieren. Rufen Sie Farben auf, können Sie zwischen verfügbaren Farbprofilen wechseln und Ihren Monitor kalibrieren.

*Hier sehen Sie die Einstellungen zum Monitor, zu den Farben und zum AirPlay-Monitor.*

## Energie sparen

»Energie sparen« bietet einige Optionen an, wie Sie den Stromverbrauch Ihres Mac steuern können. Legen Sie hier fest, nach welcher Zeit der Inaktivität der Monitor ausgeschaltet werden soll. Je größer das Display und je höher die Helligkeit, desto mehr Energie verbraucht es. Hier kann es also durchaus viel Energie sparen, wenn der Mac während der Mittagspause nicht noch eine Stunde in voller Helligkeit strahlt, obwohl niemand mehr daran arbeitet.

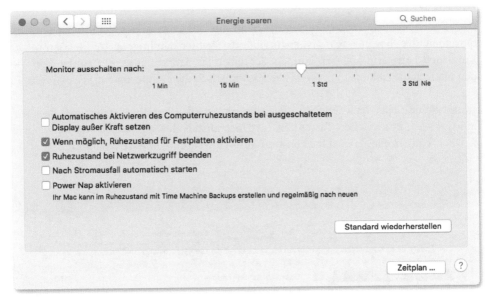

*Hier legen Sie unter anderem fest, wann sich der Monitor selbstständig abschaltet.*

## Grundlagen

»Power Nap« bewirkt, dass im Ruhezustand gewisse Dienste ausgeführt werden können. Bei kompatiblen Notebooks findet das sogar in zugeklapptem Zustand statt. Power Nap ist nicht für alle Macs verfügbar, auf denen OS X El Capitan eingerichtet werden kann. Bei manchen Geräten, die vor Ende 2012 eingeführt wurden, ist außerdem zunächst eine Software-Aktualisierung notwendig. Welche Geräte für Power Nap geeignet sind, erfahren Sie unter http://www.apple.com/de/support/, wenn Sie nach dem Artikel »OS X: Informationen zu Power Nap« suchen.

Haben Sie El Capitan auf einem mobilen Computer wie einem MacBook Pro im Einsatz, können Sie an dieser Stelle auch noch unterschiedliche Einstellungen für den Betrieb über die »Batterie« oder das »Netzteil« festlegen.

## Tipp

Der »Zeitplan ...« ist auch eine interessante Rubrik dieser Einstellungen. Hier können Sie bestimmen, wann sich der Mac automatisch ein- oder ausschalten soll. Wenn Sie beispielsweise jeden Tag um 8 Uhr mit der Arbeit beginnen, können Sie einstellen, dass jeden Tag oder an jedem Werktag der Mac um 7:55 Uhr automatisch hochfährt. Nach Ende Ihrer Arbeitszeit kann der Mac dann auch automatisch herunterfahren, sofern es keine ungesicherten Daten gibt.

## Tastatur

Hier finden Sie viele Einstellungen, die nicht nur die Tastatur als Gerät betreffen. Insbesondere der Bereich »Text« ist spannend, da Sie hier häufig genutzte Phrasen in der Kurz- und Langform angeben können. Schreiben Sie dann in einer El Capitan-App wie den Notizen die Abkürzung, so erscheint automatisch die Langform.

»Kurzbefehle«: Hier verwalten Sie alle Tastaturkürzel des Systems. Sie möchten beispielsweise wissen, mit welchen Tasten Sie das Dock ausblenden können? Unter Launchpad & Dock können Sie das nachsehen und auf Wunsch eine andere Tastenkombination eintragen.

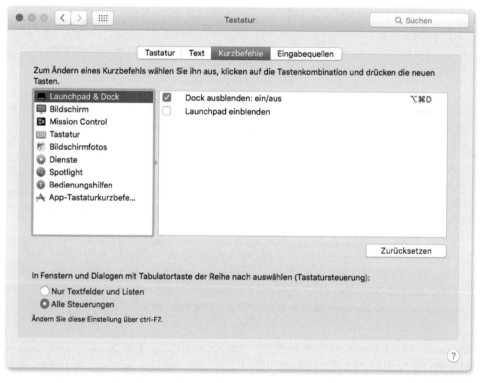

*Das Dock blenden Sie über ⌥ – ⌘ – D ein. Gefällt Ihnen diese Tastenkombination nicht, dann können Sie sie ändern, indem Sie darauf klicken.*

»Eingabequellen« ermöglicht Ihnen den einfachen Zugriff auf Tastaturlayouts mehr oder weniger fremder Sprachen. Sie benötigen eine Tastatur für Bengalisch, Panjabi oder Telugu? Kein Problem, die können Sie auswählen und auf Wunsch auch in der Menüleiste einblenden lassen.

## Maus

Rufen Sie die Einstellungen zur »Maus« auf, so erhalten Sie dort wenige Dinge angezeigt, die Sie überraschen dürften. Aber eine Sache möchten wir dennoch ansprechen: Apple ist der Meinung, dass das Scrollen am iPhone natürlich ist. Möchten Sie an diesen Geräten Inhalte ansehen, die sich weiter unten befinden, so schieben Sie das sichtbare Fenster nach oben weg und sehen Sie die unteren Dinge. Das passt bei Touchscreens super und wer nur mit iPhone und iPad arbeitet, kommt damit gut klar. Wer es aber in der Vergangenheit gewohnt war, eine Maus mit Scrollrad zu benutzen, der scrollt nicht nach oben, wenn er die Inhalte weiter unten sehen möchte. Das Scrollrad einer Maus wird dazu in die andere Richtung bewegt.

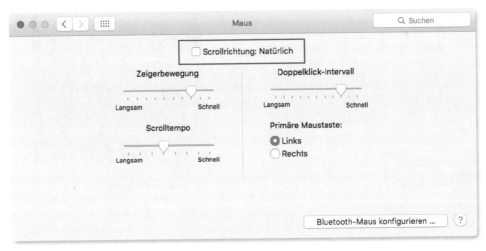

*Eine sehr wichtige Einstellung im Bereich der Maus ist »Scrollrichtung: Natürlich«.*

Wenn Sie also zum ersten Mal das Scrollrad einer Maus unter El Capitan bewegen und es in die für Sie falsche Richtung geht, dann liegt es an der »natürlichen« Scrollrichtung. Und die können Sie an dieser Stelle ausschalten.

> **Tipp**
>
> Haben Sie eine Magic Mouse von Apple im Einsatz, deren Oberfläche mit Touch-Funktionalität ausgestattet ist, dann können Sie diese Dinge ebenfalls hier konfigurieren.

## Trackpad

Steht Ihnen ein mobiler Mac wie das MacBook Pro oder das MacBook Air zur Verfügung, so haben Sie ein integriertes Trackpad. Es besteht aber auch die Möglichkeit, ein Magic Trackpad nachträglich per Bluetooth an einen stationären Mac (Mac mini, iMac, Mac

Pro) zu installieren. In beiden Fällen finden Sie die dafür zuständigen Einstellungen im Bereich Trackpad.

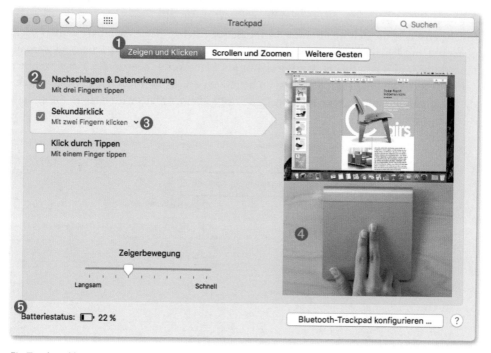

*Ein Trackpad kann entweder integriert in ein MacBook sein oder – wie in diesem Fall – ein Magic Trackpad, das per Bluetooth mit dem Mac verbunden wurde.*

❶ Es gibt derart viele Trackpad-Gesten, dass alle in drei Bereiche unterteilt werden.

❷ Aktivieren oder deaktivieren Sie eine Geste, indem Sie das Häkchen vor der Geste setzen oder entfernen.

❸ Indem Sie auf eine Einstellung mit Pfeil nach unten klicken, rufen Sie alle alternativen Einstellungen auf. So können Sie beispielsweise einen Rechtsklick ausführen, indem Sie mit zwei Fingern rechts unten oder links unten klicken.

❹ Wie die Geste funktioniert und was sie bewirkt, das sehen Sie in den kleinen hilfreichen Videoclips rechts.

❺ Haben Sie ein Magic Trackpad angeschlossen, können Sie hier sogar den aktuellen Akkustand überprüfen.

## Netzwerk

Wann immer Sie die Verbindung zu einem kabellosen oder kabelgebundenen Netzwerk herstellen oder dessen Einstellungen verändern möchten, sind die Netzwerkeinstellungen der richtige Ort dazu. Möchten Sie lediglich die Verbindung zu einem WLAN herstellen, geht das in der Regel viel schneller über die Menüleiste von El Capitan.

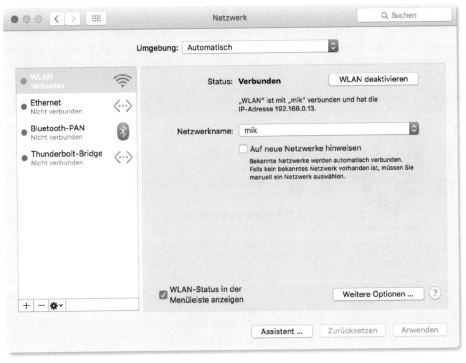

*Alle für das Netzwerk relevanten Einstellungen finden Sie hier. Praktisch ist auch die Möglichkeit, komplette Umgebungen zu definieren.*

Die vorhandenen Umgebungen links sind normalerweise ausreichend, damit Sie die gewünschten Verbindungen herstellen können. Sie haben aber auch die Möglichkeit, neue Umgebungen hinzuzufügen oder bestehende zu löschen.

### Bevorzugte Netzwerke

Haben Sie Ihren Mac in der Vergangenheit bereits mit einem WLAN verbunden (und sich das Netzwerk gemerkt), dann wird Ihr Mac künftig immer versuchen, das Netzwerk wieder zu benutzen, wenn es verfügbar ist. Das klappt in der Regel sehr zuverlässig. Sie finden die Liste Ihrer bevorzugten Netzwerke, wenn Sie auf *Weitere Optionen …* klicken.

# Bluetooth

Sie möchten ein »Bluetooth«-Gerät mit Ihrem Mac verbinden? Dann können Sie das hier bequem erledigen.

Hier können Sie Bluetooth zunächst einmal ein- und wieder ausschalten (*Bluetooth aktivieren/deaktivieren*). Im Bereich rechts sehen Sie alle Geräte, die in Reichweite sind und zu denen Sie eine Verbindung aufbauen können (oder die bereits verbunden sind). Klicken Sie auf *Verbinden*, um das Gerät mit Ihrem Mac zu verbinden. Möchten Sie es später wieder trennen, klicken Sie auf das x am rechten Rand (das nur zu sehen ist, wenn das Gerät verbunden ist).

*Alle verfügbaren Geräte werden Ihnen hier angezeigt. Klicken Sie auf »Verbinden«, um das Gerät zu koppeln.*

*Das Gerät ist verbunden und kann über das x rechts wieder getrennt werden. Außerdem sehen Sie den Akkuladestand von Tastatur und Trackpad.*

Sollten zum Verbinden noch weitere Schritte nötig sein, werden Sie durch diesen Prozess geführt. So kann es bei einer kabellosen Tastatur erforderlich sein, dass Sie zur Bestätigung einen Zahlencode eingeben müssen.

## Tipp

Einen sehr schnellen Zugriff auf Ihre Bluetooth-Geräte bekommen Sie, wenn Sie »Bluetooth in der Menüleiste anzeigen« aktivieren. Dann erhalten Sie in der Menüleiste ein Bluetooth-Symbol, über das Sie direkt all Ihre Bluetooth-Geräte verbinden oder trennen können.

*Über die Menüleiste lassen sich Bluetooth-Geräte sehr einfach verbinden und trennen. Und auch der Akkustand kann hier überprüft werden.*

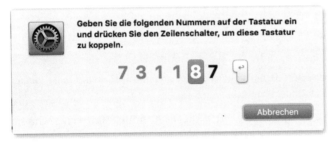

*Müssen Sie beispielsweise an der drahtlosen Tastatur von Apple einen Code eingeben, werden Sie von El Capitan darüber informiert.*

# Benutzer & Gruppen

OS X ist ein hervorragendes System, um mehrere Benutzer zu verwalten. So können mehrere Personen ihre jeweils eigenen Benutzerkonten anlegen, auf Wunsch mit Administratorrechten ausstatten und auch gleichzeitig mehrere Benutzer angemeldet lassen.

*Die Verwaltung sowie das Anlegen oder Löschen von Benutzern sind unter El Capitan kein Problem.*

❶ Ist bei einem Benutzer dieses Häkchen gesetzt, so hat er Administratorrechte. Um sie zu vergeben, muss man aber ebenfalls Administrator sein.

❷ Mit + und – fügen Sie neue Benutzer hinzu oder löschen bestehende (vorher den richtigen mit der Maus markieren!).

## Grundlagen

Wenn Sie einen Benutzer löschen, müssen Sie angeben, ob Sie den Benutzerordner (mit den persönlichen Daten des Benutzers) als Image sichern, ihn an Ort und Stelle belassen oder einfach löschen möchten.

❸ In diesem Bereich sehen Sie alle dem System bekannten Benutzer. Der gerade am System angemeldete Benutzer steht ganz oben (»Aktueller Benutzer«). Diejenigen, die Admin-Rechte haben, werden bereits in der Übersicht entsprechend gekennzeichnet (»Admin« im Vergleich zu »Standard«).

❹ Die »Anmeldeoptionen« sind sehr praktisch. Hier lässt sich beispielsweise eine »Automatische Anmeldung« einrichten. Dann wird dieser Benutzer nach einem Neustart automatisch angemeldet. Das ist ebenso bequem wie unsicher, weil damit theoretisch jede Person Zugang zu diesem Rechner bekommt, die zum Zeitpunkt des Neustarts am Mac steht.

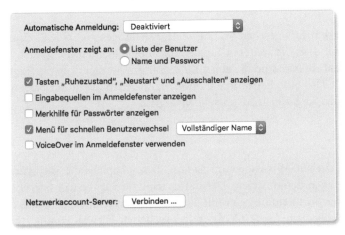

*Die Anmeldeoptionen bestimmen, wie sich der Mac in puncto Anmeldungsprozedere verhalten soll.*

Wenn Sie sich häufig unter verschiedenen Namen am System anmelden, empfehlen wir Ihnen auch die Option »Menü für schnellen Benutzerwechsel«. Einmal aktiviert, können Sie dann in der Menüleiste rechts schnell einen anderen Benutzer auswählen. Und Sie sehen zu jeder Zeit, unter welchem Namen Sie gerade angemeldet sind.

*Ein kleines Menü mit großer Infodichte: Gerade ist der Benutzer »Michael Krimmer« aktiv. Angemeldet ist aber zusätzlich noch »Alexandra Krimmer«. Aber auch die Benutzer »Frisch« und »Administrator« sind mit nur einem Klick zu erreichen und können dann angemeldet werden.*

❺ Unter »Anmeldeobjekte« finden Sie die Programme, die zum Systemstart geladen werden. Das sind aber nicht die Programme, die Sie im Dock mit »Bei der Anmeldung öffnen« konfiguriert haben. Hier finden Sie hauptsächlich systemrelevante Tools, die im Hintergrund arbeiten und daher an anderer Stelle nur schwer zu erkennen sind. Möchten Sie einem Programm nicht mehr erlauben, dass es bei Start geladen wird, dann entfernen Sie es hier.

Das waren sie nun, die subjektiv gesehen wichtigsten Einstellungen zu OS X El Capitan. Das bedeutet aber nicht, dass die weiteren Einstellungsmöglichkeiten nicht auch ihre Existenzberechtigung haben. Nur sind die einen Einstellungen meistens öfter gefragt als die anderen. Suchen Sie also eine bestimmte Option, dann sehen Sie in der passenden Rubrik nach oder schauen Sie nach einem passenden Begriff.

One more thing ...

Apropos suchen: Wir haben am Anfang dieses Kapitels die Suche in den Einstellungen demonstriert. Der dafür genutzte Suchbegriff (»fernbedienung«) war nicht zufällig gewählt. Immer wieder kommt es vor, dass man beispielsweise am Apple TV die Wiedergabe per Fernbedienung starten will und dabei plötzlich am Mac die Musik angeht. Das liegt daran, dass sich auch ein Mac über die Fernbedienung des Apple TV steuern lässt.

*Apple Remote, die Fernbedienung, die auch dem älteren Apple TV beiliegt, funktioniert auch am Mac. Das kann aber zu Verwirrungen führen. Foto: Apple*

Das ist praktisch, kann aber zu einem Problem werden, wenn sich zwei Geräte im Raum befinden, die auf dieselbe Fernbedienung ansprechen. Und die dafür zuständige Einstellung ist echt schwer zu finden. Suchen Sie also nach »fernbedienung«, schlägt El Capitan die *Systemeinstellung | Sicherheit* vor. Dort angekommen ist aber nichts zu sehen von einer Fernbedienung. Der Grund: Sie müssen zunächst noch auf *Weitere Optionen ...«* klicken und dort dann »Infrarotempfänger für Fernbedienungen deaktivieren« ausschalten.

### Aufgepasst

Der iMac ab 2012 und das MacBook Pro Retina haben keinen integrierten Infrarotempfänger mehr. Folglich finden Sie bei diesen Macs auch die entsprechende Einstellung nicht mehr.

# Automatische Sicherung und Versionen

Auf den folgenden Seiten stellen wir Ihnen noch zwei hilfreiche Zusatzfeatures von OS X El Capitan vor: Die eine ist die Autospeicherfunktion von El Capitan, mit der anderen stellen Sie Dateien in bestimmten Versionen wieder her.

El Capitan hält einige Zusatzfeatures bereit, die sich nicht einem bestimmten Programm oder einer bestimmten Funktion zuordnen lassen. Soweit es sinnvoll war, haben diese Funktionen an passender Stelle in diesem Buch Einzug gehalten. Es gibt aber noch zwei Dinge, die wir Ihnen unbedingt zeigen möchten. Schließlich können Sie damit oft verhindern, dass Daten in Form von geschriebenen Texten einfach verloren gehen. Mit »Auto Save« speichert El Capitan vollautomatisch im Hintergrund Dateien ab, damit Sie sich nicht mehr um die Sicherung kümmern müssen. Und mit »Versionen« können Sie sich die beste Version eines Dokuments aussuchen und wiederherstellen; auch dann, wenn dieser Stand schon etwas älter ist.

# Auto Save – Sicherung für Ihre Nerven ...

Um auszuprobieren, was Auto Save für Sie tun kann, starten Sie bitte das in El Capitan integrierte Textprogramm »TextEdit«, legen Sie ein neues Dokument an und schreiben Sie einen Text. Schließen Sie nun das neue Dokument (oder speichern Sie es), fordert TextEdit Sie auf, einen Dateinamen zu vergeben. Für unser Beispiel ist es egal, ob Sie das Dokument in der iCloud oder lokal auf Ihrer Festplatte speichern. In jedem Fall ist das Dokument zu diesem Zeitpunkt entweder im Internet oder lokal auf Ihrem Rechner im aktuellen Stand gesichert.

> **Tipp**
>
> Anstelle von TextEdit können Sie auch eines der anderen Apple-Programme wie »Keynote«, »Pages« oder »Numbers« verwenden.

Wenn Sie nun den Inhalt dieses Textdokuments verändern und das Fenster erneut schließen, fällt Ihnen sicherlich etwas auf: Es ist nicht erforderlich, dass Sie die Änderungen bestätigen, damit das Programm die Datei aktualisiert. Das ist unüblich! Öffnen Sie das Dokument hinterher noch einmal, werden Sie feststellen, dass die Änderungen trotzdem vorhanden sind.

Richtig interessant ist diese Auto Save genannte Funktion dann, wenn man sich erinnert, wie oft man Daten verloren hat, weil ein Programm vor dem Speichern abgestürzt ist. Mit El Capitan bleibt der Schaden in der Regel in einem sehr überschaubaren Rahmen, weil das System selbst dafür sorgt, dass es immer eine aktuelle Datensicherung gibt.

Nehmen wir unser exemplarisches Textdokument, anhand dessen wir die Funktionen von Auto Save demonstrieren:

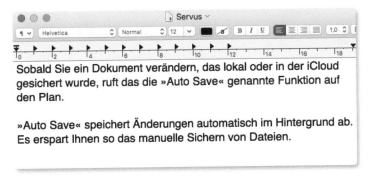

*Dieses Dokument wurde in diesem Zustand gespeichert und ist daher aktuell.*

Nun nehmen wir Änderungen vor, markieren eine Textpassage und verändern stellenweise die Farbe. Jetzt entspricht die aktuelle Datei also nicht mehr dem Speicherstand.

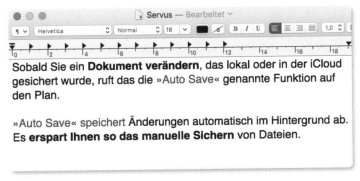

*Die Datei wurde geändert und OS X El Capitan erkennt die neue Gegebenheit und setzt*
*»Bearbeitet« rechts neben den Dateinamen.*

Der Zusatz »Bearbeitet« zeigt Ihnen, dass der Zustand der Datei nicht mehr dem auf Ihrer Festplatte (oder der iCloud) entspricht. El Capitan hat zu diesem Zeitpunkt aber bereits völlig ohne Ihr Zutun eine neue Sicherung erstellt und kann Ihnen aus diesem Grund auch beide anbieten. Dazu gleich mehr. Wenn Sie mit der Maus auf den Dateinamen oder das Wort »Bearbeitet« klicken, öffnet sich ein Menü, in dem Sie den Dateinamen und den Speicherort ändern können. Außerdem haben Sie hier die Möglichkeit, Tags zu vergeben.

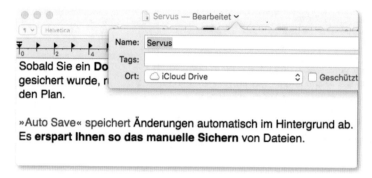

*Klicken Sie auf den Dateinamen oder das Wort »Bearbeitet«, können Sie den Dateinamen und den Speicherort verändern und Tags vergeben.*

## Eine frühere Version wiederherstellen

Wird Ihnen jetzt klar, dass Ihre Änderungen für das Dokument keine Verbesserung bedeuteten, sondern es eher verschlechtert haben, können Sie mit einem Klick auf *Ablage | Zurücksetzen auf | Zuletzt geöffnet* den Zustand wiederherstellen, den die Datei beim bisher letzten Öffnen hatte. Zur Sicherheit sehen Sie daneben auch noch die entsprechende Uhrzeit angezeigt. Nach einer kurzen Abfrage, ob Sie das auch sicher tun möchten, und einem Klick auf Letzte Version erhalten wir wieder die Version ohne die kürzlich vorgenommenen Veränderungen.

## Wenn die Datei so bleiben soll: Auto Save deaktivieren

Es kann ja durchaus vorkommen, dass man mit einer Datei in der aktuellen Version so zufrieden ist, dass man den Zustand vorerst auf keinen Fall mehr verändern will. Um eine Datei vor unabsichtlicher Veränderung zu schützen, klicken Sie wieder auf die Leiste mit dem Dateinamen oben und setzen Sie dann das Häkchen vor »Geschützt«. Das Erste, was sich dann verändert: Sie können den Dateinamen nicht mehr modifizieren, keinen alternativen Speicherort wählen und keine Tags vergeben. Versuchen Sie dann, den Inhalt der Datei zu verändern, werden Sie darauf hingewiesen, dass das so ohne Weiteres nicht mehr möglich ist.

*Änderungen sind bei gesperrten Dateien nicht mehr möglich. Sie können aber ein Duplikat der Datei anlegen oder den Schutz aufheben.*

Möchten Sie die Datei nun doch ändern, klicken Sie auf *Schutz aufheben*. Soll zur Sicherheit ein Duplikat der Datei angelegt werden, damit Sie zur Not wieder zurück können, dann klicken Sie auf *Duplizieren*.

## Die beste Version finden – mit »Versionen«

Eine auf Auto Save aufbauende Funktion ist »Versionen«. Damit können Sie einzelne Entwicklungsphasen eines Dokuments nachvollziehen. Sehr hilfreich: Jede einzelne Phase kann wiederhergestellt werden. Und das funktioniert so:

Haben Sie eine Weile an einem Dokument gearbeitet, speichert Auto Save im Hintergrund eine Vielzahl an Sicherungen ab, die alle einem bestimmten Stand entsprechen. Wenn Sie dann irgendwann nicht mehr genau wissen, in welcher Phase das Dokument den besten Inhalt hatte, um dieses wiederherzustellen, dann blättern Sie doch einfach in allen vorhandenen Versionen. Wählen Sie dazu im Ablage-Menü den Punkt Zurücksetzen auf und dann *Alle Versionen durchsuchen ...* aus. Daraufhin gelangen Sie in ein Menü, das ein wenig an Time Machine erinnert.

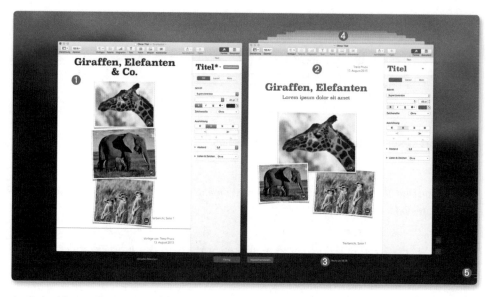

*Auch das können Sie mit »Auto Save« machen: Durchsuchen Sie einfach alle vorhandenen Backups nach der passenden Version.*

Im Bereich links ❶ sehen Sie Ihr Dokument so, wie es derzeit aussieht. Rechts daneben ❷ zeigt Ihnen El Capitan immer die verfügbare Sicherung an. Wie aktuell diese ist, erkennen Sie am Zeitstempel ❸. Sie können nun auf die Versionen hinter dem aktuellen Zeitstempel klicken ❹ – und so immer wieder eine andere Version in den Vordergrund holen. Um zeitlich in der Historie dieser Datei zu manövrieren, nutzen Sie die Zeitleiste ❺.

*Sie finden die Zeitleiste von »Auto Save« im rechten unteren Bildrand. Dort können Sie zielsicher einen bestimmten Speicherzeitpunkt auswählen.*

Möchten Sie das Versionen-Fenster beenden, ohne eine Datei wiederherzustellen, klicken Sie einfach auf *Fertig*. Mit *Wiederherstellen* bringen Sie die Datei im rechten Bereich des Bildes zurück.

# El Capitan laden und installieren

OS X El Capitan ist kostenlos und kann ganz einfach aus dem App Store geladen werden. Wir besprechen in diesem Kapitel die Fragen zur Installation.

# El Capitan aus dem App Store laden

Starten Sie den App Store, um El Capitan kostenlos zu laden. Wenn Sie El Capitan nicht bereits in den Highlights entdecken, klicken Sie rechts auf »Apps von Apple« (dort gibt es dann die passende Rubrik »OS X«) oder suchen Sie nach »El Capitan«. Laden Sie das Programm dann herunter. Das kann aufgrund der Größe von mehreren Gigabyte durchaus eine Weile dauern. Sobald der Download abgeschlossen ist, startet das Installationsprogramm.

# El Capitan installieren

Die Installation von El Capitan läuft weitestgehend selbstständig. Im Grunde klicken Sie sich einfach durch den Prozess. Möchte El Capitan etwas wissen, dann werden Sie danach gefragt. Wir zeigen Ihnen anhand einer Schritt-für-Schritt-Anleitung, wie das Update vonstattengeht.

*So sieht das Installationsprogramm zu Beginn aus. Klicken Sie auf »Fortfahren«, um mit dem Update zu beginnen.*

*Wie üblich muss auch eine Lizenzvereinbarung abgenickt werden. Nachdem Sie auf »Akzeptieren«
geklickt haben, müssen Sie erneut Ihr Einverständnis mit den Bestimmungen erklären.*

*Wählen Sie dann das Laufwerk aus, auf dem Sie El Capitan installieren möchten. In der Regel ist
das die interne Festplatte, die normalerweise auch den Namen »Macintosh HD« trägt.*

Da die Installation des Betriebssystems einen bedeutenden Eingriff in das System darstellt, müssen Sie sich zunächst als Administrator zu erkennen geben.

Nachdem die ersten Dateien kopiert wurden, ...

… *startet der Mac neu. Sie können die Sekunden bis zum automatischen Neustart abwarten oder auf »Neustart« klicken.*

*Jetzt beginnt die eigentliche Installation von El Capitan. Nach einem weiteren Neustart ist das System dann auf dem aktuellen Stand.*

**Aufgepasst**

Haben Sie ein bestehendes OS X aktualisiert, erwartet Sie im Anschluss der Anmeldebildschirm. Bei einer Neuinstallation müssen Sie noch eine erste Konfiguration (Sprache, Benutzer anlegen, Apple-ID ...) durchlaufen.

Zu diesem Zeitpunkt haben Sie El Capitan in der Version installiert, wie sie zum Download-Zeitpunkt im App Store vorlag. Sollte es künftig weitere Updates geben, können Sie diese ganz bequem ebenfalls über den App Store installieren. Wie das Aktualisieren von Programmen im App Store funktioniert, lesen Sie in Kapitel 4.

# Alle Mac-Modelle im Überblick

Das Geheimnis von OS X ist nicht nur das stabile und durchdachte Betriebssystem selbst. Der Mac hat gegenüber Computern anderer Hersteller den Vorteil, dass es nur eine überschaubare Anzahl an Rechnern gibt, auf denen OS X laufen kann. Wir stellen Ihnen in diesem Kapitel alle verfügbaren Macs vor.

Der Vorteil am Mac: Das Betriebssystem weiß, mit welchen Hardwarekomponenten es zusammenarbeiten soll. Da kommt es nicht vor, dass – wie beim Windows-PC häufig der Fall – ein Grafikchip oder Prozessor nicht zu 100 Prozent mit anderen Komponenten zusammenarbeitet oder sich die Soundkarte nicht mit dem USB-Controller versteht. Beim Mac gibt es ein paar Modelle mit einer kleinen Anzahl an Konfigurationen. Diese Tatsache in Kombination mit einem guten Betriebssystem hat zur Folge, dass ein Mac besser und stabiler läuft als ein Windows-PC. Und dass ein Mac deutlich teurer ist als ein vergleichbarer Windows-Rechner, das ist auch schon lange nicht mehr so, wie es früher einmal war.

## Ein paar erklärende Worte vorab

Wir haben Ihnen die für den jeweiligen Mac interessanten Punkte herausgepickt und weisen in diesem Kapitel darauf hin. Sie können sich aber alle technischen Daten der Macs selbst unter http://www.apple.com/de/mac/ im Detail ansehen.

*Die Apple-Webseite informiert Sie übersichtlich über alle Macs und erlaubt auch den Vergleich der Modelle unter www.apple.com/de/mac/compare/.*

Klicken Sie dazu in der Leiste oben auf die Produktgruppe (MacBook, MacBook Air, MacBook Pro ...). Neben den einführenden Informationen auf der Hauptseite jedes Mac finden Sie alle Details, wenn Sie rechts oben auf »Technische Daten« klicken. Hier sehen Sie dann, was in jedem Mac steckt, wie die Basispreise liegen und was gegen einen Aufpreis zu bekommen ist.

# Worauf Sie beim Kauf achten sollten

Beim Vergleich der Macs werden Sie immer wieder auf ein paar Eckdaten stoßen, die Sie gegeneinander abwägen müssen. Damit Sie die Eigenschaften der einzelnen Modelle einschätzen können, geben wir Ihnen eine kurze Einführung in die wichtigsten Komponenten:

**Prozessor (oder CPU):** Sie werden bei Apple die Infos zum Prozessor immer als eine Kombination aus Prozessortyp (Core M, i5, i7, Xeon E5), einer Taktfrequenz (z.B. 1,4 GHz bis 3,7 GHz) und einer Anzahl von Kernen oder Cores (2, 4, 8 oder auch Dual-Core, Quad-Core) vorfinden. Das mit dem i5 oder i7 ist dabei etwas tückisch. Zwar verfügen die Macs aus dem Apple Store immer über die aktuellen i5- und i7-Prozessoren. Diese Bezeichnungen gibt es aber schon eine Weile. Und auch wenn ein aktueller i7 schneller ist als ein aktueller i5, können Sie beim Kauf eines gebrauchten Mac ein Modell mit einem i7 finden, der schon einige Jahre alt ist.

Die Taktfrequenz gibt – vereinfacht gesagt – die Geschwindigkeit des Prozessors aus. Je höher der Takt, desto schneller die CPU. Um die Gesamtleistung des Prozessors einschätzen zu können, ist aber noch die Anzahl der Kerne wichtig. Je mehr Kerne ein Prozessor hat, desto mehr Aufgaben kann er parallel ausführen, sofern die Software das auch unterstützt. Es kann also durchaus sein, dass mehr Kerne mit geringerer Taktfrequenz unterm Strich schneller sind als wenige Kerne mit höherem Takt.

**Arbeitsspeicher (oder RAM):** Im Arbeitsspeicher werden die für den Prozessor erforderlichen Daten bereitgehalten. Ein Computer sollte im normalen Betrieb immer noch etwas Arbeitsspeicher frei haben. Ist der Speicher voll, muss der Mac die Daten auf die Festplatte auslagern. Da diese dramatisch langsamer ist als der schnelle Arbeitsspeicher, bremst eine solche Auslagerung den kompletten Computer aus, weil der Prozessor nicht mehr ungehindert arbeiten kann.

## Grundlagen

Bei Prozessor, Arbeitsspeicher und Grafik ist zu beachten: Mehr ist nur dann besser, wenn weniger zu wenig ist. Im Klartext: Ist ein geringer ausgestatteter Mac locker in der Lage, seine Aufgaben zu erfüllen, dann bringt es auch nichts, wenn Sie stärkere Hardware verwenden. Wie ausgelastet Ihr Mac ist, das können Sie mit der »Aktivitätsanzeige« oder dem Tool »iStats Menus« überprüfen (Kapitel 5).

**Grafik:** Eine Grafikkarte mit eigenem Speicher ist immer einem Chip ohne eigenen Speicher vorzuziehen, wenn es auf die Geschwindigkeit ankommt. Zwar kann ein Mac auch mit den Chips »Intel HD Graphics 5300« beim MacBook oder »Intel Iris Pro Graphics« beim günstigen iMac weniger grafikintensive Dinge wie Textverarbeitung und Surfen im Internet verrichten. Soll der Mac aber aktuelle Spiele unterstützen oder sich zur Bildbearbeitung eignen, wäre ein »NVIDIA GeForce GT 775M-Grafikprozessor mit 1 GB

GDDR5« wie beim 27-Zoll-iMac besser. Und müssen Sie mit großen Bild- oder Video-daten umgehen, kann auch das Upgrade auf eine Grafikkarte mit bis zu 4 GByte sinnvoll sein. Das gibt es dann beispielsweise für 300 Euro mehr beim 4K-iMac.

**Festplatte oder Flash:** Der Unterschied zwischen Festplatten und Flash-Speicher ist in einem Satz geklärt: Flash ist schnell, Festplatte langsam. Aber das eine (Flash) ist auch teuer, das andere (Festplatte) billig. Während Sie beim iMac 1 TByte Festplattenspeicher ohne Aufpreis dazubekommen, kostet der vergleichbare Flash-Speicher je nach Modell bis zu 1.200 Euro extra.

Apple hat da beim iMac aber einen sehr interessanten Zwischenweg gefunden, der die Vorteile beider Speicherarten kombiniert. Lassen Sie sich stattdessen 1 TByte Fusion Drive einbauen, bekommen Sie zur Festplatte noch 128 GByte Flash-Speicher dazu. Beide Speicher werden dann per Software zu einem Laufwerk zusammengefügt. El Capitan überprüft dann ständig, welche Daten Sie oft benutzen, und lagert diese auf dem schnellen Flash-Speicher aus. Das Betriebssystem und oft genutzte Programme werden beispiels-weise dort landen. Ein Video, bei dem es egal ist, ob es zum Laden eine Sekunde braucht oder zwei, wird dann auf der Festplatte abgelegt. Das genannte Fusion Drive ist bei man-chen Macs bereits standardmäßig dabei, bei andern kostet es 240 Euro Aufpreis.

# Die Vorteile der einzelnen Macs

Apple hat eine Reihe von Macs im Programm. Beim Computerkauf haben Sie die Wahl zwischen den mobilen Rechnern MacBook, MacBook Air und MacBook Pro. Die sta-tionären Rechner teilen sich auf in den Mac mini, iMac und Mac Pro. Dabei haben alle Computer ihre Vor- und Nachteile.

## Mobile Macs

Bei den mobilen Macs gibt es drei Produktgruppen: das kompakte MacBook mit drei unterschiedlichen Gehäusefarben, das kleine und leichte MacBook Air und das etwas größere, dafür aber deutlich stärkere MacBook Pro.

## MacBook

Beim MacBook fällt gleich auf, dass es das Gerät in drei Farben gibt. So kann man sich – passend zum iPhone – auch einen mobilen Computer in den Farben Silber, Gold oder Space Grey kaufen. Die Display-Diagonale liegt bei 12 Zoll, was knapp 30,5 Zentimetern entspricht. Das MacBook ist 0,35 bis 1,31 Zentimeter hoch und wiegt nur 920 Gramm. Damit ist es selbst unter den kompakten und leichten MacBooks das Leichtgewicht.

Allerdings haben die kompakte Bauart und die lange Akkulaufzeit auch ihre Nachteile: Es kommen vergleichsweise langsame mobile Prozessoren zum Einsatz (1,1 GHz oder

1,2 GHz Intel Core M). Gute Nachrichten gibt es dagegen vom Display: Die aktuellen MacBooks haben hochaufgelöste Retina-Displays mit 2304 × 1440 Pixeln.

*Das MacBook – hier in der goldfarbenen Ausführung – besticht durch sein leichtes und kompaktes Gehäuse. Foto: Apple*

Die lange Akkulaufzeit kommt neben dem stromsparenden Prozessor auch daher, dass keine Festplatte und kein optisches Laufwerk verbaut sind. Anstelle der Festplatte kommen je nach Modell 256 oder 512 GByte Flash-Speicher zum Einsatz. Das MacBook ist alltäglichen Aufgaben wie Surfen, Mailen, Office-Anwendungen, Bild und Videobearbeitungen locker gewachsen. Nur rechenintensive Dinge wie Video- und Bildbearbeitung mit sehr großen Dateien oder 3D-Berechnungen sollten damit nicht zur Hauptaufgabe werden.

Preislich geht es beim Einsteigermodell mit einem 1,1-GHz-Prozessor bei rund 1.450 Euro los. Für 1.800 Euro gibt es den 1.2-GHz-Prozessor sowie den doppelten Flash-Speicher.

## MacBook Air

Beim MacBook Air haben Sie zunächst die Wahl zwischen den Displaygrößen von 11 oder 13 Zoll. Der Vorteil des keilförmigen MacBook Air ist zum einen das flache Gehäuse, das an der schmalsten Stelle nur 0,3 Zentimeter hoch ist. Zum anderen ist es das Gewicht der Geräte. Entscheiden Sie sich für das 11-Zoll-Modell, so müssen Sie lediglich 1080 Gramm mit sich herumtragen.

*Das MacBook Air mit seinem keilförmigen Gehäuse misst an der schmalsten Stelle in der Höhe nur 30 Millimeter. Foto: Apple*

Ein weiterer Pluspunkt ist die vergleichsweise lange Akkulaufzeit von bis zu zwölf Stunden. Das wird auch beim MacBook Air unter anderem dadurch erreicht, dass anstelle einer herkömmlichen Festplatte Flash-Laufwerke mit Kapazitäten von bis zu 256 GByte verbaut sind. Der 1,6-GHz-Dual-Core-i5-Prozessor der Basiskonfiguration (optional gibt es das MacBook Air auch mit einem 2,2-GHz-i7) ist allerdings nichts für besonders rechenintensive Anwendungen. Aber für Surfen, Office und Bildbearbeitung kann man das MacBook Air gut gebrauchen. Preislich liegt das MacBook Air je nach Grundkonfiguration bei 999 Euro bis 1.349 Euro.

*Das MacBook Air gibt es mit Displays in 11 und 13 Zoll. Foto: Apple*

## MacBook Pro

Das MacBook Pro gibt es mit 13- oder 15-Zoll-Display. Die maximale Auflösung liegt bei diesen Modellen bei 2560 × 1600 Pixel (13 Zoll) beziehungsweise 2880 × 1800 Pixel (15 Zoll). Die kleineren Modelle verfügen über einen i5-Prozessor (Dual-Core) mit 2,7 bis 2,9 GHz. Die großen MacBook Pro haben bereits i7-Vierkernprozessoren mit 2,2 und 2,5 GHz.

*Das MacBook Pro eignet sich hervorragend für die professionelle Bildbearbeitung unterwegs. Foto: Apple*

Die schnellen Prozessoren in Verbindung mit den hochaufgelösten Displays machen das MacBook Pro mit Retina-Display in erster Linie zu sehr guten Rechnern für professionelle Bildbearbeitung und Videoschnitt. Zwar wünscht man sich insbesondere in diesen Bereichen immer ein möglichst großes Display. Aber für unterwegs sind diese Notebooks perfekt geeignet.

Als Massenspeicher kommen auch hier Flash-Laufwerke mit 128 bis 512 GByte Speicher zum Einsatz. Das schont den Akku (bis zu zwölf Stunden Laufzeit) und hilft auch, Gewicht zu sparen. Das kleinere Modell wiegt nur 1,58 Kilo, das größere lediglich 2,04 Kilo.

Diese sehr gute Hardware hat allerdings auch ihren Preis. Das 13-Zoll-Modell kostet ab 1.449 Euro. Möchten Sie 15 Zoll, müssen Sie mindestens 2.249 Euro investieren.

## Desktop-Macs

Auch bei den Macs für den Schreibtisch haben Sie eine große Auswahl an Modellen und Konfigurationen. Anbei ein Überblick:

### Mac mini: der kleinste und kompakteste Mac

Der Mac mini ist für diejenigen gut geeignet, die ihren ersten Mac kaufen und den bestehenden Monitor weiterverwenden möchten. Die Investition bei einem Mac mini ist überschaubar und somit stellt er das ideale Einstiegsmodell bei den Desktop-Macs dar. Punkten kann der Mac mini bei der Größe: Das Gehäuse ist nur 19,7 × 19,7 Zentimeter groß und 3,6 Zentimeter hoch. Das Gewicht liegt bei rund 1,2 Kilo.

*Der Mac mini macht auf dem Schreibtisch eine gute Figur und nimmt auch nicht viel Platz weg. Foto: Apple*

Derzeit gibt es den Mac mini in drei Varianten mit Prozessoren von 1,4 GHz bis hin zu 2,8 GHz (i5, zwei Kerne) in der Basiskonfiguration. Das Spitzenmodell lässt sich optional auf einen i7-Prozessor mit 3,0 GHz aufrüsten. Aufpassen sollte man beim schwächsten Mac mini. Der hat neben dem deutlich niedriger getakteten Prozessor auch nur 4 GByte Arbeitsspeicher und eine 500-GByte-Festplatte. Die Modelle mit Taktfrequenzen über 2 GHz verfügen auch in der Basiskonfiguration bereits über den doppelten Arbeitsspeicher und die doppelte Festplattenkapazität. Bei allen Mac mini ist die Leistung der verbauten Grafikchips vergleichsweise gering. Auch das wird bei den beiden schnelleren Mac mini etwas besser, ändert aber nichts daran, dass alle anderen Macs hier deutlich mehr zu bieten haben. Das macht den Mac mini zu einem guten Computer für alltägliche Arbeiten in einem erstaunlich kompakten Gehäuse. Wer aber eine höhere Leistung benötigt, sollte sich den iMac ansehen.

Der Mac mini ist der ideale Desktop-Rechner für zu Hause oder im Büro, mit dem Sie die freie Wahl des Monitors haben. Der Mac mini kostet derzeit in der Basiskonfiguration zwischen 569 Euro (1,4 GHz i5) und 1.12 9 Euro (2,8 GHz i5).

*Der Mac mini hat in der aktuellen Version seinen FireWire-Anschluss verloren. Dafür gibt es jetzt zwei Mal Thunderbolt 2. Foto: Apple*

## iMac: alles drin im All-in-one-Mac

Der iMac ist der All-in-one-Rechner aus dem Hause Apple. Das bedeutet, dass im Gehäuse des Monitors auch der gesamte Rechner untergebracht ist. Damit haben Sie nur ein Gerät auf dem Schreibtisch stehen und dank kabelloser Maus und Tastatur benötigt der iMac auch nur ein Kabel: das für den Strom. Das sorgt für Ordnung am Arbeitsplatz.

*Die Rechnerkomponenten des iMac sind im Gehäuse des Displays untergebracht. Foto: Apple*

Wie Sie bereits im Bild sehen können, gibt es den iMac in zwei Ausführungen. Es gibt zwar noch einen dritten iMac, aber den stellen wir Ihnen im Anschluss gesondert vor. Sie haben die Wahl zwischen einem Modell mit 21,5 Zoll und 27 Zoll. Das kleinere Display schafft eine Auflösung von 1920 × 1080 Pixel (Full HD), der 27-Zöller 2560 × 1440 Pixel.

Aufgrund der hohen Auflösung eignet sich der iMac gut als Computer für Bildbearbeitung und Videoschnitt. Allerdings sollten Sie ihm dafür auch eine gute Ausstattung gönnen. Der Einstiegs-iMac für 1.249 Euro verfügt lediglich über einen 1,4 GHz-Prozessor (i5, Dual-Core) und hat einen recht langsamen Grafikchip. Für 250 Euro mehr gibt es bereits vier Kerne mit 2,7 GHz, allerdings auch nur geringfügig mehr Grafikleistung. Wählen Sie das Modell mit 27 Zoll Bildschirmdiagonale, bekommen Sie einen 3,2 GHz Quadcore-Prozessor i5. Hier verbessert sich dann auch die Grafikkarte noch einmal.

Seit geraumer Zeit gibt es auch den »iMac mit Retina 5K-Display«. Der Name sagt es schon: Das Besondere an diesem Modell ist das Display, das eine sagenhafte Auflösung von 5.120 × 2.880 Pixel bietet. In der Grundkonfiguration für 2.299 Euro bekommen Sie einen 3,3-GHz-Quad-Core i5-Prozessor, 8 GByte Arbeitsspeicher und eine 1-TByte-Festplatte. Dazu eine Grafikkarte mit 2 GByte Videospeicher. Für 300 Euro mehr erhalten Sie 3,5 GHz, 1 TB Fusion Drive und ein Grafikkarten-Upgrade.

Da dieser iMac aufgrund der Eigenschaften des Displays professionelle Bild- und Videobearbeiter anspricht, lässt sich der 5K-iMac noch umfangreich aufrüsten. Wenn Sie den 4,0 GHz-i7 nehmen, 32 GByte Arbeitsspeicher und die Grafikkarte mit 4 GByte Speicher reinpacken, dann sind Sie aber bereits bei über 3.900 Euro.

*Der iMac mit 5K Retina Display bietet eine Auflösung von 14,7 Millionen Pixel. Das ist vier Mal mehr als der Standard 27"-iMac und 67% mehr als bei einem 4K-Display. Wer das beruflich braucht, wird sich freuen. Foto: Apple*

## Mac Pro: wenn es auf Geschwindigkeit ankommt

Der Mac Pro ist ein völlig anderes Kaliber als alle bisher genannten Macs. Es gibt nichts, was der Spitzen-Mac nicht leisten kann. Dafür sorgen die Vierkern- und Sechskernprozessoren mit 3,7 bzw. 3,5 GHz Taktfrequenz, die sich beim Spitzenmodell des Mac Pro sogar noch auf zwölf Kerne mit je 2,7 GHz erhöhen lassen. Das kostet dann aber gleich mal 3.600 Euro Aufpreis. Nimmt man dann noch das Upgrade von 16 auf 64 GByte Speicher (+ 1.440 Euro), hat man bereits einen fantastisch ausgestatteten Computer mit neuesten Komponenten beisammen. Dann ist man statt bei knapp 4.600 Euro Basispreis für den 6-Kern-Mac Pro schon bei gut 9.600 Euro. Wer so viel Geld für einen Computer investiert, denkt dann vermutlich auch ernsthaft darüber nach, statt der beiden Grafikkarten mit je 4 GByte Videospeicher die Modelle mit je 6 GByte Speicher zu nehmen.

*Der Mac Pro sieht nicht nur fantastisch aus. Er ist auch eine wahre Höllenmaschine, was die Rechenleistung angeht. Das hat allerdings auch seinen Preis. Foto: Apple*

Sie werden sich vielleicht fragen, warum es beim Mac Pro so hochpreisig hergeht und warum der Autor dieser Zeilen das so augenscheinlich unkritisch hinnimmt. Ganz einfach: Der Mac Pro kommt in Bereichen zum Einsatz, wo man ohne großartig mit der Wimper zu zucken viel Geld für viel Rechenleistung ausgibt. Das bedeutet beispielsweise

beim professionellen Videoschnitt oder der 3D-Animation für Kinofilme zuverlässig und zeitnah abgeschlossene Aufträge und zufriedene Kunden, die im Optimalfall mit dem nächsten Auftrag wiederkommen. Und das sind auch die Orte, wo man einen Mac Pro antreffen kann: Filmstudios, Schneideräume für Videoproduktionen, professionelle Fotostudios und die Büros von 3D-Designern. Zu Hause oder in einem »normalen« Büro ist ein Mac Pro eher die Ausnahme.

*Man sieht auch schon an den Anschlüssen, dass der Mac Pro ein besonderer Mac ist: Nirgendwo gibt es mehr Thunderbolt 2- als USB-Buchsen und zwei Netzwerkanschlüsse. Foto: Apple*

Einen Computer in die Form des Mac Pro zu bringen, ist keine einfache Aufgabe. Es dann auch noch beim Spitzenmodell anzugehen, ist eine erstaunliche Leistung. Ein Blick unter die Abdeckung zeigt, welche Herausforderungen die Ingenieure bei Apple zu bewältigen hatten.

*So sieht der Mac Pro innen aus. Der vorhandene Platz wurde vorbildlich genutzt und auch die runde Form stört nicht weiter. Foto: Apple*

## Die Qual der Wahl der Eingabegeräte

Wenn Sie sich einen iMac kaufen, können Sie entscheiden, ob Sie die Apple Magic Mouse haben möchten oder das Magic Trackpad. Auch bei der Maus hat sich Apple etwas ausgedacht. Die Oberfläche ist berührungsempfindlich und man kann damit nicht nur Links- und Rechtsklicks ausführen. Sie haben auch die Möglichkeit, über die Oberfläche zu wischen und damit gewisse Aktionen auszuführen.

*Die Magic Mouse verfügt über eine berührungsempfindliche Oberfläche und registriert auch Wischgesten. Foto: Apple*

Wer dagegen gleich ein Trackpad haben möchte, kann das beim iMac kostenfrei anstelle der Magic Mouse mitbestellen. Dann lässt sich auch am iMac ein Trackpad nutzen wie am Notebook.

*Das Magic Trackpad lässt sich auch für Desktop-Macs einsetzen. Foto: Apple*

Beide Geräte werden drahtlos per Bluetooth mit dem Mac verbunden. Sie können auch ohne einen Mac gekauft werden und kosten dann jeweils 79 Euro.

## Aufgepasst

Wenn Sie einen Mac mini oder einen Mac Pro kaufen, ist weder eine Magic Mouse noch ein Magic Trackpad dabei. In beiden Fällen müssen Sie das Eingabegerät auf Wunsch extra mitbestellen und dann auch bezahlen.

Ebenfalls bei Mac mini und Mac Pro nicht im Kaufpreis inbegriffen ist eine Tastatur. Apple hat da zwei Modelle: eine vollwertige Tastatur mit Kabel und eine kleinere, die drahtlos per Bluetooth verbunden wird.

*Die drahtlose Tastatur ist kleiner und verfügt unter anderem über keinen Nummernblock. Foto: Apple*

Beim iMac haben Sie wieder die Wahl zwischen beiden Modellen – ebenfalls ohne Aufpreis.

*Die kabelgebundene Tastatur hat den Nummernblock und auch die Sondertasten in der Mitte. Foto: Apple*

## Aufgepasst

Und noch eine Sache, die man nicht vergessen sollte: Keiner der aktuellen Macs hat ein optisches Laufwerk für DVDs und CDs. Das ist heutzutage auch nur noch selten erforderlich und kann durch die Laufwerksfreigabe von El Capitan ausgeglichen werden (Kapitel 3). Sollten Sie aber ein Laufwerk zu Ihrem Mac benötigen, können Sie ein USB-Gerät anschließen, zum Beispiel das »External SuperDrive« für 79 Euro.

# Mac gebraucht kaufen

Die in diesem Kapitel vorgestellten Macs sind Neugeräte, die Sie direkt bei Apple selbst oder einem anderen Händler kaufen können. Macs haben aber den Vorteil, dass man sehr lange noch mit ihnen arbeiten kann. Selbst ein Computer, der schon einige Jahre auf dem Buckel hat, ist durchaus in der Lage, noch mit dem aktuellen Betriebssystem zu arbeiten. Das gilt auch für mobile Rechner.

Grundsätzlich spricht also nichts dagegen, sich ein paar Euro dadurch zu sparen, indem man sich einen gebrauchten Computer zulegt.

Gebrauchte Macs kann man bei www.ebay.de, www.ebay-kleinanzeigen,de, www.amazon.de oder einem anderen Marktplatz kaufen. Auch im privaten Bereich werden immer wieder mal Macs frei, weil der bisherige Besitzer sich einen neuen Computer gekauft hat.

## Das Alter des Mac ermitteln

Auch wenn Sie an einem gebrauchten Mac viel Freude haben können, achten Sie dennoch darauf, dass er nicht zu alt ist. Zu Beginn dieses Kapitels haben Sie erfahren, dass man anhand der Konfiguration nicht immer erkennen kann, wie alt ein Computer ist. Stichwort: Prozessorbezeichnung. Es gibt aber einen ganz einfachen Weg, wie Sie das Alter eines Mac ermitteln können.

Klicken Sie dazu auf das -Symbol links oben am Schreibtisch und dann auf *Über diesen Mac*. Im Bereich »Übersicht« können Sie dann ablesen, um welches Modell es sich bei diesem Mac handelt. Und das ist dann auch grob das Alter des Computers.

Wir zeigen Ihnen nun exemplarisch zwei Computer und deren »Zeitstempel«:

*Ein relativ aktueller iMac könnte dieses Datum liefern.*

Bei diesem iMac können Sie getrost zuschlagen. Der wird Ihnen noch einige Jahre gute Dienste leisten und kommt problemlos mit El Capitan und auch seinen Nachfolgern klar. Mit dieser Ausstattung können Sie auch aktuelle Spiele spielen und aufwendige Bild- und Videobearbeitung machen.

*Dieses MacBook Pro ist zwar schon einige Jahre alt. Aber dennoch kann man damit noch arbeiten; selbst mit einer der aktuelleren Versionen von OS X.*

Bei diesem MacBook Pro ist Vorsicht geboten. Zwar ist es derzeit noch in der Lage, mit OS X 10.10 Yosemite aus dem Jahre 2014 zu arbeiten, und auch El Capitan sollte darauf laufen. Große Sprünge, was Grafik- oder Rechenleistung angeht, sind damit aber nicht mehr zu erwarten. Aber wenn der Preis passt und Sie einen mobilen Arbeitsrechner brauchen – warum nicht?

# Index

# Index

Heiko Bichel

# Apple Watch
# im Einsatz

Design – Funktionen – Apps

2015, 192 Seiten,
komplett in Farbe, Broschur
€ 19,95 (D)
ISBN 978-3-86490-298-7

Das Buch zur Apple Watch beschreibt ausführlich Einrichtung, Bedienung und Einsatzmöglichkeiten der Apple Watch und bietet Tipps und Tricks für die Verwendung der Uhr, auch mit watchOS 2.

Die verschiedenen Kollektionen und Modelle werden vorgestellt und in ihren Unterschieden beschrieben, um dem Leser gegebenenfalls eine Kaufentscheidung zu bieten.

Die Erfahrungen des Autors mit der Apple Watch im Alltag vermitteln dem Leser, welche Vorteile und welches Optimierungspotenzial die Uhr bietet.

Stephan Lamprecht

# OmniGraffle 6

Überzeugende Grafiken
auf Mac und iPad zeichnen

2015, 206 Seiten
komplett in Farbe, Broschur
€ 24,90 (D)
ISBN 978-3-86490-244-4

Dieses Buch zeigt, wie Sie OmniGraffle auf dem Mac oder auf dem iPad richtig einsetzen. Sie lernen, mit der Software anschauliche und professionelle Diagramme zu erzeugen und überzeugende Zeichnungen zu erstellen: Organigramme, Räumpläne, bis hin zu Entwürfen von Webseiten oder Netzwerkstrukturen.

Schritt für Schritt erläutert Stephan Lamprecht Grundfunktionen wie den Einsatz von Formen oder Objekten. In zahlreichen Workshops lernen Sie die weiterführenden Möglichkeiten von OmniGraffle kennen. Von der Anlage einer Schaltfläche bis zum Entwurf eines Netzwerkplanes werden Sie so zum OmniGraffle-Spezialisten.

Christian Fleischhauer

# Scrivener

Romane, Sach- und Drehbücher
professionell schreiben

2015, 312 Seiten
Broschur
€ 26,90 (D)
ISBN 978-3-944165-02-8

Scrivener ist eine Anwendung zur Komposition von umfangreichen Textprojekten. Ein Buch wird nicht nicht als linearer Text, sondern als flexible Ansammlung von Textfragmenten und unterstützenden Dokumenten betrachtet. Ein Buchprojekt ist gleichzeitig Outline, Pinwand mit Karteikarten für Kapitel und Szenen oder eine Sammlung von Texten, aus denen der eigentliche Text erst auf Knopfdruck generiert wird.

Das Buch unterstützt Autoren dabei, mit dieser neuartigen Text-Entwicklungsumgebung einen neuen Zugang zu ihrer Arbeit zu gewinnen. Autor Christian Fleischhauer erläutert die Software-Funktionen anhand von Beispielen aus der Praxis. So erleben Sie bei Ihrem Schreibprojekt mehr Flexibilität, Kreativität und Produktivität.

**SMARTBOOKS**
Mac und mehr.